KB232466

문자학습 준비기능의 발달촉진 및 교정을 위한

시지각 훈련 프로그램

이론과 실제

문자학습 준비기능의 발달촉진 및 교정을 위한

시지각 훈련 프로그램

이론과 실제

여광응 편저

한국학술정보(주)

머 리 말

인간발달에는 일정한 순서가 있다. 이를테면, 아기들은 앉을 수 있는 기능이 확립된 후에야 설 수 있고 다음에 걸을 수 있게 된다. 이는 발달의 앞 단계는 다음 단계의 기초가 됨을 뜻하는 것이다.

특정한 어느 시기에 어떤 기능의 발달이 급격히 진행되는 결정적 시기와 관련하여 볼 때 아동의 발달은 흐르는 물과 같아서 한 단계에서 잘못된 것은 누적되어 다음 단계의 발달에 영향을 미치지만, 거꾸로 뒤의 단계에서 앞 단계의 잘못을 보충하고자 노력한다 해도 한계가 있다. 따라서 인간발달에 있어서 그 기초성은 아무리 강조해도 지나치지 않는다.

그러나 부모나 교사 모두가 이러한 교육의 기초성에 대한 인식이 부족한 탓에 어린이에게 기초를 잘 다져주지 못하는 교육현실이 안타깝다는 비판과 자성의 소리가 높다.

문자를 효율적으로 가르치기 위해서는 문자 이전 단계의 학습준비기능이 충분히 성숙되어 있어야 한다. 아직 문자학습에 들어갈 준비가 되어 있지 않음에도 불구하고 부모의 과잉욕심이나 교사의 과잉기대 때문에 힘에 겨운 문자학습을 앞당겨 강요함으로써 어린이들에게 실패감만 조장하고, 이러한 실패 경험의 누적 때문에 즐거운 공부가 되지 못하고 오히려 괴로운 공부로 만들어가고 있다.

Combs는 『교육의 신화』(Myths in Education)라는 책에서 실패가 가치롭다는 잘못된 믿음이 우리 교육 전반에 확산되어 무서운 질병처럼 퍼져 있다고 지적하면서 교사와 부모가 먼저 이러한 신화를 깨뜨리는 일이 시급하다고 주장한 바 있다. 어린이가 학습에 실패하는 것이 아니라 교사나 부모가 이들을 실패자로 만들어가고 있다는 깊은 자성이 있어야 할 때이다.

우리가 어린이의 발달단계에 맞도록 잘 가르치지 못한 사실은 잊어버리고 어린이가 잘 배우지 못하고 있는 것으로 착각하고 있다. 이리하여 어린이들은 유년기부터 만족과 기쁨이 있는 성공 지향적 학습 환경 속에서 자라는 것이 아니라 불행히도 강요되고 불안한 실패 지향적 환경 속에서 패배감과 무력감(helplessness)에 길들여지고 있는 실정이다.

이 시지각 훈련 프로그램은 위에서 언급한 학습의 기초성, 동기유발과 성공감을 특히 강조하고 있다는 점에서 매우 가치롭고 시사성이 높은 자료로 평가받고 있다.

필자는 1972년에 M. Frostig가 개발한 이 시지각 훈련 프로그램을 우리나라에 처음으로 그 적용 효과를 소개한 바 있고, 그 후 시지각 훈련 프로그램에 관련된 석사학위논문, 현장연구논문, 학술논문 등 많은 후속연구가 이어져 오면서 유치원, 특수학교, 특수학급 등 유아교육과 특수교육현장에서 그 적용의 폭이 넓어져 왔다.

머 리 말

아무리 가르쳐도 읽거나 쓰기 학습에 실패하거나, 오류가 많은 아동들을 대상으로 이 프로그램을 사용해 보려는 교사와 부모의 관심과 요구가 점점 더 높아지고 있기 때문에 필자는 시지각 훈련 프로그램을 비교적 완벽한 자료로 펴내야겠다는 필요성과 책무감을 늘 간직해 오고 있었다.

이미 1987년에 이 프로그램을 간편형으로 『시지각 훈련의 이론과 실제』(대구대학교 출판부, 1987)를 간행한 바 있으나, 예비훈련에 대한 이론적 기초나 각 과제에 대한 종합지도방법을 구체적으로 제시해 주지 못했다. 교사의 창의적인 활용에만 맡겨버린 아쉬움이 이번에 내 놓는 이 자료로서 다소 충족되리라고 믿는다.

이 시지각 훈련 프로그램은 어린이의 신변자립기능이나 문자학습이 성공적으로 이루어지기 위해서는 무엇보다도 그 기초바탕이 되는 지각기능의 발달이 성숙되어야 한다는 기본 전제에서 출발한다. 많은 지각발달 중에서 시지각능력의 발달은 문자학습 준비기능으로서 그 중요성이 강조되어 오면서 시지각능력의 발달수준과 장애유무를 먼저 확인해 볼 수 있는 시지각발달검사(DTVP)의 필요성이 절실해졌다. 이리하여 미국과 일본에서 이미 표준화된 자료를 기초로 하여 1989년에 『시지각발달검사 실시요강』(도서출판 특수교육, 1989)을 편역하였으며, 현재 한국판 표준화작업이 계속 진행 중에 있다.

이 시지각 훈련 프로그램을 통하여 모든 어린이가 그들에 맞는 훈련과제 하나하나를 즐겁게 성취해감으로써 공부에 맛을 들이고 문자학습의 기초를 재미있게 쌓아가기를 바랄 뿐이다. 이 프로그램은 유치원이나 학교교실에서뿐만 아니라 가정에서 부모들이 쉽게 활용할 수 있도록 비교적 설명을 상세화해 두었다. 특히 지적발달이 다소 느리거나, 읽기 및 쓰기 학습에 오류나 실수가 많은 아동에게 매우 유익한 자료가 될 것으로 확신한다.

이 책자를 간행함에 있어서 도와준 고마운 손길들이 많다. 바쁜 가운데서도 타이핑과 교정 등 많은 시간을 할애해 준 대구대학교 박사학위과정의 조용태, 박찬웅 선생과 심우정 양, 석사학위과정의 정영숙 양, 이희광 군, 재활과학대학원 석사학위과정의 임지향 양, 그리고 학부의 신형욱 양의 수고에 고마움을 표한다. 그리고 이 자료를 더 잘 만들기 위해 열과 성을 다해 주신 한국학술정보 채종준 사장님과 편집 제위께 감사를 드린다.

1994년 7월 7일 小暑에
대명동캠퍼스 연구실에서
여 광 응

목 차

머리말/5

제Ⅰ부 시지각 훈련의 기초

1. 시지각의 중요성과 지각장애 ·· 13
  1) 시지각(視知覺)의 중요성 ·· 13
  2) 시지각의 발달장애 ·· 13
  3) 시지각 장애의 원인과 진단 ······································ 14
  4) 시지각 훈련의 필요성과 적용대상 ································ 15
  5) 그림지각 장애 ·· 17
  6) 시지각 훈련의 통합성과 한계성 ·································· 18
2. 시각-운동 협응능력의 장애와 예비 훈련 ···························· 18
  1) 시각-운동 협응의 장애 ·· 18
  2) 시각-운동 협응 예비 훈련 ·· 19
    (1) 눈동자 이동 훈련 ·· 20
    (2) 큰 근육운동 협응 훈련 ·· 22
    (3) 작은 근육운동 협응 훈련 ······································ 25
3. 도형-소지 지각능력의 장애와 예비 훈련 ···························· 26
  1) 도형-소지 지각의 장애 ·· 27
  2) 도형-소지 지각의 예비 훈련 ······································ 28
    (1) 구체물을 통한 연습 ·· 28
4. 항상성 지각능력의 장애와 예비 훈련 ································ 29
  1) 지각 항상성의 장애 ·· 30
  2) 지각 항상성의 예비 훈련 ·· 30
    (1) 훈련의 실제 ·· 31
    (2) 평면(2차원)과 입체(3차원)에 대한 지각 훈련 ··············· 32
    (3) 유사성과 차이성 훈련 ·· 32
5. 공간위치 지각능력의 장애와 예비 훈련 ······························ 33
  1) 공간위치 지각의 발달 ·· 33
  2) 신체에 대한 지각 ·· 33
    (1) 신체상 ·· 33

        (2) 신체개념 ·· 34
        (3) 신체도식 ·· 34
    3) 공간위치 지각의 장애 ·· 34
    4) 공간위치 지각의 예비 훈련 ·· 35
        (1) 신체상, 신체개념, 신체도식의 훈련 ······························· 35
        (2) 평면(2차원)과 입체(3차원)에 대한 훈련 ························· 40
6. 공간관계 지각능력의 장애와 예비 훈련 ································· 41
    1) 공간관계 지각의 장애 ·· 42
    2) 공간관계 지각의 예비 훈련 ·· 42
        (1) 구체물을 통한 훈련 ·· 42
7. 지각을 통한 사고과정 훈련 ··· 44
    1) 시각자극의 기억 ·· 45
    2) 청각적 순서에 대한 기억 ·· 48
    3) 시각화 ·· 48
    4) 지적조작 훈련 ·· 48
    5) 분류와 개념형성 ·· 49

제Ⅱ부 시지각 훈련의 실제

1. 시지각 훈련 프로그램의 성격과 내용 ··································· 53
    1) 시지각의 정의 ·· 53
    2) 시지각 능력의 영역 ·· 53
    3) 시각-운동 협응(VM) ··· 54
    4) 도형-소지 지각(FG) ··· 54
    5) 지각 항상성(PC) ·· 54
    6) 공간위치 지각(PS) ·· 55
    7) 공간관계 지각(SR) ·· 55
    8) 시지각 장애 ·· 55
2. 시지각 훈련 프로그램의 지도 방법 ····································· 57
    1) 융통성 있는 제시 ·· 57
    2) 실패 피하기 ·· 58
    3) 교정해 주기 ·· 59
    4) 문화실조 아동 ·· 59
    5) 보조수단 ·· 60
    6) 훈련의 양 ·· 61
    7) 계속적인 평가 ·· 62

8) 운동, 언어, 지각의 통합 ·· 62

9) 감각양식의 통합 ··· 64

10) 긍정적인 분위기 만들기 ·· 64

11) 좋은 동료관계 만들기 ··· 65

12) 주의집중의 지속 ··· 65

13) 자기 지시(self-direction) ··· 66

14) 아동의 참여 ··· 67

15) 창의적인 지도 ··· 67

3. 시지각 훈련 예비 프로그램 ··· 67

1) 신체상, 신체개념, 신체도식 ·· 68

(1) 신체상 훈련(body image training) ··· 68

(2) 거울을 보고 하는 활동(mirror activities) ······································· 68

(3) 게임(games) ··· 69

(4) 신체 움직임의 방향(directional body movements) ·························· 69

(5) 그림의 인지놀이(picture recognition activites) ······························· 69

(6) 드라마 놀이(dramatic play) ·· 69

(7) 운동(exercises) ·· 70

(8) 신체개념 훈련(body concept training) ·· 71

(9) 신체도식 훈련(body schema training) ··· 72

(10) 시각-운동 협응능력 ··· 73

(11) 작은 근육운동 협응 활동(fine motor coordination activities) ········· 73

(12) 눈동자 이동 훈련(eye movement training) ··································· 75

(13) 큰 근육운동 협응 훈련(gross motor coordination training) ·············· 77

2) 도형-소지 활동(figure-ground activities) ··· 80

(1) 변별활동 ·· 80

(2) 일상생활에서의 활동 ··· 81

(3) 분류하기 ·· 81

3) 지각의 항상성 활동(perceptual constancy activities) ···························· 82

(1) 평면체와 입방체를 식별하여 말하기(recognizing and naming
planes and solids) ··· 82

(2) 그림의 인지활동(picture recognition activities) ······························ 83

(3) 찾고 정리하는 활동(finding and sorting activities) ························· 83

(4) 크기를 나타내는 단어(words denoting size) ··································· 84

(5) 공간에서의 위치활동(position in space activities) ·························· 84

(6) 대칭(symmetry): 거울놀이 ··· 87

4. 학습활동과 시지각 훈련의 통합 ··· 89

1) 수 세기와의 통합 활동 ··· 89

2) 읽기와의 통합 활동 ··· 91

3) 쓰기와의 통합 활동 ··· 92

4) 철자학습과의 통합활동 ··· 93

5) 기타 교과학습과의 통합 활동 ·· 94

5. 훈련과제의 활용방법 ··· 94

1) 통 합 ··· 94

2) 프로그램의 적용 기간(duration of program) ······················· 95

3) 훈련계획(scheduling) ·· 95

4) 훈련과제(worksheets): 아동용 워크시트 ··························· 95

5) 훈련과제 실시요령(instruction for the worksheets) ················ 95

6) 훈련의 반복(repeating exercises) ···································· 96

7) 훈련의 강화 ·· 96

8) 진보에 대한 계속기록(keeping track of progress) ················· 97

9) 시지각발달검사(DTVP) ·· 97

10) 크레용이나 색연필의 사용 ·· 97

11) 용어의 의미 ··· 97

12) 동기유발(motivation) ··· 97

13) 적용 사례 ··· 98

제Ⅲ부 훈련과제별 지도방법

초급단계의 훈련과제별 지도방법(80과제) ····························· 105

중급단계의 훈련과제별 지도방법(112과제) ···························· 132

상급단계의 훈련과제별 지도방법(128과제) ···························· 176

참 고 문 헌 ·· 225

[부록 1] 각 훈련과제의 내용과 실시요령 요약표 ······················ 231

[부록 2] 시지각발달검사(DTVP) 채점 기록표 ························· 253

[부록 3] 개인별 훈련과제 성취기록(초급, 중급, 상급) ··············· 254

제 I 부 시지각 훈련의 기초

1. 시지각의 중요성과 지각장애

2. 시각운동 협응능력의 장애와 예비훈련

3. 도형 – 소지 지각능력의 장애와 예비훈련

4. 항상성 지각능력의 장애와 예비훈련

5. 공간위치 지각능력의 장애와 예비훈련

6. 공간관계 지각능력의 장애와 예비훈련

7. 지각을 통한 사고과정의 훈련

1. 시지각의 중요성과 지각장애

1) 시지각(視知覺)의 중요성

지각은 인간의 주요한 심리기능 가운데 하나이다. 지각은 인간과 환경 사이의 교량역할을 하므로 지각이 없다면 호흡이나 배설과 같은 가장 단순한 신체기능마저도 대부분 정지되어 생존 그 자체가 불가능하게 될 것이다.

「지각」이란 사용하는 사람의 견해에 따라 다르게 정의될 수 있다. 이 프로그램의 복적에 비추어 여기서는 지각(perception)을 자극을 인지하는 능력으로 정의한다. 자극의 인지능력이란 외부환경으로부터 그리고 자신의 신체로부터 일어나는 감각적 인상(sensory impressions)을 받아들일 뿐만 아니라 그러한 감각적 인상을 선행경험과 서로 관련시켜서 해석하고 확인하는 잠재능력을 말한다.

이와 같이 자극들의 인식과 해석은 귀나 눈과 같은 감각수용기관에서 일어나는 것이 아니라 두뇌 안에서 일어나는 과정이다. 예컨대, 정사각형의 4개의 변을 지각할 경우, 이들 4개의 변에 대한 단순한 감각적 인상은 눈에서 일어난다. 그러나 이들 4개의 변이 「정사각형」으로 인식되는 것은 두뇌 속에서 일어나는 것이다.

인간에게는 물론 대부분의 동물들도 시각과 청각이 환경과 교통하는 중요한 감각기관이 되고 있다. 특히 인간에게는 후각, 미각, 촉각과 같은 감각양식들보다도 시각과 청각이 더욱 중요시되고 있으며, 이러한 두 감각기관, 즉 시각과 청각 중에서도 특히 시각이 환경의 지각에 더욱 중요시되는 것이 사실이다. 일상생활에서 일어나는 대부분의 행동들은 시지각과 연관되지 않는 것이 거의 없다. 옷을 입을 때, 음식상을 차릴 때, 방안을 걸을 때, 물건을 보고 무엇인가를 알 때와 같이 거의 모든 행동에서 우리는 시지각(visual perception)을 사용하게 된다.

아동은 자라면서 시지각적 경험을 통해 처음 대하는 물체가 어떠한 것인지를 배우게 된다. 의자와 침대의 구조가 다르다는 것을 알게 되고, 공이 둥글다는 것을 깨닫게 되며, 자동차는 자기보다 훨씬 크지만 연필은 매우 작다는 것도 느끼게 된다.

학교에 입학하게 되면 정확한 시지각 능력에 의하여 읽기와 쓰기 그리고 셈하기 학습이 가능하게 되고 또 시각적 상징을 정확하게 인지하고 재생할 수 있게 된다. 이러한 모든 시각적 과제에 대한 성공 여부는 시지각적 능숙성에 달려 있다. 시지각 가운데서도 가장 중요한 것이 읽기학습이다.

2) 시지각의 발달장애

시지각 발달이 매우 급속하게 이루어지는 시기는 유치원과 초등학교 저학년에 해당하는 3세 6개월에서 7세 6개월 사이이다. 이 연령에 해당하는 아동 가운데 불행하게도 많은 아동들은 시지각 발달에 지체현상을 보이고 있다. 시지각 발달이 지체된 아동은 사물의 인지와 또 사물간의 관계 지각 등에 어려움을 가진다. 이들은 외부세계의 현상을 왜곡된 형태로 받아들이기 때문에 언제나 불안정하고 불확실한 세계 속에서 살고 있는 것이다. 따라서 시지각 능력에 장애를 가진 아동들은 과업을 수행하는 일도 서툴고 운동과 놀이에도 잘 적응하지 못하는 특징을 보이기 쉽다. 또한 무엇보다도 시각적 상징들에 대한 지각의 왜곡과 혼동은 지능수준과는 무관하게 문자학습(academic learning)을 매우 곤란하게 만든다는 사실이 중요하다.

시지각 장애는 역시 정서적인 문제도 야기하고 있다. 자기 나이 또래가 해내는 과업을 하지 못해 당황해하면서 자신의 능력부족을 느낄 때나 또 부모와 교사가 실망하는 모습을 알 때에 이들은 당연히 갈등과 짜증과 수치심을 갖게 되고, 이것이 결국에는 성격과 행동에 장애를 초래하게 된다. 시지각 검사에서 득점이 낮은 아동들은 대체로 학업성취도 낮으며, 또 수업현장에서의 적응도 매우 열등한 사실이 여러 연구에 의해 보고되고 있다. 예컨대, 373명의 유치원 아동을 대상으로 한 연구에서 시지각 검사상의 최하위 득점과 교실 내의 부적응 행동에 대한 교사의 평정점수 간에는 유의한 상관이 있음을 밝혀냈다. 이와 동일한 사실이 277명의 초등학교 1학년 아동을 대상으로 한 연구결과에서도 나타났다. 또한 시지각 장애를 가진 아동은 주의집중 능력에서도 역시 심각한 문제가 있는 것으로 발견되었다.

3) 시지각 장애의 원인과 진단

아동의 시지각 발달에 영향을 주는 장애요인을 밝히는 일은 그리 쉽지가 않다. 이러한 원인이 「경미한 두뇌기능 장애」(minimal brain dysfunctioin)와 같은 유기체의 병리학적인 원인일 수도 있고, 또는 그 원인을 쉽게 식별해 낼 수 없는 「단순한 지각상의 발달지체」일 경우도 있다. 시지각의 곤란이 때로는 「심각한 정서적 혼란」 때문에 야기될 수도 있는데, 이것은 아동들이 외부환경에 의한 방해자극보다는 오히려 내적 감정과 공상에 사로잡혀 버리기 때문에 일어나는 것이다. 그 원인이 무엇이든 간에 아동의 어려움을 가급적 신속히 진단하여 치료대책을 마련하는 일은 이들의 정신건강을 위해서도 매우 중요한 일이다. 이는 학습의 실패를 야기하는 바람직하지 못한 정서적인 장애문제를 피할 수 있게 하기 때문이다.

효과적인 시지각 훈련을 위하여 지각장애의 제반 특성을 정확하게 알지 못한다면 시지각 프로그램의 훈련과제는 시지각 장애의 교정이나 치료적인 방법으로 적절하게 활용되기가 어렵다. 「마리앤 프로스티그 시지각발달검사」(The Marianne Frostig Developmental Test of Visual Perception: FDTVP)는 5영역의 시지각 하위검사별로 아동의 수행능력 수준을 설명해 주고 있다.

이 시지각발달검사(FDTVP)는 2,100여 명의 아동을 대상으로 하여 표준화하였으며, 시지각 검사의 구성내용과 프로그램의 훈련과제는 정상아동의 시지각 발달과 신경학적 장애아동의 시지각 발달에 대한 조사연구에 토대한 것이다.

이 연구의 결과는 **3세 6개월에서 7세 6개월 사이**가 시지각 능력에 있어서 가장 중요한 발달의 적기임을 지적하고 있다. 시지각 능력 외에도 비교적 독자적으로 발달하는 능력들이 있으며, 이러한 능력은 각기 별개로 장애를 입을 수도 있고 또한 그 장애의 정도도 다양하게 나타날 수 있다.

4) 시지각 훈련의 필요성과 적용대상

「시지각발달검사」와 훈련과제는 문자학습 발달에 가장 밀접하게 관련되고 있는 것으로 보이는 5가지 영역의 시지각 능력에 초점을 두고 있다.

이것은 ① 공간위치 지각(perception of position in space) ② 공간관계 지각(perception of spatial relationships) ③ 지각 항상성(perceptual constancy) ④ 시각-운동 협응(visual-motor coordination) ⑤ 도형-소지 지각(figure-ground perception) 등이다.

같은 형태를 가지고 있지만 그 위치가 서로 다른 글자 「아」와 「어」, 「6」과 「9」 등을 구분하는 능력과 한 단어 또는 한 문장 내에서의 단어들의 순서를 알아보는 능력은 공간위치 지각과 공간관계 지각의 정상적인 발달여하에 달려 있다. 또한 형태와 크기에 대한 항상성(恒常性) 지각이 적절하게 발달되지 않으면 이미 알고 있는 단어나 글자라 할지라도 낯선 문장 속에 제시되거나, 글자의 색이나 크기가 달라지거나, 인쇄체의 활자 모양이 달라지면 같은 글자로 알아보지 못하는 경우가 많다. 시각-운동 협응은 원활한 눈의 움직임이 읽기를 비롯한 대부분의 학습수행 능력에 선행조건이 되기 때문에 매우 중요하며, 특히 쓰기를 위해서는 눈과 손이 잘 협응되는 것이 무엇보다 필요하다. 문장 속에 있는 단어나 구, 또는 절을 분석하고 종합하기 위해서는 소지, 즉 배경(ground)으로부터 도형(figure)을 구분할 수 있는 도형-소지 변별능력이 필요하며, 이러한 능력 없이 읽기를 배운다는 것은 거의 불가능하다. 또한 사전이나 목차에서 구체적인 정보를 찾아내는 데도 이 능력은 절대 필요한 것이다.

앞서 언급한 시지각 능력 중 어느 하나라도 결함이 있는 아동은 학업에 장애를 갖기 쉽다. 특히 읽기장애가 가장 두드러지게 나타날 수 있다. Goins(1958)의 연구에서 시지각 능력과 초등학교 1학년 수준에서의 읽기학습성취 간에는 매우 높은 상관이 있음을 밝혔다. 그러나 이러한 상관관계가 고학년에 갈수록 낮아지는데, 그 이유는 약 7세 6개월 정도가 되면 인지능력이 현저하게 발달되어 시지각 과제를 숙달해버리기 때문이다. 때문에 3학년이 되면 시지각 능력과 읽기성취력 간의 상관은 매우 낮아지고 있다. 따라서 「프로스티그 시지각발달검사」에서 얻은 득점은 고학년에 있어서의 읽기능력을 예언

하는 힘은 약하다.

그러나 지각장애로 인해서 읽기에 어려움이 있는 아동이 있을 때는 지체하지 말고 시지각 훈련에 의해 교정해 줄 필요가 있다. 나이가 들면 자연히 읽게 되리라고 생각하여 지각장애의 교정훈련을 늦추어 버리면 앞으로의 학업성취에 더 큰 지장을 초래하는 결과가 된다. 아동 스스로가 자기의 장애를 극복할 수 있을 것인지를 예측한다는 것은 정말 어려운 일이다. 미국의 한 조사에 의하면, 학습에 장애가 있는 아동들의 치료교육기관인 Clinical School에 다니는 아동 89명 가운데 78%가 시지각에 장애가 있음이 밝혀졌다. 따라서 시지각에 장애를 가진 아동에게 시지각 훈련을 지연시킨다는 것은 마치 폐렴에 걸렸을 때 항생제를 주는 것을 지연시키는 것과 마찬가지로 위험한 일이다. 예방은 언제나 치료보다 훨씬 효과적이며 보다 안전한 일이다. 그러므로 지각능력이 급속도로 발달하는 시기인 유치원이나 초등학교 1학년 수준에서 훈련시키는 것이 고학년이 되어서 훈련시키는 것보다 지각훈련과 읽기교정에 훨씬 효과적이라고 할 수 있다.

더구나 각 연령수준마다 미리 어떤 성취기준을 정하고 이루어지는 교육에서는 자기 또래보다 1년 내지 3년 정도 느리게 학습기능을 습득하는 아동에게는 항시 학습에 대한 실패 경험만이 남아 있을 것이다. 그는 수업시간을 기피하고 적응하지 못하는 심한 고통을 겪게 되며, 자기 자신의 능력에 대한 불신은 물론 부모나 교사 그리고 학급동료와의 관계에서도 문제를 가질 수 있으므로 앞으로의 모든 발달에 좋지 못한 영향을 받게 된다. 따라서 지각훈련은 정규 교육과정의 일부로서 반드시 포함되어야 하고, 지각장애가 보이거나 의심되는 때는 가능한 한 빨리 교정훈련이 이루어져야 함은 아무리 강조해도 지나침이 없다.

여기서의 시지각 훈련과제들은 모두 시지각의 발달 촉진과 교정 개선에 도움을 주기 위하여 만들어진 것이다. 이러한 훈련과제는 **유치원**이나 **초등학교 1학년** 아동 모두에게 문자학습이 요구되기 이전에 그들의 시지각 발달을 촉진하는 데 도움이 될 수 있다. 시지각 훈련과제는 근육 감각운동과 촉각훈련 그리고 언어훈련이 통합되어 이루어져야 한다.

또한 시지각 훈련과제는 시지각에 손상을 입은 모든 아동들의 교정훈련 프로그램으로도 사용될 수 있도록 고안되어 있다. 조사결과에 의하면, 초등학교 1학년에 처음 들어온 아동들 가운데 20~25%가 읽기, 쓰기, 셈하기 학습의 입문기에 필요한 지각적 성숙이 결여되어 있는 것으로 나타났다. 그리고 미국에서는 학령기 아동 가운데 읽기 장애를 가진 아동의 약 10~25% 정도가 시지각 능력에 문제를 가지고 있는 것으로 추정하고 있다.

시지각 훈련과제는 종종 읽기학습에 낮은 성취를 보이는 **문화실조** 아동에게도 유효하게 사용될 수 있다. 이 경우에는 초등학교 2학년까지 시지각 훈련과제에 의한 집중훈련이 계속되어야만 한다. 또한 시지각 훈련과제는 **청각장애아동**의 지각훈련을 위해서도 사용될 수 있다. 농아동은 시지각 장애를 동시에 가지고 있기 쉽다. 이런 아동들에게는 언어적인 지시는 적게 하고, 동작적인 표현방법을 주로 이용하여야 한다. 그리고 시각적 훈련과제는 공간에서 자신의 위치와 물체를 알아보기 위해서 촉각으로 지각하는 것을 배워야 하는 **시각장애아동**에게도 사용될 수 있다. 맹아동을 위해서는 훈련과제가 모두 양각으로 그려져야만 한다. 그들은 만져서 그 훈련과제와 그림을 알아볼 수 있으므로 크레용 대신에 손가락이나 철필을 사용해서 연습문제를 익히게 하면 된다.

이 시지각 훈련과제는 **정신지체아동**을 위해서 사용하기에도 적합하다. 대다수의 정신지체아동은 추상적 사고나 개념형성 그리고 논리적 결론을 도출하는 능력과 같은 보다 높은 고차원적인 정신능력에 이르기까지 발전하지는 못한다. 그러므로 주로 나이가 어릴 때 발달된 능력에만 완전히 의존하게 된다. 특히 정신지체아동들을 위해서는 그들이 장래에 가지게 될 사회적·직업적 적응과 밀접하게 관련된 시지각 훈련이 실시될 필요가 있다. 왜냐하면, 그들이 지각적으로 숙달되면 고용의 기회가 열릴 수 있기 때문이다. 지각적인 기술은 요구되지만 추상적 능력과 같은 고등정신기능은 별로 요구되지 않는 직업도 많이 있다. 정신지체아동인 경우에는 시각적 훈련과제에 의한 훈련속도와 진도가 일반아동에 비해 훨씬 느리다.

5) 그림지각 장애

유아기의 아동은 대상물을 먼저 구체물(3차원)로 지각하는 것을 습득한 다음에 평면그림(2차원)에 주의를 집중하게 된다. 학령기 아동 가운데서도 어떤 아동들은 아직도 그림을 바르게 지각하는 데 어려움을 나타내는 경우가 있다. 이것을 그림지각 장애(picture agnosia)라고 한다. 어떤 아동은 도식적(schematic)으로 그린 그림(약화)에서 사람과 동물을 혼동하는가 하면, 어떤 아동은 도식적으로 제시한 물체그림을 알아보지 못한다는 사실이 임상경험에서 밝혀졌다.

어떤 아동은 한 장의 그림을 보고 그 속에 있는 그림 내용 중의 한 가지 이상을 지각하지 못하는가 하면, 또 어떤 아동은 무늬 있는 바탕에 그려진 것들은 지각할 수가 없는 경우도 있다. 심지어는 색연필로 그려진 것은 아주 잘 지각할 수 있으나 도식적 모양으로 그리진 않았지만 흑백그림일 경우에는 어려움을 갖는 경우도 있다.

그림지각 장애의 이러한 여러 유형은 도형-소지 지각, 공간위치 지각, 공간관계의 지각에서 어려움을 갖게 할 뿐만 아니라 상징의 인지에도 어려움을 갖게 한다. 아동으로 하여금 간단한 그림을 보고 기술하게 하거나 이야기를 꾸며 보게 함으로써 그림지각의 곤란성을 극복하도록 할 수 있다. 이러한 기법이 시지각 훈련 프로그램에 포함되어 있는 것이다.

6) 시지각 훈련의 통합성과 한계성

일반적으로 지각이 가장 빠르게 발달하는 시기는 3세 6개월에서 7세 6개월이다. 다시 말하면 감각-운동발달기(0~2세)와 언어가 가장 급속하게 발달하는 시기(약 2~4세)이후가 된다. 그러나 고차적인 인지과정이 빠르게 발달하는 단계인 7세 혹은 8세보다는 앞선 시기이다.

지각훈련은 아동으로 하여금 추상적·논리적인 사고체계와 같은 인지영역이 발달하도록 그 기초를 마련해 준다. 그러나 이러한 지각훈련만이 궁극적으로 고차적인 인지과정의 성공적인 수행을 보장하는 것은 아니다.

감각-운동, 언어, 지각, 개념적 발달로 이어지는 위계는 각각 별개의 단계로 분리되어 있는 것이 아니고, 이전 단계의 선행기능 모두를 내포하면서 누적되어가는 발달의 특성을 가지고 있기 때문에 아무리 지각발달이 급속하게 이루어지는 시기라 해도 지각훈련 하나만으로는 충분하지 못한 것이다. 따라서 지각훈련은 언제나 종합적인 지도계획의 한 부분이 되어야 하는 것이다.

지필식으로 구성된 시지각 훈련 프로그램에 바로 들어가기 이전에 다음에 소개하는 예비훈련을 먼저 실시하는 것이 더 효과적이다. 또한 본 프로그램의 지필식 훈련과제를 실시하면서 동시에 이러한 예비훈련을 반복시키는 방법으로도 활용할 수 있다.

2. 시각-운동 협응능력의 장애와 예비 훈련

시각-운동 협응은 시각을 동체의 움직임이나 신체의 한 부분 혹은 여러 부분의 움직임과 조정하는 능력이다.

시력이 있는 사람이라면 무언가를 잡으려고 손을 뻗칠 때마다 손은 시각에 의해 안내된다. 달리고, 뛰어 오르고, 공을 차고, 어떤 장애물 위를 넘어갈 때도 눈이 다리의 움직임을 지시한다. 옷을 입고, 잠자리를 정리하고, 음식상을 차리고, 차를 타고, 의자에 앉는 것과 같은 일상생활의 활동에서도 눈과 모든 신체가 함께 움직인다. 따라서 모든 행동을 유연하게 움직이도록 하는 것은 적절한 눈과 운동의 협응에 달려 있다.

시각-운동 협응만이 일상생활에 관련되는 유일한 능력은 아니다. 공간개념과 일련의 운동들도 모두 일상생활과 관련을 가지고 있지만, 이러한 여러 활동들도 적절한 시각-운동의 협응이 없이는 불가능하다.

1) 시각-운동 협응의 장애

시각-운동 협응에 결함이 있거나 충분히 발달되지 못한 아동은 환경의 다양한 요구에 적응하는 데 장애를 가지고 있다. 혼자서 자기 옷을 입을 수 없거나, 매우 단순한 집안 일도 아주 서툴게 겨우 해내거나, 아니면 거의 할 수 없을지도 모른다. 또한 게임이나 놀이활동도 친구들과 어울려 잘 할 수 없을 것이다. 그리고 문자학습 이전단계의 수지(手指)기능인 자르기를 하거나 풀로 붙이기를 하거나 그림을 그리는 일이 극히 어려울 것이다. 비록 시각-운동영역의 장애가 다른 영역에 비해 문자학습에 그렇게 큰 영향을 미치지는 않을지 모르나 쓰기학습에서는 확실히 큰 영향을 미치게 된다.

아동의 순조로운 발달과 정상적 기능을 위해서는 적절한 시각-운동의 협응이 기본적인 필수요건이 된다. 시각-운동의 협응에서 장애를 가진 아동은 실제적인 과업성취에 있어서도 곤란을 나타낼 뿐만 아니라 부모, 교사나 동료의 기대에 따라가지 못하기 때문에 그들의 자아개념도 점점 낮아진다. 그 결과 다른 사람들과의 인간관계에도 손상을 입기 쉽다.

2) 시각-운동 협응 예비 훈련

시각-운동 협응의 예비 훈련은 유아시절부터 초등학교에 이르기까지 계속되어야 한다. 시각-운동 협응 상에 결함을 가진 아동을 위한 효과적인 훈련 프로그램은 책상에 앉아서 하는 훈련에만 한정되어서는 안 된다. 이 시지각 훈련 프로그램의 훈련과제는 다만 눈과 손의 협응만 훈련시킨다. 그러므로 신체 전반을 포함하는 훈련이 먼저 보완되거나 선행되어야 한다. 제일 먼저 행해져야 할 훈련은 신체상(body image)에 관한 내용이다.

이러한 훈련은 여러 가지 목적을 가진 체육 프로그램이 뒤따라야만 한다. 첫째, 눈과 팔 및 손의 기능간의 협응을 발달시킨다(콩주머니나 공을 잡고 던지기, 굴렁쇠를 굴리고 잡기). 둘째, 다리와 발 등의 하지(下肢)기능을 발달시킨다(달리기, 위로 뛰어 오르기, 멀리 뛰기, 껑충껑충 뛰기). 셋째, 몸통의 힘과 유연성을 기른다(굽히기, 몸을 굽힌 자세에서 편 자세로 뛰어 오르기와 그 반대로 하기, 몸통을 굽혀서 오리걸음 걷기, 양손으로 공을 앞으로 던지기 전에 뒤로 몸을 젖히기, 손가락이 발가락에 닿도록 굽히기, 여러 방향으로 굽히기, 기어 오르기). 이러한 예비 훈련 프로그램은 모든 근육군(筋肉群)을 훈련시키고 시각과 근육조직과의 협응을 발달시키게 된다.

단계적인 이 시지각 훈련 프로그램에 들어 있는 훈련과제는 문자학습과 가장 밀접하게 관련된 시각-운동 협응을 훈련시키기 위해 지필식으로 구성되어 있다. 그러나 이러한 훈련과제는 눈의 움직임, 큰 근육운동 협응, 작은 근육운동 협응, 평형능력의 발달, 신체상과 신체개념 및 신체도식(body schema)에 대한 정확한 지각훈련이 먼저 선행되어야 하고, 또 이 훈련과제와 함께 다루어져야 한다. 지각장애의 치료는 물론 전문가의 일이긴 하지만, 시각-운동 협응 예비 훈련은 이들에게 언제나 필요한 일이고, 또 일반학급에서도 이러한 훈련을 쉽게 할 수 있다.

(1) 눈동자 이동 훈련

여기에 제시된 눈동자 이동 훈련은 Werksman에 의해 제안된 것이다.

(a) **왼쪽에서 오른쪽으로 이동하기**: 머리를 고정시켜서 눈의 초점을 잃지 않고 눈동자를 왼쪽에서 오른쪽으로 이동시킬 수 있는 능력은 적절한 읽기학습에 매우 중요하고 필수적인 기능이다. 눈동자의 서툰 움직임이 때로는 읽기장애의 한 원인이 되고 있다.

아동이 머리를 똑바로 들고 움직이지 않게 한다. 아동과 약 150㎝ 떨어진 거리에서 큰 구슬 하나를 철사나 줄을 따라 왼쪽에서 오른쪽으로(아동편에서 볼 때) 천천히 민다. 또는 탁자 위에 놓인 공이나 장난감을 왼쪽에서 오른쪽으로 서서히 이동시킨다. 아동은 머리를 돌리지 말고 움직이는 대상에 눈동자의 초점을 맞추도록 해야 한다.

(b) **원방시력(peripheral vision)의 자극**: 뇌기능에 가벼운 장애를 가진 아동들은 근방(중앙)시력(micula vision)에 어려움을 갖고 있다. 임상경험으로 볼 때, 이런 아동은 그들의 말초시각을 더 잘 이용하도록 훈련을 받으면 도움을 받을 수 있다.

아동은 양 발에 균형을 맞추어 정면으로 서게 하고, 머리는 정지한 채 눈높이에 있는 옷 단추나 장식용 핀을 응시하게 한다. 아동의 눈높이에서 그 물체를 수평선으로 아동 왼쪽에서 출발하여 아동이 움직이는 물체를 확인할 수 있을 때까지 오른쪽 끝으로 천천히 움직인다. 그 물체를 아동의 시선에서 사라질 때까지 오른쪽으로 계속해서 움직인다. 이러한 방법으로 오른쪽에서 왼쪽, 위에서 아래, 아래에서 위로 그리고 대각선방향으로 반복한다. 물체를 실제로 확인하고 있는지를 알기 위해 여러 종류의 흥미로운 물체를 사용하고, 아동에게 물체가 그들의 시선 내로 들어올 때 각각 그 이름을 말하게 하고 묘사하도록 한다. 적절한 물체로는 색이 있는 공, 구슬, 장난감 병정, 장난감 차 혹은 마분지에 붙인 그림이나 사진 등이다.

(c) **머리를 움직이면서 바라보기**: 읽기에는 머리 움직임이 거의 사용되지 않지만 다른 활동 특히 운동을 할 때는 머리를 움직이면서 물체에다 초점을 맞추는 것이 필수적이다.

한 물체를 고정시켜 놓고 아동이 머리를 좌우로 움직이면서 그 물체에다 초점을 맞추려 애쓰도록 한다. 그것을 할 수 있으면 머리를 위 아래로 움직이면서 시선을 그 물체에 맞추게 하고, 그 다음은 몸을 좌우로 흔들면서 고정된 물체를 바라보게 한다. 이러한 연습은 물체의 높이, 각도, 거리를 달리하면서 반복되어야 한다.

(d) **머리를 움직이지 않고 바라보기(응시훈련)**: 읽기는 유연한 눈의 움직임과 눈의

멈춤을 필요로 한다. 다음의 연습은 아동으로 하여금 읽기의 기초적인 욕구를 만족시키게 한다.

칠판에다 세로 15cm, 가로 60cm 간격으로 1부터 15까지 일련번호를 세 줄로 쓴다.

60cm

1	2	3
4	5	6
7	8	9
10	11	12
13	14	15

15cm

각 아동을 차례로 칠판에다 약 150cm 떨어져 서게 하되 양 발에다 똑같은 비중을 두어 균형을 잡고 머리는 정지한 채 똑바로 서서 숫자를 응시하게 한다. 연필 같은 물체로 운율 있게 들리도록 가볍게 치고, 아동에게 그 치는 소리에 맞춰 오른손 검지손가락으로 각 숫자를 가리키게 하고 동시에 시선은 해당 숫자를 보면서 1부터 15까지의 숫자를 읽게 한다. 이 방법은 손동작과 청각에 의해 그리고 말소리에 의해 눈 움직임이 강화된다.

읽기를 위한 눈 움직임 연습은 언제나 왼쪽에서 오른쪽으로 실시되어야 한다.

다음은 짧고 간단한 낱말을 세로 15cm, 가로 60cm 간격으로 칠판에다 세 줄로 쓴다.

60cm

고양이	자동차	개
모자	우리집	소나무
토끼	병아리	학 교

15cm

각 아동을 칠판으로부터 약 150cm 떨어진 곳에 서게 한 뒤 각 줄에 있는 낱말들을 소리내어 읽게 한다. 한 줄의 마지막 낱말을 읽은 뒤 머리를 움직이지 말고 눈을 아주 재빨리 다음 줄로 옮겨야만 한다. 그가 막 읽은 낱말에 이어 새로운 줄의 첫 번째 낱말을 얼마나 재빠르게 뒤따라 읽을 수 있는가를 알아보아야 한다. 만약 낱말을 읽지 못하는 아동이라면 단순한 기하도형으로 낱말을 대신하여 연습할 수 있다.

(e) **규칙적인 움직임 바라보기(응시훈련)**: 이 연습에서 아동은 규칙적이긴 하나 단순한 좌우보다는 다양한 움직임으로 시선이 따라가도록 해야 한다. 머리를 고정시키고 줄에 매달려 있는 물체에 시선을 맞추게 한다. 그 물체가 추처럼 움직이도록 줄을 좌우로

흔든다. 그 물체는 또한 아동 쪽으로 가까이 갔다가 멀어지도록 흔들 수도 있다. 또 다른 연습으로는 예쁜 리본을 홀라후프에 묶어 여러 방향으로 돌리면서 리본에 시선을 맞추게 한다. 이와 비슷한 방법으로 아동으로 하여금 칠판에 원, 타원, 나선형 등이 그려질 때 분필의 움직임을 따라 시선을 움직이도록 연습할 수 있다.

 (f) 불규칙적인 움직임 바라보기: 점차 복잡해지고 예측할 수 없는 물체의 움직임에 시선을 맞추는 것을 배워야 한다. 이번에는 줄에 달린 물체를 다양한 순서로 흔들었다 내렸다 하고, 좌우로, 앞뒤로 혹은 완전히 둥글게 흔든다. 칠판에서 분필의 움직임을 이용할 때는 그 움직임을 점차 복잡하고 불규칙하게 할 수 있다. 이런 유형의 연습을 위해 작은 손전등(pen light)을 사용할 수도 있으나 시선이 따라가기 힘들 만큼 너무 빨리 움직임으로써 효과를 무효화하지 않도록 주의해야 한다. 천천히 움직이기 시작해서 차츰차츰 빠르게 해야 한다. 이러한 연습은 언제나 머리를 고정한 채 실시해야 한다.

(2) 큰 근육운동 협응 훈련

이 훈련방법은 U.C.L.A의 Cratty 박사에 의해 제안된 것이다. 아동들이 공으로 하는 놀이와 같은 복잡한 묘기를 기대하려면 먼저 단순한 이동활동에서 그들의 신체 전반을 통제할 수 있어야 한다. 여기에 있는 연습은 신체 전반에 대한 통제가 이루어지도록 하는 데 기본이 되는 활동이다.

아동의 전체적인 민첩성을 향상시키는 주된 네 가지 운동유형은 ① 똑바로 서는 자세연습 ② 달리기와 가볍게 뛰기와 같은 이동활동의 연습 ③ 신체 전반에 변화를 주는 상상놀이의 연습 ④ 균형잡기의 연습 등이다.

(a) 똑바로 서는 활동

① 무릎을 굽히고 앉게 한 후, 일어섰다가 다시 앉게 한다. 이 연습에 변화를 주기 위해서는 손의 도움을 받고 하거나 도움 없이 할 수 있고 또 눈을 감고도 할 수 있다.
② 팔을 위로 향해 흔드는 동시에 공중으로 율동적인 점프를 하도록 한다. 차츰 점프하면서 4분의 1이나 반 바퀴 돌기, 그리고 나중에는 완전히 돌도록 한다.
③ 등을 바닥에 대고 눕게 한 뒤 머리를 들고 그 다음 목과 어깨, 신체의 나머지 부분을 일으킴으로써 일어나게 한다. 이것은 눈을 뜨거나 감고 하게 함으로써 변화를 줄 수 있다.
④ 바닥에 배를 깔고 엎드리게 한 뒤 바닥에 손을 짚고 빨리 일어서게 한다.

(b) 이동활동

① 앞으로, 뒤로, 옆으로 기기

② 팔동작을 다양하게 하면서 깡충 뛰기

③ 다양하게 빠르게 걷기

④ 눈을 감고 뜨고 하면서 한 발로 토끼뜀 뛰기

⑤ 제자리 높이뛰기와 넓이뛰기(팔을 앞으로 뒤로 동시에 내밀어 사용하는 것을 강조한다)

⑥ 팔장을 앞으로 끼고 다리를 교차시켰다 풀었다 하면서 옆으로 걷기(교차하는 다리를 한 번은 앞으로 한 번은 뒤로 하는 식으로 번갈아한다)

(c) 상상놀이(아래 놀이는 신체 전반의 움직임에 변화를 준다)

① 끌어당기는 놀이: 한 아동은 말, 한 아동은 마차로 정해 놓고 마차가 된 아동을 말이 된 아동의 허리부분을 잡고 몸을 구부린다. 말이 된 아동이 마차가 된 아동을 끌게 한다.

② 짐 끌기: 상상으로 무거운 짐을 끌고 있는 시늉을 하게 하며, 앞으로 움직이게 한다.

③ 앞으로 밀기: 상상으로 앞으로 걸어가며 뭔가 무거운 것을 밀고 있는 것 같은 시늉을 하게 한다.

④ 뒤로 밀기: 뒤로 이동하며 등으로 무언가를 밀고 있는 것 같은 시늉을 하게 한다.

⑤ 옆으로 밀고 끌기: 밀거나 끄는 흉내와 함께 옆으로 걸으면서 마치 무거운 것을 밀거나 줄을 당기고 있는 것처럼 신체동작을 한다.

⑥ 짐을 가볍게 하기: 앞에 기술된 신체동작들 중 하나를 시작하게 한 뒤 무거운 짐이 차츰차츰 가벼워지는 체하게 한다.

⑦ 동시적인 집단동작: 여러 아동들에게 각 집단이 다른 집단의 동작에 반응하면서 앞 ①항에서 ⑥항까지 중 어느 주어진 연습을 동시에 실행하게 한다.

⑧ 폭풍게임: 아동에게 팔을 밖으로 쭉 뻗친 채(바람) 뛰어다니게 한다. 그 다음에는 발끝으로 가볍게 빨리 달리게 한다(비). 다음엔 아동이 위 아래로 점프하게 하고(비가 점점 심하게 내린다), 점차 더 힘차게 점프하게 한다(천둥과 번개). 마침내 아동으로 하여금 발끝 활동으로(가벼운 비) 되돌아 오게 하고, 점차 웅크리거나 눕게 한다(폭풍이 끝남).

⑨ 각종 혼합 게임: 아동들이 나무, 비행기, 새, 토끼와 다른 동물인 것처럼 가장한다.

(d) 균형 잡기(아동에게 다음 연습들을 어떻게 하는지 시범해 보인다)

① 발끝으로 10초 동안 서 있게 한다. 그 다음 한 번에 한 다리씩 발끝으로 10초 동안 서 있게 한다. 눈을 감고 하게 함으로써 변화를 줄 수 있다.

② 한 발은 서고 다른 발은 앞, 뒤, 좌, 우로 흔들게 한다. 눈을 감고 하게 하여 변화를 줄 수 있다.

③ 평균대 위에서 앞으로 뒤로 걷고, 옆으로 다리를 교차시켜 걷게 한다.

④ 한 다리로 서서 다른 다리는 앞으로 옆으로 그리고 뒤로 들어 올리게 한다. 힘을 강하게 하고 뻗치는 연습으로 훈련될 수 있는 세 가지의 골격 근육조직 영역은 「팔과 어깨」, 「몸통」, 「다리와 엉덩이」 부분이다.

(e) 팔과 어깨

① 몸 풀기(준비운동): 양팔을 어깨와 평행되게 옆으로 들게 하고 양팔로 원을 그리게 한다.

② 쇠사슬 당기기: 주먹은 가슴 앞에서 꽉 쥐게 한 뒤 팔꿈치를 수평으로 올려 옆으로 들게 한 후, 마치 쇠사슬을 밖으로 힘껏 끌어당기는 것처럼 양 옆으로 끌어당긴다.

③ 팔굽혀펴기: 바닥에 배를 깔고 엎드리게 한다. 손은 어깨 밑에 똑바로 놓여 있어야 한다. 무릎은 바닥에 댄 채 손으로 밀어 올리게 한다. 조금 힘이 들도록 무릎을 곧게 펴서 바닥으로부터 떨어지게 해서 손과 발끝만을 땅에 대고 규칙적인 팔굽혀펴기를 시킨다.

(f) 몸통

① 공 모양 만들기: 등을 바닥에 대고 눕게 한다. 양 손으로 양 무릎을 둘러싸며 재빨리 몸을 공처럼 둥글게 만든다. 다시 눕게 해서 이 연습을 반복한다.

② 비행기: 팔과 손을 비행기 날개처럼 옆으로 뻗친 채 배를 깔고 엎드리게 한다. 가슴과 다리를 들어올려 등을 활처럼 둥글게 한다.

③ 엘리베이터: 바닥에 앉아 손(손바닥을 밑으로)을 엉덩이 옆에 놓는다. 손바닥으로 밀면서 엉덩이를 바닥에서 떨어지게 한다. 몸무게가 손바닥에 있어야 한다. 몸을 위아래로 올리고 내리면서 이 연습을 반복하도록 한다. 좀더 힘들게 하기 위해 두 다리를 편 채로 엉덩이를 바닥으로부터 들어 올리도록 한다.

④ 고양이 뻗기: 무릎을 꿇어 손을 앞으로 짚고 엎드리게 한다. 고양이가 하는 것처럼 등을 휘어지게 하고 배를 아래로 둥글게 한다. 이 연습을 반복한다.

(g) 다리와 엉덩이

① 율동적으로 무릎을 1/2, 1/4, 1/8의 순서로 굽힌다. 무릎을 굽힌 채 1/2 회전과 1/4 회전으로 점프한다.

② 두 발을 서로 가까이 모아서 발뒤꿈치를 바닥에서 들었다 다시 제자리에 놓으면서 움직인다. 다리를 똑바로 서게 해야 한다. 발뒤꿈치를 빠르게 들었다 놓았다 하며 움직일 때 점프를 시작하게 한다.

③ 무릎을 굽히지 말고 손가락 끝이 바닥에 닿도록 허리를 굽힌다.

④ 웅크리고 앉아 손가락을 발가락 밑에 놓는다. 손을 움직이지 말고 다리를 쭉 뻗친다.

(3) 작은 근육운동 협응 훈련

자르기, 바르기, 따라 그리기, 색칠하기, 모방하기, 블럭쌓기와 같은 미세한 운동협응을 포함하는 활동은 모두 훌륭한 작은 근육운동 활동이 된다. 여러 단계로 잘게 나누어서 훈련이 되어야 한다.

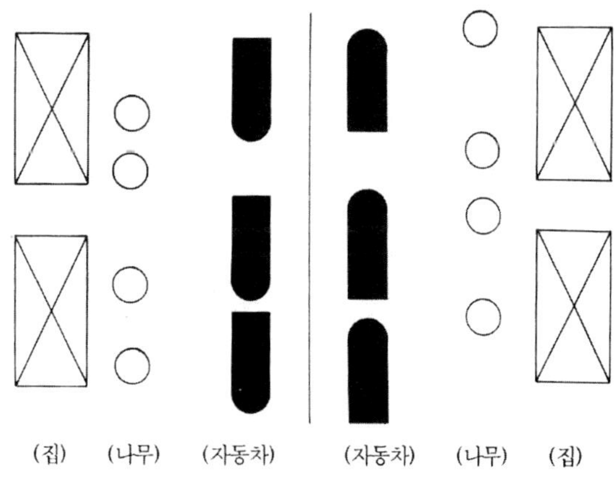

(집)　　(나무)　(자동차)　　(자동차)　(나무)　　(집)

(a) **자르기**: 가장 간단한 자르기 활동은 종이 한 장을 가지고 가장자리를 자르는 일이다. 그 다음은 모서리 자르기, 곡선으로 자르기, 그 다음엔 여러 각도에서 선을 따라 자르기, 마지막으로 각과 곡선을 합한 복잡한 형태 자르기, 이 모든 활동들을 의미있는 활동과 통합하여 재미있게 실시해야 한다. 때로는 손 근육을 강화하는 활동과 함께 자르는 활동을 할 필요가 있다.

(b) **바로 놓기와 바르기**: 바르는 활동을 하기 전에 먼저 바로 놓을 줄을 알아야 한다. 놓기 연습은 어떤 윤곽(밑그림) 위에다 그 물체를 놓은 후 그 물체의 형태에 따라 오려낸 마분지를 그 위에 놓고 풀을 바른다.

앞의 그림(자동차 도로)을 보고 집 윤곽선 위에는 직사각형 블럭을, 동그라미 위에는 장난감 나무를, 새까맣게 칠해진 위에는 장난감 차를 놓는다. 그리고 이러한 형태로 오려낸 마분지를 이 밑그림 위에다 놓고 붙인다. 다음과 같은 연습을 시키면 더욱 효과적이다.

(가)의 밑그림을 미리 제시해 두고 마분지로 오려내어 만든 (나)의 여러 가지 모양들 가운데 (가)의 밑그림과 같은 모양을 찾아서 그 밑그림 위에 왼쪽에서부터 순서대로 놓게 한다. 차례대로 바르게 찾아 놓을 수 있으면 마분지 도형 뒷면을 풀로 칠하여 왼쪽에서 오른쪽으로 밑그림 위에 바르게 붙이게 한다. 이와 같이 놓고 붙이는 활동은 눈-손 협응뿐만 아니라 분류하는 능력(요구되는 형을 골라냄으로써), 교체하는 능력(다양한

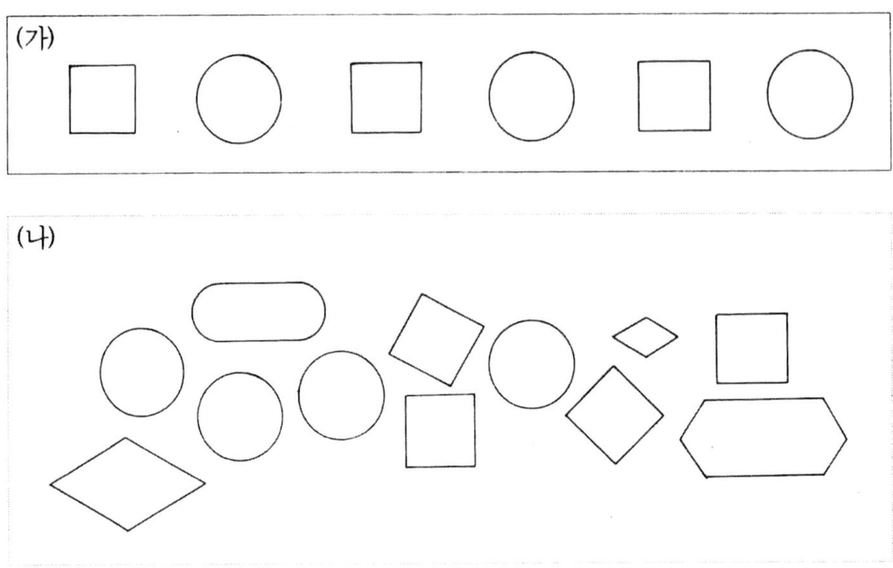

형을 이용해서), 활동순서를 기억하는 능력(같은 모양 찾아 맞추기, 풀칠하기, 그것을 뒤집어 붙이기)을 포함하는 많은 기능을 실제로 훈련시킨다.

(c) **따라가며 색칠하기**: 따라 긋기와 색칠하기는 동시에 해야만 한다. 윤곽선(테두리)이 점차 복잡해지는 형태를 따라가며 색칠을 해야 한다. 색칠되어야 할 면적이 작아지고 보다 복잡해질수록 아동에게 요구되는 윤곽선(테두리)에 따라 색칠하는 정확도는 점차 커져간다.

(d) **일상활동**: 단추 끼우기, 구두끈 매기, 지퍼를 열고 잠그기, 간단한 연장 사용하기와 물건 운반하기 같은 일상생활에 필요한 시각-운동협응 능력에 장애를 가진 아동은 이러한 연습을 의도적으로 할 필요가 있다.

(e) **손가락으로 따라가기**: 운동장애를 가진 아동이나 작은 근육운동 협응이 성숙되지 못한 아동은 블럭 등에 글자나 홈을 파서 새기고 손가락으로 홈선을 따라가게 한다. 때로는 연필이나 크레용으로 따라 그리게 한다.

3. 도형-소지 지각능력의 장애와 예비 훈련

도형-소지(圖形-素地)의 지각과 그 중요성을 바로 이해하기 위해서는 먼저 우리는 관심과 주의를 기울이는 사물을 분명하게 지각한다는 사실을 기억하는 것이 중요하다. 인간의 두뇌는 무수하게 들어오는 자극들 가운데 제한된 수의 자극만을 선택할 수 있도록 조직되어 있는데, 그 선택된 자극이 바로 관심과 주의의 중심이 된다. 이 선택된 자극들(청각, 촉각, 후각, 시각 등)은 개인의 지각영역에서 도형(figure)을 형성하는 반면, 다른 대다수의 선택되지 못한 자극들은 희미하게 지각된 소지(ground)를 형성한다.

예컨대, 운동장에서 공을 튀기고 잡고 있는 한 어린 소녀는 그녀의 관심을 공에다 돌리고 있으며, 그 공은 그녀가 지각하고 있는 장면의 도형이다. 운동장의 다른 측면들, 즉 모래주머니, 꽃밭, 장난감 물통 등은 그녀의 관심의 초점이 아니기 때문에 그것들은 그녀가 충돌을 피하기 위한 장애물 정도로만 알고 있어 희미하게 지각된 소지를 형성한다. 지각분야의 「도형」은 관찰자의 중심이다. 관찰자가 그의 관심을 다른 데로 옮길 때 관심의 초점이 「도형」이 되고, 그 이전의 도형은 「소지」로 희미해져 간다. 앞의 예에서 그 소녀가 공을 놓고 대신 물통을 잡으면 그 물통이 그녀 시야의 도형이 되고 공은 소지의 일부가 된다.

도형-소지의 지각에 관한 또 다른 중요한 사실은 한 물체는 그 소지와의 관계에서 지각되지 않으면 정확하게 지각될 수 없다는 사실이다. 앞의 예에서 보면, 그 어린 소녀가 공을 운동장 표면과 주변의 물체들로 형성된 소지와 관련해서 계속적으로 보지 않았다면 그 소녀는 튀어 오르는 공의 정확한 위치를 지각할 수 없고 또 그 공을 잡는 데도 어려움을 겪을 것이다. 관찰자가 소지와의 적절한 관련하에서 물체를 지각하기만 한다면 물체와의 거리, 크기, 형태까지도 정확히 판단할 수 있다.

일부 아동에게 있어서는 도형-소지의 지각이 불충분한다는 사실이 오래 전부터 알려져 왔다. 이러한 지각의 장애는 그전까지만 해도 뇌손상의 기본적인 증세로 여겨졌었다. 그러나 미국과 영국의 행동과학자들이 시지각은 비교적 독립된 몇 개의 능력으로 구성되어 있음을 밝힌 이후부터 이 이론에 근거하여 시지각 훈련과제를 구성하게 되었다. 따라서 시지각에 장애를 가진 아동이라도 도형-소지의 변별능력이 뛰어난 경우도 있고, 이와는 반대로 도형-소지의 변별능력에 심한 장애를 가지고 있는 아동이라도 시지각의 다른 영역에서는 장애를 갖지 않는 경우도 있다.

1) 도형 - 소지 지각의 장애

도형-소지 변별력이 열등한 아동의 행동 특성은 부주의와 무질서로 나타난다. 이것은 그의 주의와 관심이 방해하는 어떤 자극(움직이거나, 반짝거리거나 혹은 유난히 찬란한 색 등)으로 급속히 옮겨가는 경향이 있기 때문이다. 그러한 방해자극들이 지금 하고 있어야만 하는 유목적적인 활동과는 아무런 관련이 없을지라도 관련자극과 무관자극을 선별하는 데 어려움을 준다. 또한 어떤 경우에는 유목적적인 활동을 위해 주의집중을 다른 관련자극으로 이동시켜야 할 때 어려움을 겪는 수도 있다. 이러한 특징을 자극 구속

현상(stimulus bound)이라 부른다.

　자극구속 증세가 심한 아동은 두 경계선 사이에 한가운데로 직선을 잘 긋지 못한다. 왜냐하면 두 개의 경계선 중 하나가 그의 주의집중을 사로잡아 그의 연필을 경계선에만 향하여 따라가도록 조정하기 때문이다. 주의집중의 초점을 한 자극에서 다른 자극으로 이동시키는 데 어려움이 있으면 시각적 주사(走査, scanning)에 문제를 일으킨다. 이러한 장애를 가진 아동은 주의산만한 학습특성을 보이므로 자기가 읽던 문장 속에서 줄이나 낱말을 놓치거나 건너뛰거나 하여 자기가 읽고 있는 곳을 찾지 못한다. 그리고 복잡하고 빽빽한 페이지 속에서 문제가 제시되면 잘 아는 문제라도 풀 수 없다. 특히 숨은 그림 찾기에 매우 뒤떨어지는 특징이 있다. 이것은 주의산만으로 유관자극과 무관자극을 선별하지 못하기 때문이다. 이러한 아동들은 코 앞에 있는 사물도 바로 찾아내지 못하고 주의가 산만하기 때문에 일상생활에서도 어려움을 겪는다.

2) 도형 – 소지 지각의 예비 훈련

　도형-소지 지각의 예비 훈련을 통하여 주의를 적절히 이동시키는 능력, 관련있는 자극에 주의를 집중하고, 관련 없는 자극을 무시하는 능력, 순서에 따라 적절하게 훑어보는[走査] 능력, 조직적인 행동을 보이는 능력 등에 많은 개선을 가져오도록 해야 한다. 여러 가지 영역의 시지각 훈련과 더불어 놀이와 구체물로써 도형-소지변별 연습이 먼저 행해진 후에 지필식으로 훈련과제가 실시되어야 한다. 몇 가지 예비 훈련의 예를 들면 다음과 같다.

(1) 구체물을 통한 연습

　(a) 방 안의 물체 식별하기: 방 안이나 운동장에서 둥근 것, 나무로 된 것 등과 같은 여러 종류의 물체를 잡아보게 한다. 그 다음에 특정한 책, 그림 혹은 장난감 같은 특정 물체를 고르게 한다.

　(b) 다른 물체 찾기: 둥근 단추와 섞여 있는 상자 속에서 네모난 단추만을 찾아내고, 여러 가지 블럭들 가운데 가장 큰 블럭을 찾아내게 한다 푸른색 구슬 가운데 초록색 구슬을 찾아내고, 매끄러운 종이들 가운데 거칠거칠한 종이를 찾아내게 한다.

　(c) 분류하기: 둘 혹은 그 이상의 물체를 한데 모아 놓고 분류하게 한다. 예컨대, 먼저 입방체와 공 모양을 섞어 놓고 분류시킨다. 그 다음엔 육면체를 추가시킨다. 분류방법은 물체의 형태뿐만 아니라 크기나 색깔 또는 구조에 따라 분류될 수 있다. 분류되어야 할 사물종류가 다양할수록 훈련은 더 어려워진다. 분류 훈련은 모든 시지각 훈련 중에서 가장 효과적인 훈련이다. 그것은 아동이 특별한 자극에 주의집중하고 분류기준이

바뀔 때는 그 주의집중을 이동시키는 연습이 되기 때문이다. 그리고 분류기능은 크기, 형, 색깔 같은 특성을 정확히 확인하는 것을 포함하기 때문에 도형-소지 지각뿐만 아니라 항상성의 지각능력도 개선시킬 수 있다.

(d) 주의집중의 이동: 여러 가지 다양한 물체가 들어 있는 상자 속에서 이름 부르는 특정한 물체를 골라낸다. 처음에는 상자 속의 여러 가지 물체들이 서로 아주 달라야 하지만, 차츰차츰 서로 비슷하게 해야 한다. 예컨대, 여러 가지의 장난감 집들을 모아 둔 상자 속에서 몇 개의 창문이 있는 집, 초록색 문이 있는 집, 이층집, 기와집 등을 골라내게 한다.

(e) 일상생활: 부모는 일상생활을 통해서 기회 있을 때마다 그들의 자녀에게 도형-소지 지각을 발달시키는 것을 도울 수 있다. 예컨대, 밖을 선택할 때도 부모는 "저 흰 집이 보이니?", "잔디밭에 앉아 있는 새가 보이니?", "저 색깔 있는 돌이 보이니?" 하고 물을 수 있다. 집에서 부모는 아동에게 부엌 선반 위에 있는 어느 특정한 통조림을 고르게 하고, 옷을 서랍 속에 분류해 넣게 한다. 이러한 일상생활은 다른 지각능력을 포함하기도 하나, 도형-소지 지각을 위한 훈련에 특히 도움이 된다.

4. 항상성 지각능력의 장애와 예비 훈련

지각의 항상성(perceptual constancy)이란 감각 표면에 비치는 상이 다양함에도 불구하고 형, 위치, 크기와 같은 변하지 않는 속성을 인지하는 능력이다.

형(shape)의 항상성에서 볼 때, 크기가 다르고 색깔과 위치와 표현양태가 어떠한 특정한 형의 종목에 속하는 것으로 인식되는 것을 의미한다. 적절한 항상성 지각의 개념이 형성된 사람은 입방체를 볼 때 앞에서 정면으로 볼 때와 비스듬한 각도에서 볼 때 망막에 비치는 상과 이미지는 달라도 같은 입방체로 인식하게 된다.

형 이외에 시각적 항상성의 세 가지 측면은 크기, 밝기 그리고 색깔이다.

크기(size)의 항상성이란 어떤 물체를 실제 크기 그대로 인식하는 능력이다. 예컨대, 축구공의 크기를 알고 있는 사람은 축구공이 아주 멀리 떨어져 있어서 그의 망막에는 아주 작게 비치더라도 그것을 실제 축구공의 크기와 똑같은 크기로 인식한다.

밝기(brightness)의 항상성이란 물체에 의해 반사된 빛의 양에는 관계없이 물체의 밝기나 희기를 같은 것으로 판단하는 능력이다. 흰 종이는 그것을 비추는 빛이 희미하거나 밝을지라도 흰 것으로 지각된다.

색깔(color)의 항상성은 배경이나 조명 상태에 관계없이 동일한 색으로 인지하는 능력이다.

시각 항상성이 어떻게 발달하며, 서로 다른 자극들이 왜 똑같은 지각을 일으키는가에 관한 결론적인 이론은 아직까지 없다. 그러나 학습과 경험이 그 중요한 요소인 것만은 분명하다. 멀리 떨어진 거리에 있는 차를 볼 때면, 그것을 가까이서 볼 때보다 망막 이미지를 작게 만든다는 것을 사람들은 모르고 있다. 그러나 아주 높은 아파트 위에서 생전 처음으로 그 차를 내려다 본다면, 그는 아마도 그 차가 "마치 장난감처럼 보이는군" 하고 훨씬 작은 크기에 놀랄지도 모른다. 왜냐하면, 그의 경험은 그로 하여금 수평선에서(앞에서) 차를 보는 것이 수직면에서 내려다 보는 것보다 익숙하게 되어 있기 때문이다.

1) 지각 항상성의 장애

시각 항상성의 네 가지 측면(형, 크기, 밝기, 색깔) 중에서도 형의 항상성과 크기의 항상성이 적절한 환경적응을 위해 가장 중요하다. 색맹은 그다지 심각한 장애는 되지 않는다. 심지어 시각이 아닌 다른 감각을 통해 크기나 형을 배운 맹인이라도 환경을 인지하고, 그의 행동을 거기에 맞추어 갈 수 있기 때문이다. 개인을 둘러싼 환경이 비교적 안정되어 있고 예측할 수 있는 물리적 환경이라면 형과 크기에 대한 적절한 지각을 가지고 있어야 한다. 형과 크기에 대한 지각을 시각적 경험을 통해 얻든지 촉각적 경험을 통해 얻든지 관계없이 환경에 잘 적응하기 위해서는 지각의 항상성을 가지고 있어야 한다.

형과 크기에 대한 항상성이 잘 발달되지 않은 아동은 일반적으로 외양의 변화에 불안해지기 쉬울 뿐만 아니라 문자학습에서도 심한 어려움을 겪는다. 특정한 형태나 구조 속에서는 잘 알아보는 숫자나 문자, 낱말이라도 그것을 다른 방법으로 제시하게 되면 그 숫자나 문자를 같은 것으로 알아보지 못한다. 이러한 아동은 문자의 본질적인 동질성을 인식하지 못하고 시감각에 비치는 외형에 의해서만 판단하기 때문에 크기나 모양, 위치가 바뀌어도 다른 것으로 속아 넘어가기가 쉽다. 예컨대, 「아버지」라는 낱말에 「아」자는 잘 알고 있으면서도 「송아지」라는 낱말에서의 「아」자는 읽지 못한다. 어느 특정한 문장 속에서는 잘 알고 있는 낱말을 다른 문장 속에 제시하면 그 낱말을 찾아내지 못하고 새로운 낱말인 것처럼 생각한다. 이러한 장애를 가지고 있는 아동은 문자나 숫자가 여러 가지 형태나 색으로 변화되어 나타나면 같은 것으로 지각하기 어렵기 때문에 문자학습에 곤란을 갖는다.

2) 지각 항상성의 예비 훈련

시각적인 항상성 발달은 대체로 학습과 경험에 달려 있기 때문에 그 능력은 훈련을 통해서 획득될 수 있다. 먼저 단순한 형에 친숙해지도록 해야 하며, 점차 복잡하고 다양한 구조, 크기와 색깔과 다른 각도에서 그들을 확인하려는 시도가 뒤따라야만 한다.

우리의 시각 세계는 3차원의 공간에서 물체를 지각한다. 그러나 여기의 훈련과제는 2차원으로 제시되기 때문에 형의 항상성에 대한 완전한 접근을 이루지는 못한다. 더군다나 형의 항상성의 발달은 움직임과 접촉에 다소 의존한다. 아동은 먼저 걷거나 달림으로써 거리를 지각하고, 다양한 물체를 만지면서 조작하고, 여러 가지 형과 크기의 블럭을 가지고 구조를 만드는 가운데 형과 크기를 배운다. 그래서 움직임이나 물체의 조작을 포함하는 놀이가 반드시 지필식 훈련과제를 하기 전에 주어지거나 또는 지필식 훈련과제와 함께 주어져야만 한다.

지각된 대상 물체에 익숙해지거나 그 물체기 놓여 있는 환경에 익숙한 것만으로는 형의 항상성이 충분히 이루어지는 것은 아니다. 그 물체에 대한 바른 지각은 소지(바탕)가 되는 다른 대상물체와 관련되어야 비로소 가능하게 된다. 대상물체에 아무리 친숙해도 그것의 실제 크기는 주변환경이나 배경(소지)이 적절한 실마리를 제공해 주지 않는다면 그것을 바르게 인지할 수 없다. 앞에서 예를 든 것과 같이 보통 크기의 축구공은 만약 그것이 실제 크기였다는 사실을 알려주지 않는다면, 실제 크기의 축구공을 실제보다 더 크게 만든 장난감 축구공으로 생각할지 모른다. 따라서 크기의 항상성에 대한 훈련은 도형-소지 지각과 밀접하게 관련하여 이루어져야만 한다.

(1) 훈련의 실제

(a) **동일한 크기 찾기**: 각 아동에게 원반이나 막대기, 공 같은 물체를 준다. 모양은 같으나 각기 다른 여러 가지 물체를 거리가 가깝게 멀게 제시해 준다. 이 물체들 중 어떤 것은 손에 잡고 있는 것보다 커야 하고 어떤 것은 작아야 하고 어떤 것은 똑같은 그기이야 한나. 삭 아동에게 그가 잡고 있는 것과 같은 크기의 물체를 찾도록 한다.

(b) **다른 크기 찾기**: 아동에게 완전히 다른 크기의 두 물체를 보여주고 각 아동에게 더 큰 것을 가리키라고 한다. 그 다음에는 두 물체 간의 크기의 차이를 차츰 줄여서 크기가 비슷해지게 한다. 물체들 중 어떤 것은 높이를 다르게 하고 어떤 것은 넓이나 깊이가 다르게 하여 3차원에서 제시된 가운데, 크기 간의 차이를 아동이 식별하도록 한다.

(c) **크기에 따라 분류하기**: 큰 것과 작은 것 사이에 중간 크기를 추가하여 어느 것이 가장 크고, 어느 것이 가장 작고, 어느 것이 중간 크기인지를 가리키게 한다. 그 다음에는 크기를 다양하게 하여 물체를 크기 순으로 분류케 한다.

(d) **똑같은 형 찾기**: 각 아동에게 기하학적 도형을 보여주고 방안에 있는 물체 중 비슷한 모양을 찾아보도록 한다. 예컨대, 직사각형을 보여주면 아동은 책상, 필통, 책 등

을 지적한다. 만약 동그라미를 보여주면 아동은 시계, 접시 등을 가리킨다. 도형을 훈련시키기 위해서는 삼각형, 마름모형, 반원, 육각형과 같은 쉽게 볼 수 없는 물체를 방안에 여러 위치로 놓아 주어야 한다.

(e) 형에 따라 분류하기: 사각형, 원, 삼각형의 기본 도형을 가진 여러 물체들을 섞어서 놓아 두고 네모끼리, 동그라미끼리, 세모끼리 분류하여 모으게 한다. 이러한 모형 분류놀이를 여러 가지 다른 도형을 계속 추가하면서 시킨다.

(2) 평면(2차원)과 입체(3차원)에 대한 지각 훈련

아동들이 비록 구체적인 물체에는 친숙하다 할지라도 그 물체의 사진이나 그림으로는 잘 알아보지 못하는 경우가 많다. 항상적 지각에 장애를 가진 아동은 사진이나 그림이 들어 있는 교과서나 학습자료에 곤란을 갖는다. 어떤 아동은 이와는 반대로 그림이나 사진에서는 잘 알고 있는 것도 실물을 보고는 잘 모르는 경우도 있다. 따라서 입체(실물)에서 평면으로 바꾸어서 또는 역으로 평면에서 입체로 바꾸어서 항상적 지각훈련을 시킬 필요가 있다. 즉 2차원을 3차원으로 또는 그 반대로 전환하여 지각할 수 있는 능력이 개발되어야 한다. 아동에게 각종 형태로 된 블럭을 먼저 보여주고, 이와 일치하는 사진이나 그림을 골라내게 하든지 반대로 어떤 사진이나 그림을 먼저 보여주고 이와 일치하는 블럭을 골라 맞추게 한다.

아동이 그림과 일치하는 블럭 형태를 맞출 수 있다면, 이제는 여러 개의 블럭을 이용해서 간단한 구조형태, 즉 다리, 집, 의자, 기차 등을 만들어 보게 한다. 단순한 도식적인 방법으로 그려진 그림을 보고 이와 같은 구체적인 것을 만들게 한다.

(3) 유사성과 차이성 훈련

훈련은 쉬운 과제에서부터 어려운 과제가 제공된다. 처음에는 단순한 도형을 같은 것끼리 짝짓게 한 후 차츰 복잡한 도형을 식별하게 한다. 기하도형의 동일성과 차이성을 식별하는 훈련은 먼저 동물 그림이나 식물 및 사물 그림을 이용하여 「같은 것」과 「다른 것」을 구별하도록 하면서 동시에 실시하는 것이 효과적이다. 이것은 아동이 흥미를 가지게도 하지만, 일상생활에서 사물을 유목화(類目化)하는 능력을 길러주는 데도 큰 도움이 된다. 예컨대, 개의 종류와 새의 종류가 많지만, 개의 유목과 새의 유목은 서로 본질적으로 다른 속성을 가지고 있음을 알게 함으로써 개념형성에 그 기초를 마련해 준다.

5. 공간위치 지각 능력의 장애와 예비 훈련

공간위치 지각(perception of position in space)은 관찰자를 중심으로 하여 관찰자와 물체와의 관계 지각으로 정의된다. 적어도 사람은 공간적으로 자기 세계의 중심이며, 자기를 중심으로 하여 물체가 자기의 앞·뒤, 위·아래, 좌·우에 있는 것으로 지각한다.

1) 공간위치 지각의 발달

유아기 아동은 자기 신체와 관련시켜 물체의 위치와 방향을 지각한다. 이러한 공간위치 지각이 발달한 후에 물체와 물체와의 관계를 아는 공간관계 지각(perception of spatial relationships)이 발달한다. 만약 공간위치 지각이 충분히 발달되지 않으면 공간관계 지각도 어렵게 되고 환경에 대한 위치와 방향정위(orientation)에 심한 곤란을 가지게 된다.

2) 신체에 대한 지각

신체와 관련하여 대상 물체를 바르게 지각한다는 것은 근본적으로 신체에 관한 지식과 정확한 지각에 달려 있다. 사실, 신체인식(body awareness)은 모든 심리기능의 발달에 극히 중요하다. 그러나 아동들에게 있어서는 흔히 신체지각의 능력이 부족하기 쉽다. 물체와 신체와의 관계 지각은 시각을 통해서뿐만 아니라 촉각과 근육감각을 통해서도 학습이 된다.

신체에 관한 정확한 지식은 세 가지 요소로 구성되어진다. 그것은 신체상(body image), 신체개념(body concept), 신체도식(body schema)이다. 만약 이들 중 어느 하나에 장애를 입는다면 아동의 공간위치 지각도 역시 장애를 받게 된다. 이러한 세 가지 용어들은 그 의미가 중복되기 때문에 엄밀하게 구분지을 수는 없다. 따라서 가끔 부정확하게 혼동하여 사용되는 경우도 많다. 그러나 우리가 폭넓은 교육 양상과 관련시켜 이들의 발달영역에 적용하기 위해서는 이들 용어에 관한 보다 분명한 정의를 해둘 필요가 있다.

(1) 신체상

사람의 신체상은 자기 자신의 신체에 관한 주관적인 경험, 즉 자기 신체에 대한 느낌이다. 신체상은 자기 자극에 대한 고유수용감각(proprioceptive sensation)[1]과 내적 수

---

1) 우리가 걸음을 걸을 때나 앉을 때, 그 과정을 시각적으로 관찰하지 않아도, 그리고 의식하지 않아도 자연스럽게 다리를 굽혔다 폈다 한다. 그리고 물체를 들 때 물체의 무게에 따라 적당한 힘으로 들어 올린다. 이러한 우리의 행위는 신체의 관절이나 근육 속에 근육의 수축과 이완상태나 관절상태의 변화를 감지하는 세포들이 있기 때문에 가능한 것이다. 우리가 의식하지 않는 동안에 이러한 세포들이 근육이나 관절상태에 관한 정보를 중추신경계로 보내는 것이다. 이러한 감각을 고유수용감

용감각(introceptive sensation)에서 비롯된다. 또한 신체상은 자기 자신에 대해서 가지는 여러 가지 인상도 포함된다. 예컨대, 자기가 잘났다거나 못났다거나, 키가 크다거나 작다거나 또는 행동이 빠르다거나 느리다거나 하는 자신에 대한 느낌을 가지고 있다. 이러한 모든 느낌은 자기의 정서상태와 인간관계의 경험, 자기의 생활목표, 그리고 다양한 사회습관에 의해 다소 좌우된다. 자기 자신의 신체에 관하여 가지는 자기상은 지적으로 정상적인 사람이 자기의 팔 다리 가운데 하나를 잃었을 때 일어나는 환상적인 수족(phantom limb)현상에 의해 입증된다. 자기가 가지고 있는 자신에 대한 합리적 영상 때문에 상실되어버린 수족에 대해서도 촉각은 물론 고통까지 느끼게 된다. 이러한 현상은 이미 상실되어버린 어느 수족에 대하여 본인은 아직 그것을 그대로 가지고 있는 것으로 지각하고 있기 때문이다. 신체상은 인물화 연구를 통해서 알 수 있듯이 동작으로는 표현되지 않는다.

(2) 신체개념

신체개념은 자기 신체에 대해서 가지는 지적인 지식이다. 이것은 신체상보다 후에 발달되고 의도적인 학습에 의해 습득된다. 예를 들면, 아동이 두 다리를 가지고 있음을 아는 것과 손이 두 개 달린 두 개의 팔, 머리 위의 머리카락, 얼굴 중앙에 있는 코를 찾을 줄 아는 지식 등이다. 각종 신체부분의 기능을 아는 지식도 역시 신체개념의 일부에 해당된다.

(3) 신체도식

신체도식은 완전히 무의식적이라는 점과 순간순간 변한다는 점에서 신체상이나 신체개념과는 다르다. 신체도식은 신체에서 일어나는 촉각적 경험과 촉감에서 비롯된다. 신체도식은 어떤 순간에 여러 근육과 신체부위의 위치를 조절한다. 즉, 신체의 위치에 따라 신체도식은 여러 가지로 변화하게 된다. 사람의 균형은 그의 신체도식에 달려 있다. 신체도식이 없이는 걷거나 앉기, 옆으로 굽히기를 할 수 없고, 다른 동작도 할 수 없다. 만약 신체도식에 손상을 당한다면 협응동작과 평형유지가 극히 어려워진다.

눈과 손의 협응능력과 공간위치 및 공간관계를 정확하게 지각하는 능력에 의해 신체상과 신체개념 및 신체도식이 발달되어질 수 있다.

3) 공간위치 지각의 장애

공간위치 지각에 장애를 가진 아동은 여러 면에서 장애를 가지는데, 이러한 아동의

각이라 하고, 신체의 공간적 움직임에 관한 감각이기 때문에 신체운동감각(kinethetic sensation)이라고도 한다.

시각적 세계는 혼동되어 있고 그의 움직임은 어둔하고 또 머뭇거리게 된다. 또한 공간위치를 나타내는「안」「밖」「아래」「위」「오른쪽」「왼쪽」과 같은 말이 무엇을 의미하는지 잘 이해하지 못한다. 공간위치 지각의 장애는 문자학습에 처음 들어갈 때 가장 곤란한 특징을 나타낸다. 왜냐하면 글자, 낱말, 문장, 숫자, 그림들이 왜곡되고 혼동되어지기 때문이다. 가장 간단하고 자주 사용되는 예로서, 자기 신체와 관련하여 어떤 물체의 위치를 지각하는 데 어려움을 가진 아동은「아」를「어」로,「우」를「오」로,「6」을「9」로,「24」를「42」로 혼동하여 지각하기 쉽다. 물론 이것은 읽기, 쓰기, 셈하기 학습에 큰 지장을 초래하게 되는 것이다.

4) 공간위치 지각의 예비 훈련

공간위치 지각 훈련을 할 때 지필식 훈련과제가 주어지기 전에 다음의 예비 연습이 선행되어야 한다.

(1) 신체상, 신체개념, 신체도식의 훈련

（a) **신체부위의 인식**: 마룻바닥이나 책상과 같은 평면 위에 누워 있도록 한다. 누워 있는 상태에서 자신의 신체부위들 간의 차이를 알고 말할 수 있게 한다. 뻗기와 이완의 차이를 알게 하고, 자신의 숨소리를 인식하고 들을 수 있게 한다. 각 신체부위의 이름을 대면 그 부위에 손을 갖다 대게 하고, 또한 다리, 팔, 손, 손가락, 머리 등 이름을 부르는 부위는 위로 들어 올리거나 움직이게 한다. 이와 같은 연습을 여러 가지 자세(앉은 자세, 선 자세, 무릎꿇고 앉은 자세 등)에서 반복할 수 있다. 음악을 곁들여서 하면 동작능력도 촉진되고, 신체부위의 인식도 더 높일 수 있지만, 잘못하면 주의를 산만하게 할 우려가 있기 때문에 적절하게 사용하는 것이 좋다. 실제로는 시각적 자극을 제거하기 위하여 눈을 감기고 하는 것이 효과적일 때가 많다. 눈을 감고 자기 신체부위에만 집중하도록 하기 때문이다.

（b) **신체부위의 위치 알기**: 자기 자신의 신체부위는 물론 다른 사람의 신체부위나 인형의 신체부위도 말할 수 있고, 그 위치를 찾아낼 수 있게 한다. 각 신체부위의 기능을 말하게 할 수도 있다.

（c) **놀이기구의 사용**: 사다리나 정글짐 오르기, 난간 위 걷기, 블럭 사이 건너뛰기, 미끄럼판 거슬러 올라가기, 미끄럼틀이나 시소 타기 등을 통하여 자기 신체의 공간감과 중력감을 알도록 함으로써 신체지각이 크게 촉진될 수 있다.

（d) **신체동작의 방향성**: 선 긋기 활동을 통하여 신체 움직임과 지향성을 배우게 할

수 있다. 칠판에다 분필로 아래로 위로 선을 긋게 하고 옆으로(자기 몸에서 바깥쪽으로 또는 자기 몸쪽으로) 긋게 한다. 이것이 가능할 때 종이 위에서 연습할 수 있는데, 위쪽으로 선을 그을 때는 자기 신체에서 멀어짐을, 아래로 선을 그을 때는 자기 신체에 가까워짐을 알게 된다. 마분지를 수직으로 접어서 천천히 수평이 되도록 하면서 "위로!" 하면 신체에서 멀어지게 그리고, "아래로!" 하면 신체 쪽으로 향하여 그리게 한다.

(e) 인물화 그리기: 칠판 위에 사람의 각 부위를 그리면서 그리는 부위를 짚어 보게 한다. 예를 들면, "자! 내가 머리를 그리거든 너는 네 머리를 짚어라. 좋아, 다음엔 무얼 그릴까? 그래 목이지. 네 목을 짚어 봐라. 목을 머리 밑에 그린 후에 다음은 무얼 그리지?"와 같이 해 나간다. 거울을 이용하여 아동이 서로 상대방의 신체부위를 짚게 하면서 인물화를 그리게 한다.

(f) 인물화 그림 완성하기: 칠판에 사람 전체나 얼굴을 그리되 어떤 부분은 그려 넣지 않는다. 빠진 곳을 찾아 아동이 그려 넣게 한다.

(g) 신체부위 짝맞추기: 신체부위나 얼굴의 각 부위로 된 마분지 조각을 구성한다. 얼굴을 나타내는 타원형으로 된 마분지 위에 눈, 코 등 각 부위를 바르게 배치해 보도록 한다.

(h) 물체와 신체와의 관계 알기: 신체상에서 처음 물체와 신체와의 관계개념을 발전시키기 위해 물체를 가지고 연습해야 한다. 의자 「위에」 오르기, 블럭 「위로」 뛰어넘기, 책상 「아래로」 기어가기, 책상 「주위」로 돌기, 상자 「안에」 서기, 동그라미 「밖에」 서기 등을 놀이 형태로 할 수 있다. 아동의 언어와 행동과 위치가 확고하게 결합되어지도록 하기 위해 가끔 아동 자신이 지금 무엇을 하고 있는가를 말하거나 큰소리로 말하게 한다.

(i) 여러 가지 자세(신체동작) 모방하기(그림 1a~1d, 2a~2d): 다음 그림과 같은 자세를 해 보도록 한다. 필요한 경우에는 실제로 시범을 보인다. 다음과 같은 집단놀이를 즐기면서 모방하게 할 수 있다. 즉, 아동이 둥글게 원을 그리며 춤을 추게 하다가 교사가 손을 위로 들면 방금 하던 그 자세로 그 자리에 멈추어 선다. 그런 다음에는 각기 서로의 자세를 모방하게 한다.
 균형능력을 높이기 위해 한 발로 서기, 한 발에서 다른 쪽 발로 몸무게 옮기기 같은 그림에서 보이는 자세를 나타내는 학습을 할 수 있다.

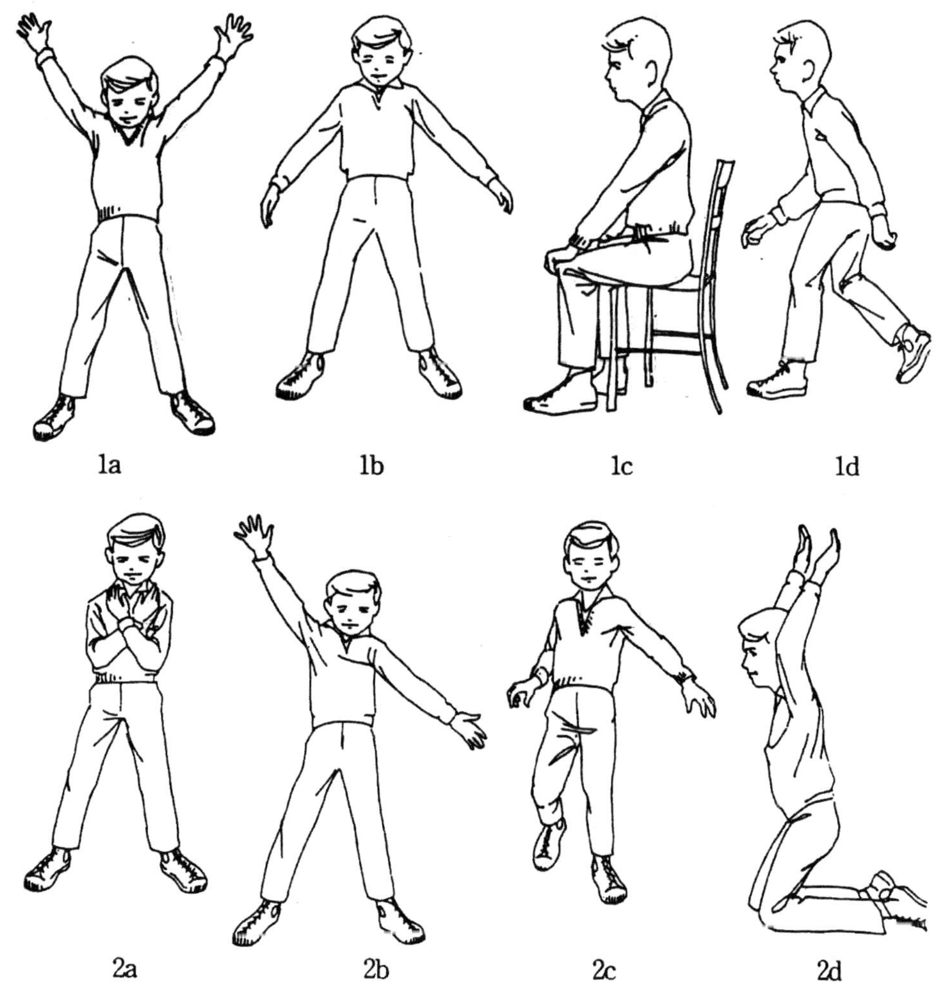

(ｊ) 왼쪽, 오른쪽 구별하기(그림 3a~3d와 4a~4f, 5a~5b): 이 연습은 왼쪽과 오른쪽을 구별하는 학습에 도움이 되도록 계획되어 있다. 그림 3a에서 3b를 사용하여 "여기에 네 손과 똑같은 손이 있지? 어느 쪽 손인지 아니? 오른손이나 왼손이니?"라고 묻는다. 만약 계속 틀리게 말할 때는 실제로 손을 펴서 그림 가까이에 갖다 대도록 한다. 반드시 손바닥을 아래로 하여 그림 위에 놓게 하고 "왼손이니 오른손이니?" 하고 묻는다.

그림 4a에서 4f도 이러한 같은 방법으로 사용하면 된다. "자, 이 아이는 어느 쪽 신만 신고 있지? 오른쪽 신이니? 왼쪽 신이니?" 하고 묻는다. 그리고 어느 쪽 손에 장갑을 끼고 있는지 물어보고 손을 들어 보게 한다.

그림 5a와 5b를 사용하여 "여기에 두 소년이 있다. 하나는 너와 마주보고 있고, 다른 하나는 너와 등지고 있다. 각 그림에서 「오른쪽」 다리는 어느 것이니? 「왼쪽」 다리는

어느 것이니?" 하고 묻는다. 다른 신체부분의 좌우도 이와 같은 방법으로 연습시킨다.

그림의 인상을 더 강하게 하기 위해 오른발 구르기, 왼손 들기, 무릎 짚기를 하게 함으로써 신체도식의 발달에도 도움을 준다.

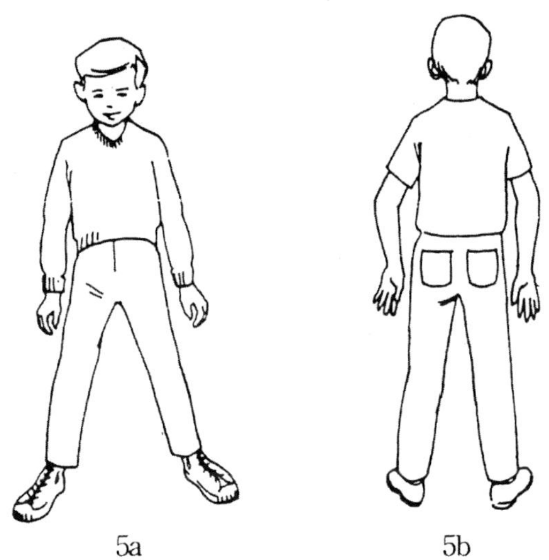

5a   5b

（ k ）신체부위와 얼굴 짜맞추기(그림 6a～6b와 7): 둥근 종이나 마분지 위에 눈, 코, 입 부분을 찾아서 바른 위치에 놓게 하는 활동이다. 먼저 눈, 코 입 등의 부분을 가위로 오려내게 하여 오려낸 부위를 6a의 얼굴 위치에 맞추어 놓게 한다. 이 활동이 가능하면 좀더 복잡한 6b의 활동을 추가해 가면 된다.

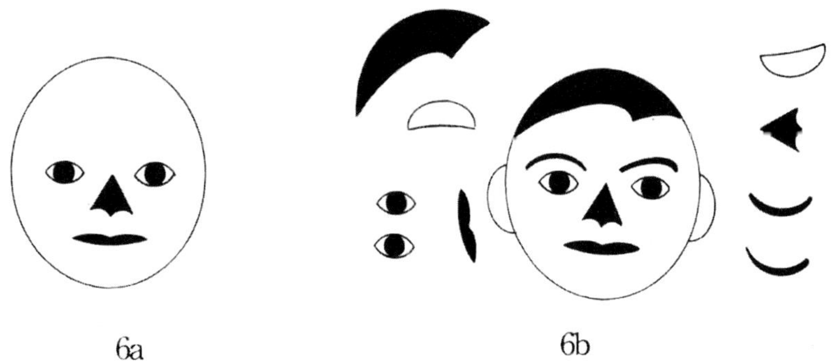

6a   6b

그림 7은 신체부위를 분명하게 구분되도록 그려 놓는다. 먼저 머리, 목, 몸통, 팔, 손, 다리, 발을 오려내게 한 후 다시 이것들을 원래 모습대로 조립하게 한다. 만약 잘 하지 못하면 칠판 위에 그림을 그려 놓고 각 부위의 잘라낸 조각을 정확한 위치에 배치해 보도록 연습시킬 수 있다. 그런 다음에는 보조를 받지 않고 모든 신체부위를 바른 위치에 놓도록 한다.

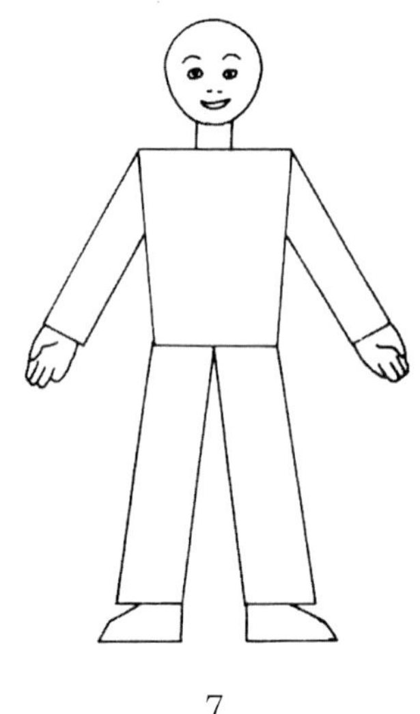

7

(2) 평면(2차원)과 입체(3차원)에 대한 훈련

이 연습은 아동이 역전(reversal)이나 회전(rotation)을 지각하는 데 도움이 되도록 고안되어 있다. 이 예비 연습은 지필식 훈련과제를 하기 전에 시행하여야 한다.

(a) **네모와 마름모꼴**: 책상 위에 몇 개의 정사각형 마분지를 놓는다. 그 다음에는 아동이 정사각형의 밑변과 높이가 나란히 되도록 □□□와 같이 놓는다. 다시 흩어놓은 다음에는 이것들을 한쪽 구석에 세우기 위해 돌려서 ◇◇◇와 같이 놓게 한다. 이것을 「마름모」라고 말해 준다.

(b) **삼각형**: 정삼각형을 가지고 위와 같은 방법으로 반복한다. 즉, △△△에서 ▽▽▽로 한다. 이등변삼각형을 ◁와 같은 위치로 놓아 두고 다른 것도 이와 같이 놓아보도록 한다. 이것이 가능하면 여러 가지 위치로 바꾸어 놓으면서 이것에 따라 다른 것도 이와 똑같이 되도록 돌려 놓게 한다.

(c) **직사각형 블럭**: 직사각형 블럭을 아동 하나하나에게 주고 시범을 보인 위치와 똑같은 위치로 놓아 보게 한다.

(d) **블럭 형태(패턴 인식)**: 2개, 3개 혹은 4개의 블럭을 가지고 다음과 같은 모양(블럭유형)을 만들어보게 한다.

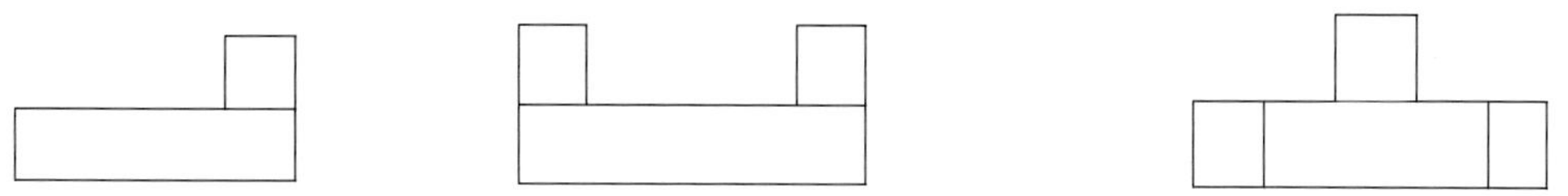

6. 공간관계 지각능력의 장애와 예비 훈련

공간관계의 지각은 둘 또는 그 이상의 물체들 상호간의 위치와 자기 자신과 물체와의 위치를 지각하는 능력이다. 예컨대, 구슬 꿰기를 할 때 구슬과 실 간의 위치는 물론 자기 자신과 관련하여 구슬과 실의 위치도 지각해야만 원만한 구슬 꿰기가 이루어질 수 있다. 이미 앞에서 언급한 바와 같이 공간관계 지각의 능력은 자기 신체와 관련하여 물체의 위치를 지각하는 보다 단순한 공간위치 지각보다는 더 늦게 발달한다. 공간관계 지각은 다른 지각과정보다 더 복잡하기 때문에 더 많은 훈련이 요구된다. 만약 아동이 어떤 단계에서 어려움을 보이는 경우에는 중간단계의 연습을 추가해 주어야 한다.

공간관계 지각은 관계성의 지각을 포함한다는 점에서 도형-소지 지각과 유사성이 있다. 사실 도형완성, 퍼즐 그리고 전체구성을 위한 부분조립 등은 공간관계 지각과 도형-소지관계 지각의 훈련에 도움이 된다.

공간관계 지각 능력과 도형-소지 지각 능력의 차이는 다음과 같다. 도형-소지 지각에 있어서는 시각의 장(場)에 대한 지각이 두 부분으로 나누어지는데, 즉 주의집중이 모아져서 뚜렷하게 지각되는「도형」과 그렇지 못하고 희미하게 지각되는「소지」로 구분된다. 반면에 공간관계 지각에서는 서로 다른 부분들이 상호 관련하여 보여지고, 그 부분들 모두가 동일한 비중으로 주의집중을 받는다.

사실 서로의 관계에서 지각된 여러 부분들은 모두 동시에 지각되는 것이 아니라 시간적인 순차에 따라 전체의 상(像)에 단계적으로 통합된다. 따라서 공간관계를 지각하는 능력을 훈련시키는 것은 매우 중요하다. 눈 움직임의 순서는 가장 단순한 기하도형의 지각에서 알 수가 있다. 종종 형태지각으로 간주되는 이러한 계열적이고 순차적인 통합과정이 매우 빠르게 일어나기 때문에 지각하는 사람은 모든 단계가 마치 동시에 경험되는 것처럼 생각하고 있다.

형태(패턴)지각을 발달시키기 위한 훈련은 어느 정도의 기억능력을 필요로 한다. 왜냐하면, 시각표상과 시각기억은 형태지각에 중요한 역할을 하기 때문이다. 형태가 복잡하면 할수록 더욱더 시각표상과 시각기억이 큰 역할을 하게 된다. 단순한 패턴이라면 언어적 형태로도 개념화되고 기억되어질 수 있다. 예컨대, 구슬 꿰기를 할 때 "빨강 구슬 2개, 흰 구슬 2개, 빨강 구슬 2개"라고 혼자서 말할 수 있는 언어적 개념화가 가능하지만, 복잡한 형태의 무늬를 짜는 직공이라면 지금까지 짜온 무늬에 새로운 것을 추가하면서 항상 전체적인 형태를 기억하고 있어야 하고, 또 거리, 넓이, 각도, 교차점, 무늬의 계열 등을 명심하고 있어야 한다. 언제나 일일이 마스타 플랜을 하나하나 확인하면서 일한다는 것은, 시각적 기억화는 피할 수 있을지는 모르지만 일의 진척이 무척 느리고 또 비능률적이기 때문이다.

1) 공간관계 지각의 장애

공간관계 지각에 장애를 가지면 필연적으로 문자학습에 곤란을 겪게 되기 마련이다. 이러한 아동은 낱말 안에 들어 있는 철자의 순서를 바로 지각하지 못한다. 예컨대,「어린이」라는 낱말을「어린린이」혹은「어이린」으로 쓰거나 읽는다. 산수문제를 풀 때, 긴 나눗셈에서는 나누기 과정의 순서를 기억하지 못하고 또 곱셈에서는 숫자의 상대적 위치를 지각하지 못한다. 뿐만 아니라 모형 만들기, 지도 읽기, 그래프 보기, 측정 공부 등 여러 가지 과제에서도 똑같은 어려움을 가지게 된다.

2) 공간관계 지각의 예비 훈련

구체적인 물체를 이용하여 공간관계 지각의 장애를 치료하는 예비 훈련을 너무 지나치게 할 필요는 없다. 가정과 학교에서 일상생활을 통하여 자연스럽게 훈련시키는 것이 더 효과적이다. 예컨대, 간단한 모형 만들기, 나무로 작은 물건 만들기, 형태를 보고 토막 쌓기, 지도 읽기, 행동의 순서를 나타내는 단순한 활동하기 등을 통하여 공간관계 지각을 도울 수 있다. 이러한 활동은 즐겁게 이루어지므로, 자기가 하고 있는 일을 즐겁게 하고, 억압이나 간섭을 받지 않는다.

(1) 구체물을 통한 훈련

(a) 위치: 지필식으로 된 훈련과제가 주어지기 전에 먼저 서로 관련성이 있는 두 개의 구체물을 가지고 두 물체의 위치에 관한 훈련을 시켜야 한다. 이러한 훈련은 마룻바닥 위에서 혹은 책상 위에서 실시할 수 있다. 아동에게 빨강 블럭과 초록색 블럭을 주고는 다음과 같이 말한다. "자! 빨강 블럭 앞에 초록색 블럭을 놓아 보세요. 이제는 초록색 블럭 위에 빨강 블럭을 얹어 보세요. 초록색 블럭 왼쪽에 빨강 블럭을 놓으세요. 자, 이제는 빨강 블럭 뒤에 초록색 블럭을 놓으세요." 유색 마블이나 유색 나무못을 가지고 못 꽂기 판이나 마블판 위에서 이와 같은 방법으로 훈련시킬 수 있다. 그리고 아동들끼리 서로 교대하여 지시하면서 훈련할 수도 있다.

(b) 형태: 그림 1a~1d와 2a~2d와 비슷한 형태를 그려서 이러한 모양과 같도록 못 꽂기 판에 나무못을 꽂도록 훈련시킨다. 이것은 불규칙적인 형태의 예로서 교사가 제시하는 형태에 따라 아동이 못을 꽂게 하는 것이다. 종이 위에 그려 놓은 못 꽂기 판 위

에 얹어 놓고, 그 위에 못을 꽂도록 한다. 혼란을 피하기 위하여 아동이 어떤 형태를 본떠서 못을 꽂고 있을 때는 다른 형태들은 모두 감추어 두어야 한다.

그림 3a~3b와 4a~4b는 마블판 위에 놓은 세 가지 색으로 된 유색 마블이다. 아동들은 이 형태를 보고 그대로 마블판 위에 유색 마블을 놓는다. 그림 3a는 규칙적으로 된 형태이지만, 점점 훈련이 계속되면서 불규칙적이고 보다 어려운 과제가 주어지게 된다.

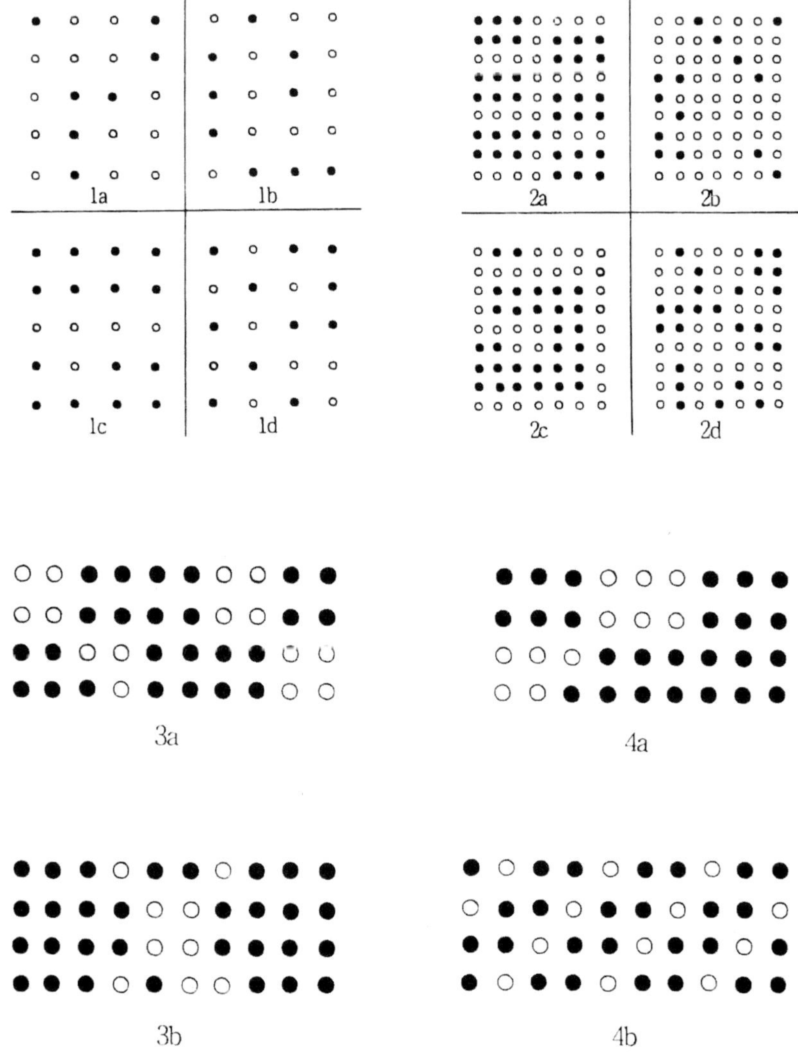

그림 5a~5f까지와 그림 6a에서 6f까지는 여러 개의 블럭이 복잡한 관계를 가지고 구성되도록 되어 있다. 이것은 점점 어려운 과제로 되어 있다. 먼저 교사가 그림 5a와 같이 블럭을 놓는 시범을 보인 후에 아동이 그와 같이 하도록 한다. 시범을 다 보인 후

에는 시범으로 보인 것을 치우고 그림으로 제시된 패턴만을 보이면서 그와 같도록 구성
하게 한다.

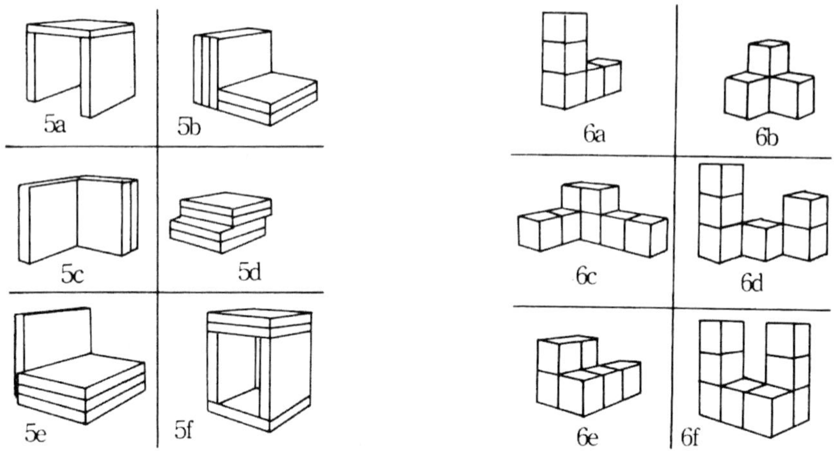

7. 지각을 통한 사고과정 훈련

　지각이란 자극에 대한 인지와 변별로 정의되고 있다. 때문에 「지각」은 항시 현존하는
것과 관련된다. 반면에 「사고」는 실재하지 않는 어떤 것, 즉 현존하는 것으로부터 유추
될 수 있거나 또는 현존하지 않는 어떤 것이라고 할 수 있다. 그러나 과거와 현재의 지
각표상들은 사고를 이루는 기초가 되고 있다. 지각은 사고를 손쉽게 하는 원자료(raw
data)와 상징(symbol)들을 제공함으로써 사고과정을 보다 용이하게 한다. 정확한 지각
을 하기 위해서는 지각된 것들을 바르게 분류할 줄 알아야 한다.

　이를테면, 아래의 모형들을 세 집단으로 분류하도록 요청 받은 아동은 그 모양을 정
확하게 지각한다면 이러한 과제를 수행할 수 있게 된다.

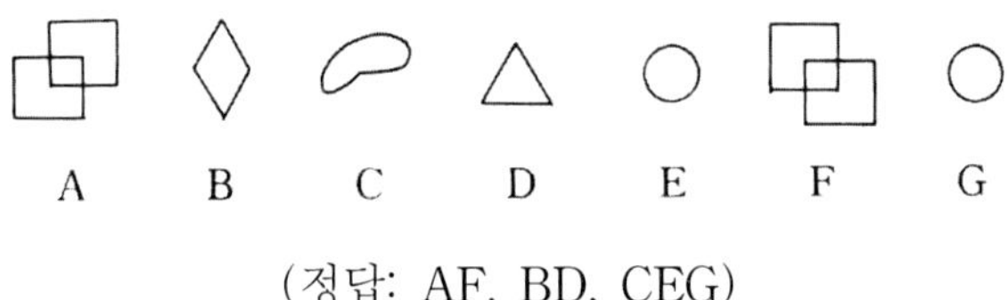

(정답: AF, BD, CEG)

　지각은 또한 분명하지 못한 특성을 추리함과 동시에 이들을 분류하는 어려운 과정을
필요로 한다. "저것은 기생충이냐 애벌레냐?", "저 옷감은 모직이냐 나일론이냐?", "이

것은 책이냐 공책이냐?"와 같은 질문에 대한 대답은 기억 속에 저장되어 있는 선행경험과 정보를 현재의 자극과 비교하는 능력에 의존하고 있는 것이다.

따라서 교사가 해야 할 과제 중의 하나는 아동으로 하여금 그들의 지각을 기억할 수 있도록 도와주는 일이다. 이는 아동이 단순한 형태와 패턴 그리고 순서를 기억하는 것을 돕는 반복활동과 훈련에 의해서 이루어질 수 있다.

1) 시각자극의 기억

다음의 훈련과제에 앞서 올바르게 지각했는가를 확인하기 위해 짝짓기와 지각 항상성의 예비 연습이 선행되어야 한다.

(a) 한 가지 모양에 대한 기억: 아동에게 삼각형과 같은 한 가지 모양을 보여주고 그것을 몇 초 동안 보도록 한다. 그런 다음에 여러 개의 유사한 모양 중에서 자기가 본 모양을 골라내도록 한다. 즉, 정삼각형(△)을 보고 나서 예각삼각형, 직각삼각형, 정삼각형 중에서 정삼각형을 찾아내도록 하는 것이다.

아동에 따라서는 과제가 단순해야 한다. 예를 들면, 많은 삼각형과 원 중에서 하나의 원만을 골라낼 수도 있다. 모양을 그릴 수 있는 아동에게는 자기가 본 것을 그려 봄으로써 그 모양을 재생하도록 요구해야 한다. 이러한 모양은 점차 복잡해져야 한다(예: ◇ ◻ ◥). 다음은 차츰 복잡해지고 있는 모형의 예로서, 아동들이 보고 그릴 수 있도록 해야 한다(예: ✿ ⊗ ◻ ✿).

b) 패턴에 대한 기억: 복잡한 형태와 패턴에 대한 기억을 여러 가지 자료를 가지고 우수한 아동들에게 실시되어야 한다. 교사는 아동들에게는 블럭, 나무못, 유색 나무토막 등으로 어떤 패턴을 제시한다. 그런 다음 한 가지 패턴을 몇 초 동안 보게 한 후에 아동들에게 기억을 더듬어 그것을 재구성하도록 한다.

이러한 훈련을 위해서 오버헤드 프로젝트는 유용한 보조기구가 되고 있다. 이를테면, 교사는 ✛와 같은 하나의 도형이나 패턴을 그린 다음 그것을 오버헤드 프로젝트로 몇 초 동안 보여준다. 그러면 아동들은 책상 위에 있는 상자 속에서 골라낸 삼각형이나 사각형 모양의 나무토막으로 자신이 본 모형을 재구성하는 것이다. 그 다음에 교사는 그 모형을 다시 보여주며 아동들이 틀린 곳을 고치도록 한다.

아동들은 자기가 구성한 패턴에 대해 늘 이야기를 해야 한다. 예를 들면, "나는 검은색의 정사각형, 흰색의 직각삼각형 또는 다른 검은색의 정사각형으로 모양을 만들어서 그것을 가로로 놓았다."

다음은 위와 같은 방법으로 아동들이 구성해서 설명할 수 있는 나무못 꽂기 패턴의

한 예이다.

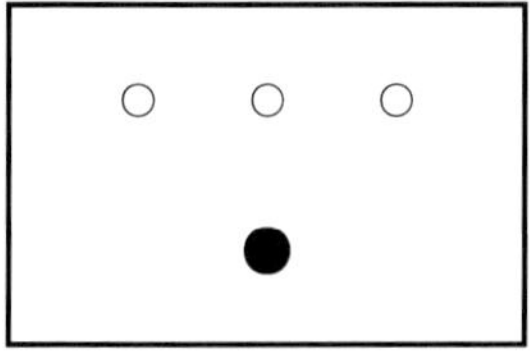

 "나는 세 개의 흰색 나무못을 가로로 위에 꽂고 한 개의 검은색 나무못은 중간에 있는 흰색 나무못 아래 꽂았다."
 교사는 그런 다음에 아동들에게 언어적 지시를 줌으로써 이러한 절차를 반대로 할 수도 있으며, 아동들이 잘못된 점을 즉시 고칠 수 있도록 하기 위해서 오버헤드 프로젝트를 다시 사용해도 된다.
 만약에 글자 모양을 사용한다면 이러한 기억훈련은 읽기와 쓰기 학습의 준비가 될 수 있다. 다음과 같은 글자 모양을 종이 카드에 그린다.

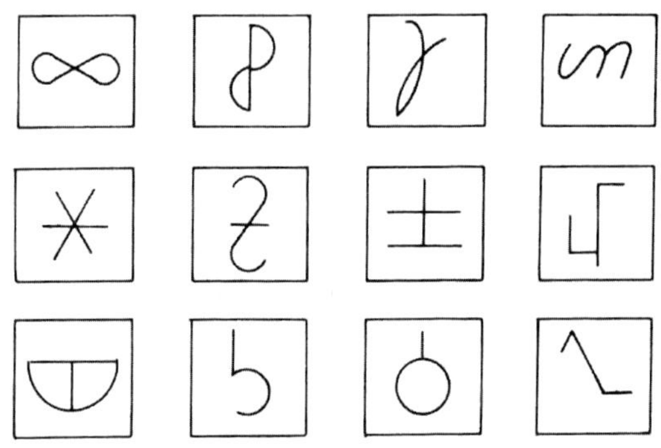

 교사는 여러 개의 모양 중에서 하나를 선택해 아동들에게 보여주고, 그림을 다시 파일 속에 섞어 놓는다. 그런 다음에 한 아동에게 그가 방금 보았던 모양을 파일 속에서 찾아내도록 한다. 다른 아동들에게도 똑같은 방법으로 훈련을 시킨다.
 마지막에는 아동들에게 기억을 통해서 모양을 그리도록 한다. 아동들이 이것을 하게 되면 곧 실제 글자로 똑같은 연습을 해야 한다. 실제 글자를 사용할 때 아동들은 자신이 선택한 글자의 이름을 말해야 한다.

 (c) 시각 연속성에 대한 기억: 읽기를 막 시작한 아동은 이따금 전체 낱말을 세부 내용별로 지각하지 않고 하나의 패턴으로서 지각하고 기억한다. 그러나 새로운 글자를 분석해서 쓰고, 읽는 것은 전체 낱말뿐만 아니라 낱말의 각 부분들을 인지하고 기억하는

능력에 의존하고 있는 것이다. 따라서 순서기억에 있어서는 훈련이 뒤따라야 한다.

순서기억을 위한 첫 번째 연습과제는 논리적이면서 시간상의 순서를 포함해야 하는데, 그 이유는 내면적인 논리가 기억에 대한 단서로의 역할을 하기 때문이다. 이를테면, 간단한 연속만화를 잘라서 아동들에게 보여주고, 그 행동이 일어난 올바른 순서에 따라 시간적으로 논리에 맞도록 다시 배열하게 하는 것이다.

나중에는 시간적·논리적인 연결은 배제해야 하며, 이러한 시간적·논리적 단서 없이 연속성을 기억하는 최초의 과제는 아주 단순해야만 한다. 예를 들면, 교사는 파일 속에서 인지할 수 있는 물체가 그려진 3장의 카드를 골라낸다. 아동들은 교사가 카드를 놓는 순서를 주의깊게 관찰한다. 교사는 다시 카드를 파일 속에 되돌려 놓고 아동에게 카드를 원래의 순서대로 배열하도록 한다.

아동들이 이러한 수준에서 능숙하게 되면, 훈련과제는 그림에서 기하도형으로, 글자로, 숫자로 진전하면서 보다 추상적이며 보다 어렵게 제시될 수 있다. 또한 연속성의 수를 늘리거나 크고 다양한 형태로부터 적절한 모양을 선택하게 함으로써 과제를 어렵게 만들 수도 있다.

다음은 점차로 어렵게 되는 연속성의 예이다.

□◇ ○□ △□

○△□ ◇○□ ◇△□

△□△□

◎△◎△

⊠⊠＊⊠＊□

색깔도 역시 이용될 수 있다. △△◎△△

아동들은 행동의 순서를 기억하는 것 또한 훈련해야만 한다. 교사나 아동 중의 한 명이 일련의 동작을 취한다(일어선다. 책상 밑으로 의자를 민다. 선반에 있는 빨간 책을 잡는다. 교사의 책상 위에 그 책을 놓는다. 의자로 되돌아간다. 자리에 앉는다). 그런 다음에 다른 아동들도 그러한 연속동작을 그대로 실시해 보도록 한다.

접시 같은 작은 물체로 간단한 게임을 할 수도 있다. 한 아동이 하나의 물건을 옮긴 다음 다시 그것을 제자리에 갖다 놓는다. 두 번째 아동은 첫 번째 물건에다 또 다른 물건을 더해서 옮긴 다음에 다시 둘 다 제자리에 되돌려 놓는다. 세 번째 아동은 처음 두 개의 물건을 순서대로 집고 세 번째 물건을 골라서 다시 그 물건들을 순서대로 되돌려 놓는다. 이와 같은 방법으로 계속한다. 아동들은 순서를 정하는 데 있어서 각기 교사의 역할을 해야 하며, 다른 아동들로 하여금 그러한 동작을 따라하게 한다.

2) 청각적 순서에 대한 기억

청각적 순서에 대한 기억훈련은 아동들이 일련의 구두지시를 기억하여 따르거나, 교사가 말하는 순서에 따라 그리거나 받아 쓰거나 하는 프로그램에 의해서 이루어질 수 있다. 그러한 훈련은 수용언어 학습을 제공하게 된다. 그리고 만약에 아동들에게 자신이 행동을 한 후에 그 순서를 말로 따라하도록 한다면 표현언어의 연습도 추가된다. 아동들은 또한 일주일은 며칠이며, 일년은 몇 달인가와 같은 사실을 교사에게 듣고, 그것을 소리내어 반복함으로써 배울 수 있게 된다.

3) 시각화

문제해결은 마음속에 그리고 있는 형상을 요구한다. 이러한 과정은 심상(imagery) 또는 시각화(visualization)라고 불린다. 시각화는 지적화를 위해서도 요구되고 있다.

지적인 조작은 다음과 같은 문제를 해결하기 위해서 요청된다. "만약에 이 삼각형(하나의 정삼각형)의 밑변이 세 배로 길어진다면 어떻게 보일까?" 또는 "만약 네 개의 정삼각형 각각의 한 점을 같은 위치에 놓이게 늘어 놓는다면 그 결과는 어떤 모양으로 나타날까?"(사각형)

시각화의 훈련은 아동들에게 특별한 문제를 그리게 함으로써 주어질 수 있다. 예를 들면, 아동들에게 "두 개의 삼각형이 안에 들어 있는 큰 원을 그려라. 그것을 그리기 전에 눈을 감고 그 원이 어떻게 나타나며, 삼각형을 어디에 그릴 것인가를 상상해 보아라." 또는 "한 소년이 그의 어머니에게 꽃 세 송이를 갖다 드린다고 상상해 보자. 가장 큰 꽃은 빨간색이며, 나머지 두 개의 작은 꽃들은 푸른색이다. 꽃들은 줄기가 긴데 노란 리본으로 함께 묶여 있다. 내가 하는 말을 따라해 보아라. 눈을 감고 꽃들을 상상해 보도록 해 보아라. 자 그러면 눈을 뜨고 그 꽃들을 그려 보아라."

이와 유사한 훈련을 일주일에 적어도 한 번은 해야 된다. 교사는 아동들이 눈을 감고 마음속에 새겼다가 나중에 그것을 그릴 수 있도록 하기 위해 아동들에게 마음속에 그려야 할 것을 이야기하거나 또는 실물을 보여주어야 한다. 예를 들면, 고기, 시계, 새, 의자 등과 같은 것들이 있다.

4) 지적조작 훈련

사람의 마음속에 있는 심상과 생각을 조작하는 능력은 문제해결에 있어서 대단히 중요한 것이다. 다음은 도형적인 조작의 훈련과제들이다.

① 아동들에게 □ ▷와 같은 모양의 기하도형을 오려서 보여주고, 똑같은 도형을 오려

서 만들게 한다(이러한 도형은 기본적인 것으로서 다음에 변화된 도형을 제시한다).

② 아동들에게 ▷ □의 순서(그러나 지시하지 않는다)를 바꿈으로써 도형을 변화시키게 한다: □ ▷

③ 아동들에게 한 도형의 위치를 바꾸게 한다: □ ◁. 그 다음에는 두 도형의 위치를 바꾸게 한다: ◇ ◁

④ 아동들에게 도형을 거울에 비치는 상과 같이 만들게 한다. 그렇게 하는 것이 도형의 순서와 오른쪽 왼쪽의 방향을 둘 다 바꾸는 것과 같음을 보여준다(정사각형은 오른쪽, 왼쪽 모양이 같게 보인다).

　　　　□▷ | ◁□

⑤ 아동들이 앞에 놓인 도형을 보고 이와 같은 훈련을 할 수 있게 되면 다음에는 기억을 해서 하도록 한다.

⑥ 전술한 시각화 훈련과제를 이용하여 이와 유사한 과제를 고안한다. 보다 창의성 있는 모든 활동이 상상력을 크게 향상시킬 수 있으나 아동들을 이러한 계획에 포함시키기 위해서는 그러한 활동이 조직될 필요가 있다.

5) 분류와 개념형성

분류와 개념형성은 형태, 색상, 크기 등에 있어서의 어떤 대상에 대한 구체적인 경험과 대상의 특성에 대한 아동들의 발달수준에 의존하는 능력이다. 지각적인 분류과제는 아동들이 추상적인 분류를 하기 위한 준비로서 도움을 줄 수 있다.

요약하면, 지각과 그 지각에 대한 기억은 개념형성의 발달을 위한 기초를 이루고, 시각화와 지직조작은 문제해설을 위해 필요한 것이다. 그러나 여기에는 단지 이와 같은 훈련 유형의 몇 가지 예와 원칙만을 제시한 것에 불과하다.

제Ⅱ부 시지각 훈련의 실제

1. 시지각 훈련 프로그램의 성격과 내용
2. 시지각 훈련 프로그램의 지도방법
3. 시지각 훈련 예비 프로그램
4. 학습활동과 시지각 훈련의 통합
5. 훈련과제의 활용방법

1. 시지각 훈련 프로그램의 성격과 내용

장애가 있든 없든 간에 모든 아동은 전반적인 발달을 고려한 교육을 필요로 하고 있다. 즉, 「감각-운동기능」「언어」「청지각, 시지각, 근육운동 및 촉지각」「사고하고 배우고 기억하는 능력」「사회적응」 그리고 「정서발달」이 그것이다. 비록 이러한 심리적 제기능들이 각각 가장 빠르게 발달하는 단계가 있긴 하지만, 아동의 여러 능력의 발달은 상호 연관되어 있다. 전 생애를 통해서 지각의 과정은 대체로 감정, 언어, 사고, 기억의 과정과 일치해서 일어난다. 인간의 모든 기능에 연관되고 있는 이러한 지각기능에 대하여 보나 너 살 이해하기 위해 인간의 전반적인 기능과는 별도로 지각기능을 구분하여 다루는 것뿐이다. 따라서 지각훈련이 비록 구체적인 지각능력을 높이기 위한 것이라 할지라도 그것이 아동의 전반적인 발달을 고려한 종합적인 프로그램에 잘 통합되어야만 효과적인 훈련이 될 수 있는 것이다.

지각장애는 취학 초기에 빈번히 일어나며, 지각의 숙달은 최초의 문자학습을 성공시키는 데 매우 중요하다. 그러므로 이 프로그램의 초점은 지각능력에 있다. 초기의 학교적응과 진보는 지각훈련에 의해 촉진된다. 특히 지각훈련이 감각-운동기능과 언어 및 사고과정 훈련과 통합될 경우에는 가장 큰 진보가 이루어진다. 교사는 이 시지각 훈련을 다른 발달적인 측면의 훈련과 통합해야 하고, 또 학습내용과도 통합하도록 해야 한다.

1) 시지각의 정의

이 프로그램에서 사용되는 시지각이란 용어는 시각적 자극을 인식하고 변별하며, 그러한 자극들을 선행경험들과 연합함으로써 해석하는 능력을 말한다. 시지각은 단지 정확하게 볼 수 있는 능력만은 아니다. 시각적 자극에 대한 해석은 눈에서가 아니라 두뇌에서 일어나기 때문이다. 예컨대, 사람이 □와 같은 네 개의 선을 지각할 때, 그것의 감각적 인상은 눈에서 일어나지만, 그것을 「네모」로 인식하는 것은 두뇌에서 일어난다.

시지각은 우리가 취하는 거의 모든 행동과 관련된다. 시지각에서의 숙달은 아동이 읽기, 짓기, 글자 쓰기, 셈하기를 배우는 것을 돕고, 학교공부의 성공에 필요한 다른 모든 기능을 발달시킨다. 그러나 학교에 입학하는 많은 아동들이 그들에게 요구되는 시지각 과제를 원만히 수행하기 위한 적절한 준비가 되어 있지 않은 실정에 있다.

2) 시지각 능력의 영역

이 훈련 프로그램은 아동의 학습능력과 가장 큰 관련성이 있다고 여겨지는 다섯 가지의 시지각 기능에 초점을 맞추고 있다.

① 시각-운동 협응(Visual-Motor coordination: VM)

② 도형-소지 지각(Figure-Ground perception: FG)
③ 지각 항상성(Perceptual Constancy: PC)
④ 공간위치 지각(Perception of position in Space: PS)
⑤ 공간관계 지각(Perception of spatial Relationships: SR)

3) 시각-운동 협응(VM)

시각-운동 협응은 시각을 신체의 움직임과 조정하는 능력이다. 시력이 있는 사람이라면 무언가를 잡으려고 자기 손을 뻗을 때마다 손은 시각에 의해 안내된다. 달리고, 뛰어오르고, 공을 차고, 어떤 장애물 위를 넘어갈 때도 눈이 다리의 움직임을 지시한다. 일상생활 활동에서도 눈과 모든 신체부위는 함께 작용하며, 적절한 시각-운동의 협응이 없이는 모든 일상생활이 불가능해진다.

4) 도형-소지 지각(FG)

관심과 주의를 기울이는 사물을 우리는 가장 명확하게 지각한다. 인간의 두뇌는 무수하게 들어오는 자극들 가운데 제한된 수의 자극만을 선택할 수 있다. 그 선택된 자극이 바로 관심과 주의의 중심이 되는데, 이것이 개인의 지각영역에서 「도형」을 형성한다. 반면에 다른 대다수의 선택받지 못한 자극들은 희미하게 지각된 「소지」를 이루는 것이다. 또한 모든 물체는 소지와의 적절한 관련을 가지고 지각되지 않으면 그 물체를 바르게 지각할 수 없다.

이 능력에 장애가 있는 아동은 부주의와 무질서한 행동 특성을 보인다. 그의 주의와 관심이 방해되는 온갖 자극으로 급속히 이동되어버리기 때문이다. 반면에 한 자극에만 주의가 고착되어 다른 자극으로 잘 이동하지 못하는 자극 구속의 문제도 일어나는 경우가 있다.

도형-소지 지각 훈련의 일반적인 목적은 아동들이 관련 자극에 초점을 맞추는 능력을 발달시켜 주고, 또 모든 학교 학습과 행동을 목표 지향적으로 할 수 있는 능력을 개발시켜 주는 데 있다.

5) 지각 항상성(PC)

인간의 시각 표면에 비치는 상이 다양할지라도 물체의 위치나 형태나 크기와 같은 변하지 않는 어떤 속성을 지각하는 능력을 지각 항상성이라 한다.

형의 항상성이란 크기나 색깔이나 위치가 달라도 어떤 특정한 종류의 형태에 속하는 것으로 인식되는 것을 말한다. 크기의 항상성은 어떤 물체의 외견상 보이는 크기는 다르다 해도 물체의 실제 크기로 그것을 인식하는 능력이다. 밝기의 항상성은 물체에 의해 반사되는 빛의 양에 관계없이 물체의 밝기나 희기를 같은 것으로 판단하는 능력이다. 색의 항상성은 배경이나 조명상태에 관계없이 동일한 색으로 인지하는 능력이다.

이 지각 항상성의 훈련은 아동이 다양한 시각적 자료를 「일반화」하는 능력을 개발시키는 데 도움이 된다.

6) 공간위치 지각(PS)

관찰자를 중심으로 하여 관찰자와 물체와의 관계를 인식할 수 있는 능력을 공간위치 지각이라 한다. 사람은 적어도 공간적으로 자기 세계의 중심이며, 자기를 중심으로 하여 물체가 자기의 앞, 뒤, 위, 아래에 있는 것으로 인지한다.

공간위치 지각에 장애를 가진 아동은 여러 가지 면에서 장애를 나타내게 되는데, 이러한 아동의 시각적 세계는 혼동되어 있고 그의 움직임은 머뭇거리는 특징이 있다. 특히 공간위치 지각의 장애는 문자학습 초기에 가장 곤란한 특징을 나타내는데, 글자나 문장 또는 숫자 등을 왜곡되게 인지하기 쉽다. 예컨대, 「아」를 「어」로, 「우」를 「오」로, 「42」를 「24」로 잘못 지각할 때가 많다.

7) 공간관계 지각(SR)

공간관계 지각은 둘 또는 그 이상의 물체를 상호간의 위치와 자기 자신과 물체와의 위치를 지각하는 능력이다.

공간관계 지각의 능력은 자기 신체와 관련하여 물체의 위치를 지각하는 단순한 공간위치 지각보다는 늦게 발달한다. 공간관계 지각은 관계성을 포함한다는 점에서 도형-소지 지각과 유사성이 있다. 그러나 도형-소지 지각은 주의집중이 모아져서 뚜렷하게 지각되는 「도형」과 그렇지 못하고 희미하게 지각되는 「소지」의 두 부분으로 나누어지는 데 반해서, 공간관계 지각에서는 서로 다른 부분들이 동일한 비중으로 주의집중을 받는다는 특징이 있다.

8) 시지각 장애

시지각 발달이 가장 활발한 시기는 **3년 6개월에서 7년 6개월** 사이의 아동이다. 때로는 시지각 발달이 늦는 아동이 있는데, 그들은 학교 입학 전에 일상적으로 학교에서 수업을 하는 데 필요한 시지각의 발달이 성숙되지 않은 아동이다. 이런 아동에게는 어떤 특별한 이유가 있는 것이 아니고 단지 느린 속도로 성장된다는 것이다. 그러나 시지각은 신경계통의 기능이 잘 되지 않거나, 심각한 정서장애 그리고 때로는 초기의 영양결핍으로 발생하기도 한다.

시지각 발달이 지체되는 아동은 사물을 인지하고 공간에서 사물간의 관련성을 인식하는데 어려움을 느끼며, 그의 주위환경과 사물이 왜곡된 것으로 인식되어지기 때문에 그들의 눈에는 불안정하고 예측불허의 세상으로 보여지게 된다. 또한 일상생활이 어색하게 되기 쉽고 운동이나 놀이를 할 때도 어정쩡하게 보이곤 한다. 무엇보다도 그가 인식하고 있는 왜곡과 혼동으로 인하여 문자학습을 매우 어렵게 만든다는 사실이다.

인지기능 장애는 학습장애를 가진 아동에게 많이 발생하는데, 학교생활을 시작한 지 얼마 되지 않은 아동뿐 아니라 학교생활을 이미 하고 있는 아동에게도 해당된다. 예를 들면, 학습장애로 Frostig 학습장애센터에 들어온 9세 이상의 89명 아동 중에서 78%가 인지기능 장애를 보였는데, 이것은 89명 중 69명이 시지각 장애를 나타내고 있다는 것을 의미한다. 시지각 장애가 확인되지 않은 학습장애가 9세나 10세 이상에도 있으나 자르고, 쓰고, 그림을 그리고, 공을 가지고 노는 활동 등에서 초기의 장애가 있다는 것은 지각장애의 결과라는 것을 강하게 암시한다. 모든 학습장애가 시지각 장애에 기인하는 것은 아니다. 학습장애가 청각인지, 기억력 또는 관련된 시각이나 청각 자극의 문제를 야기할 수도 있기 때문이다.

어떤 아동은 시지각 그 자체의 장애보다는 영상기억의 장애에 의해 더 영향을 받는다. 그러나 시지각 장애는 주요 부분의 장애, 또는 장애의 일부분에 관계없이 학습장애 아동이나 행동장애 아동에게 공통적으로 나타나는 특징이 있다.

대부분의 연구는 읽기 학습에 있어서 시지각의 역할을 다루어 왔으나 프로스티그 센터의 임상연구에서 시지각 능력, 특히 공간관계의 인지능력이 수학능력(mathematic competence)의 발달에 많은 영향을 끼쳤다는 사실을 보고하였다.

다른 능력도 영향을 받는데, 시지각 장애를 가진 아동에게는 칠판을 보고 베끼는 아주 기초적인 것까지 하지 못하곤 한다. 지각능력은 기능의 습득뿐만 아니라 개념의 습득에도 영향을 미친다. 시각적으로나 청각적으로 올바르게 지각하지 못하는 아동은 외부세계로부터 정보를 받아들이는 것이 결핍되어 있다. 이러한 이유로 지식의 축적을 불가능하게 만들고 학습 성취도에 영향을 미친다.

시지각 능력은 또한 아동의 정서안정에도 심각한 영향을 미친다. 이것은 쉽게 짐작할 수 있다. 유치원에서 자르거나 색칠을 하지 못하는 아동, 1학년 때 읽기를 못하는 아동, 2학년에 쓰기를 통하여 자신을 표현하지 못하는 아동은 대부분 자기 친구들과 비교하여 자신이 뒤떨어지고 있음을 초조하게 생각한다. 이러한 문제는 부모와 선생님의 실망과 관심의 상호작용에 의해 더욱 심화되어 간다. 시지각 장애를 가진 아동의 어려운 점은 학교에만 국한되는 것이 아니다. 이러한 장애를 가진 아동이 아침에 교실에 들어가기 전에, 그는 집에서 우유를 엎질렀거나, 값비싼 도자기를 깨뜨렸다는 이유로 야단을 맞았을 것이며, 또한 공을 잡을 수 없다는 이유로 친구들과의 놀이에 참여하지 못했을 것이다. 그러나 어떤 아동은 나이를 먹어가면서(항상 그런 것은 아니지만) 시지각 장애로부터 벗어나는 것처럼 보이는 경우도 있다.

그들이 인지능력을 보완하는 것을 배우는 것은 사실이지만, 반면에 학습에 대한 태도에 영향을 미칠 상당한 스트레스와 실패, 지체 그리고 노력의 낭비를 간과해서는 안 된다. 저절로 잘될 것이다라는 희망을 갖는 것보다는 예방하는 프로그램을 실시하는 것이 유익하다. 위와 같은 이유 때문에 시지각 장애가 보이면 치료훈련을 실시해야 하고 예비훈련 과정이 각종 학교에서 정기 학습과정의 일부로 편성되어야 한다.

치료훈련과 예방훈련은 아동이 문자학습 단계에 들어가기 이전에 소개되어진다면 더욱 더 효과적인 방법이 될 것이다. 교사들은 때때로 아동이 학습준비가 될 때까지 문자학습을 연기할 것인지, 학교의 입학을 보류할 것인지에 대한 의문을 제기한다. 그러나 아동을 유치원에 계속하여 잔류시키거나 학교의 입학을 보류하는 것은 올바른 해결책이 아니다. 더욱이 입학을 연기하게 되면 아동과 부모에게는 실패의 증거로서 간주되어질 것이며, 그리하여 시지각 장애를 가진 아동에게 자주 나타나는 정서장애를 더욱 더 악화시킬 것이다.

2. 시지각 훈련 프로그램의 지도방법

이 프로그램의 훈련과제들은 시지각 장애의 예방을 목적으로 가장 많이 사용되지만, 각 아동의 수행능력 수준과 학습속도에 어느 정도 맞추어 창의적으로 수정하여 실시하는 것도 가능하다. 개별화 지도는 교육과정의 모든 단계에 걸쳐서 최대의 학습 성과를 올리기 위해 반드시 필요하다. 어떤 한 가지 방법이나 절차 혹은 프로그램이 모든 아동에게 같은 효과를 가지는 만병통치약은 아니기 때문이다. 교사가 개개 아동에게 지도를 더 개별화하면 할수록 더 효과적일 것이다.

아동 개개인의 학습차이에 맞추기 위해 고안되는 방법과 절차이 선택은 개개 교사에 따라 다르다. 교사의 인성은 수업과 학급운영의 모든 측면에 영향을 미친다. 어떤 교사들은 장애의 예방적인 목적으로 시지각 훈련을 집단적으로 실시하고 다만 어려움을 갖고 있는 것 같은 아동들에게만 특별히 개별적인 도움을 주는 개별화 방법을 택할 것이고, 반면에 어떤 교사들은 교과목을 가르칠 때 흔히 나누는 학습집단과 비슷하게 능력별 소집단으로 나누어 소집단별 개별화 방법으로 실시할 것이다. 이러한 경우에는 능력별 소집단들이 서로 다른 속도로 이 프로그램의 훈련과제를 학습하게 된다.

1) 융통성 있는 제시

이 프로그램을 어린 아동에게 사용할 때 기억해야 할 첫째 원칙은, 이 프로그램이 세심하게 짜여져 있지만 아동에게 비형식적으로 융통성 있게 제시되어야 하며, 아동 개개인의 각기 다른 요구에 맞도록 그들의 능력과 특성을 고려해야 한다는 것이다. 예컨대, 어떤 아동들은 교사가 책상 위에 있는 어떤 자료를 치우자 말자 그것에 관심을 갖기 시작한다. 그들은 책상으로 와서 "그것이 뭐죠?" "내가 그것을 할 수 있나요?"라고 물을 것이다. 이와 같이 동기가 극히 느리게 일어나는 아동도 있다. 교사는 "방금 생일잔치에 갔던 한 소년 이야기를 내가 해 주마. 너도 여기에 와서 그 소년이 어떻게 자기 친구집까지 갈 수 있었는지 그 길을 말해주겠니?"라고 재미있는 이야기로 동기유발을 시켜야 한다.

취학전 연령에 있는 어떤 아동들은 미리 짜여진 훈련과제에 전혀 반응하지 않을지도 모른다. 그런 아동에게는 교사가 주의깊게 자료를 수정하고 이야기와 훈련과제를 즉흥적으로 만들어 제시해 주어야 한다. 이때 교사는 인형이나 블럭, 장난감 집 같은 아동이 가지고 놀 대상물을 이용하거나 알맞은 훈련과제를 그려서 사용할 수도 있다. 어떤 아동은 책상에서 공부해야 하는 데도 인형놀이에만 빠져 있는 경우 교사는 자기가 막 그린 훈련과제를 그 아동에게 가져가서 "너 지금 뭐하니?" 하고 묻는다. 아동이 "나도 공부하고 있어요" 하고 대답하면 "그래, 네가 공부하고 있다는 것을 나도 알지" 훈련과제의 그림을 보이면서 "그러나 너의 인형이 배고픈 것 같구나. 너는 인형에게 음식을 먹여야만 해. 가서 인형에게 줄 당근을 가져 오지 않겠니?"라고 훈련과제를 유도해야 한다.

2) 실패 피하기

아동에게 그들이 실수를 한 뒤에 고치게 하는 것보다 실수를 미리 피하는 것을 가르치는 것이 더 도움이 된다. 이런 이유로 각 아동이 성공할 수 있는 수준에서 시작하는 것이 중요하다. 예를 들면, 취학전 연령의 아동들은 보통 대다수의 보다 나이 많은 아동들이 도달하는 정도의 시지각 성숙에는 이르지 못한다. 그래서 시지각 훈련의 발달 프로그램 시작 시에 이루어지는 활동들은 취학전 아동에게 적합해야만 한다. 교사는 가장 기본적인 예비훈련을 계속 이용하면서 서서히 보다 어려운 활동과제로 이행해야 한다. 이러한 연습활동을 도입함으로써 서서히 종이와 크레용을 이용한 훈련과제가 주어지게 되는 것이다.

특정한 예비훈련을 정확히 해낼 수 없는 아동에게는 특별한 도움이 필요한 경우도 있다. 그들에게는 공간위치 지각이나 공간관계 지각 능력에 초점을 맞춘 아주 쉬운 연습과제를 줄 수도 있고, 교사가 그들을 위해 보다 쉬운 연습과제를 고안할 수도 있다. 또한 아스테이지를 각 훈련과제 위에 얹어서 훈련을 한다면 오일펜슬을 사용하여 틀린 것을 지우고 다시 반복 연습하도록 할 수 있다. 아동이 기대하는 것만큼 깨끗이 할 수 있으면 직접 훈련과제에다 그려서 자신이 공부한 결과를 가지고 있을 수도 있으며, 부모에게 보여드릴 수도 있다.

아동을 돕는 또 다른 방법은 아동이 찾거나 비교해야만 하는 형태와 똑같은 색종이를 오린 것을 주는 일이다. 이런 일은 도형-소지 지각의 훈련에 특히 필요하다. 예컨대, 어떤 도형을 찾아보라고 했을 때 또는 지각의 항상성, 즉 아동이 도형의 형태나 크기를 비교해야 할 때 그리고 공간위치와 공간관계 지각에서 아동이 그림의 방향을 비교해야 할 때 이 자료가 사용될 수 있다. 아동이 이 프로그램의 훈련과제에서 도형의 바른 위치나 형태를 찾을 때까지 그 오려낸 색종이를 활용할 수 있다.

만약 아동이 눈-손 협응에 관한 연습과제를 하는 데 어려움을 느낀다면 여러 번 반복시키는 것이 도움이 된다. 「무지개 그리기」놀이가 효과적이다. 즉 아동에게 먼저 어떤 색깔의 크레용으로 그리게 한 뒤 그 다음은 다른 색깔로 그리고, 또 다른 색깔로 계속 그리게 하는 것이다. 공간관계 지각에서 실패할 때는 위에서 말한 것 같은 오려낸 도형을 이용하든지 혹은 방향과 위치를 보여주는 데 이용될 수 있는 축소형 장난감을 사용하는 것이 좋다. 이 프로그램의 훈련과제를 제시할 때는 교사가 이러한 기술들을 이용하여 연습시키는 것이 바람직하다.

아동들이 훈련과제를 정확하게 하도록 하기 위해서는 방법을 잘 제시해 주어야 한다. 만약 훈련과제를 하는 방법에 대한 지시요령이 서툴게 되면 아동은 그 과제를 실패하기 때문이다. 때로는 슬라이드를 사용하여 설명하는 것도 매우 효과적이다. 이러한 시청각 자료를 활용하면 여러 가지 장점이 많다. 스크린에 비친 과제에 주의집중이 잘 되고, 수직적인 평면에서 본 것을 수평적인 평면으로 바꾸는 훈련도 된다. 즉, 아동들은 영사된(수직) 훈련과제를 그들 종이 위(수평)에다 그대로 복사함으로써 전위(轉位) 능력을 가지게 되는 것이다.

3) 교정해 주기

위에서 말한 지도 절차들이 언제나 성공적일 수는 없고, 때로는 교사의 개별적 도움이 필요하다. 만약 틀린 것을 고쳐주는 일이 필요하다면 즉시 고쳐주는 것이 도움이 된다. 그렇지 않으면 아동은 무심코 자기의 잘못된 것을 그대로 학습해 버리는 경향이 있다. 훈련과제를 다 마친 후 그 과제들을 모두 모아서 잘못된 점을 고쳐주는 것은 별로 도움이 되지 않는다. 교정은 반드시 아동이 훈련과제를 하는 도중에 해주어야 한다. 교정은 즉시 이루어져야 할 뿐만 아니라 아동이 성공적으로 완성하도록 지도하는 방향으로 교정이 이루어져야 한다. "이것은 틀렸어"라고만 하고 잘못된 곳을 어떻게 고쳐야 되는지를 구체적으로 지시해 주지 않는 정오(正誤)식의 가치판단적인 지적은 옳지 못하다. 오히려 교사는 "이 부분을 보렴. 표시해야 할 형태가 하나 더 있는 것 같은데." "내 생각엔 네가 표시한 형태가 네가 찾아야 할 것보다는 약간 더 큰 것 같은데. 이 오려낸 도형을 사용해 보렴"이라고 말하는 것이 좋다.

4) 문화실조 아동

문화실조 아동은 사람이나 사물에 대한 밀접한 경험이 부족하기 때문에 지각발달이 지체되는 경우가 많다. 이러한 아동들은 여러 가지 장난감을 통한 지각적인 자극경험도 부족하고 놀이를 지도해 주는 관심있는 사람들과의 접촉도 부족하기 때문에 지각발달에 문제가 있다. 때로는 어른이나 다른 아동들과의 신체적인 접촉이나 그들 자신의 신체에 대한 지각도 결여된 경우가 많다. 그들은 대다수의 다른 아동들만큼 이야기도 많이 들어보지 못했고, 주변의 사물도 충분하게 관찰한 경험이 적다. 그들은 사물명칭이나 그들이 지각하는 활동들의 종목을 모르기 때문에 그것을 개념화시키고 기억 속에 저장시키는 데 어려움이 있다. 개념발달에는 언어능력과 지각적인 경험이 필수적인 요건이다.

만약 아동이 지각적인 경험과 연관해서 "안에" "밑에" "위에"라는 말을 듣는다면(예컨대 보트를 타고 다리「밑을」지나 가거나, 우주선「안에」타고 지구「위를」나는 체한다면) 쉽게 이러한 개념을 배울 것이다. 따라서 문화실조 아동들은 지각, 언어, 개념형성의 발달이 지체되는 것 같다. 실제로 이러한 아동들은 운동능력을 제외한 모든 발달영역에서 지체되는 경향을 보인다.

그래서 시지각 훈련은 언어기능 발달에 지체를 보이는 아동들에게 특히 중요하다. 언어란 자신의 경험을 남에게 전하는 의사소통의 수단으로 중요한 의미가 있다. 또한 시지각 훈련은 아동이 주변세계를 인지하도록 도와준다. 이러한 지각적인 숙달과 언어가 증대될 때 사고과정에 대한 훈련이 보다 강화될 수 있다. 문화실조 아동을 가르칠 때 교사는 이런 아동들도 모든 아동들이 가지고 있는 것과 같은 요구를 가지고 있지만 그 요구가 그들의 경우에는 더욱 절실한 것임을 항상 기억해야 한다. 교사가 자기들을 진심으로 이해하고 있다는 것을 그들이 느끼게 해야 하고, 그들이 과제를 성공적으로 수행하는 데 대한 만족감을 느끼게 해야 하고, 그들은 인정받는 구성원이라는 느낌을 가지게 해야 한다. 이러한 요구들을 충족시키도록 돕는 것이 교사의 중요한 역할이다.

5) 보조수단

교사는 아동을 여러 가지 방법으로 도울 수 있으나 아동이 과제를 잘 해내지 못할 때 교사들은 자기 나름대로 그들을 돕는 방법이 있다. 아동들은 글자를 읽을 때 이러한 보조수단(crutches)이 아동의 학습에 방해가 될 것으로 우려한 나머지 이러한 보조수단을 인정하지 않으려 한다. 손가락으로 글자를 짚어가며 읽는 아동은 그렇게 하지 않으면 그의 눈 움직임이 매우 서툴기 때문에 글자를 바로 읽지 못하게 되며, 손가락으로 짚지 않고 읽는다는 것은 그에게 심한 긴장을 주게 되는 것이다. 따라서 아동이 이러한 보조수단을 장기간 사용하는 것이 비록 해로울지는 모르지만 이들의 학습에 매우 도움이 되고, 또 필요한 방법이 되는 것이다. 아동이 시지각 연습과제나 훈련활동을 할 때 제시해준 방법으로 수행하고 있는지를 교사는 주의깊게 관찰해야만 한다. 만약 아동이 다른 방법으로 한다 해도 교사는 당장 그 방법을 바꾸게 해서는 안 되며, 아동 나름대로 하는 방법이 도움이 되는지, 격려되어야 할 것인지 만약 그렇다면 얼마나 오랫동안 계속해야 할지를 결정하기 위해 조심스레 평가해야만 한다. 가장 중요한 것은 교사가 근본적인 문제를 교정해 주는 방법도 고려해야만 한다는 것이다.

　아동 나름대로 사용하는 보조수단이 그것을 이용하지 않으면 할 수 없는 과제를 아동이 성공적으로 수행하도록 돕는 경우에는 허용되어야만 한다. 이러한 보조수단은 교사가 발달시키고 싶은 기능을 발달시키도록 돕는 한 계속되어야 하나 그것이 학습진보를 방해할 때는 버려야 한다. 예컨대, 눈동자 이동이 잘 안 되기 때문에 읽기를 잘 못하는 아동은 읽을 때마다 「읽기 보조판」을 사용하여 읽는 줄을 따라가며 읽도록 하면 좋아할 것이다. 이러한 읽기 보조판은 읽기 연습을 가능케 해 줄 뿐만 아니라 그의 근본문제인 눈 움직임의 곤란을 극복하도록 도와준다. 읽기 학습에 방해가 될 경우에는 그것을 버려야 한다.

　이와 마찬가지로 아동이 처음 수 세기를 배울 때 그 과정이 무엇을 의미하는지, 그 과정이 어떻게 이루어지는가를 이해하지 못할 경우에는 계산기를 사용해 보도록 하면 쉽게 그 의미를 이해할 것이다. 이후부터는 손가락 셈을 못하게 해야 한다. 그렇지 않으면 아동은 빠른 계산을 할 때 꼭 필요한 수 암기를 배울 수 없게 된다. 시지각 훈련에서 어떤 아동은 점 연결로 도형을 그리는 경우에, 연결해야 할 점들만 헤아리면서 도형을 묘사하기 때문에 전체로서의 도형을 파악하지 못할 때가 많다. 또 어떤 아동들은 수평선을 그리게 하면 종이를 돌려서 수직선으로 그것을 그리는 경우가 많다. 이런 경우에 교사는 다음과 같은 물음을 자신에게 던지는 것이 좋다. "지금 그 과제를 어떤 방법으로 하느냐보다 그 과제를 어쨌든 성공적으로 완성하는 것이 더 중요할까? 그렇게 하는 것이 근본문제를 해결하는 것을 돕는 데 유익할까? 문제를 고치는 데 어떤 훈련 방법이 채택되어야 할까?" 예컨대, 수평선을 그리는 것을 피하기 위해 종이를 돌리는 아동은 일시적으로는 그렇게 계속하두록 허용될 수도 있다. 그러나 동시에 수평선을 자유로이 그리도록 많은 연습을 시켜야 한다. 즉, 먼저 손가락으로 그려보게 하고, 그 다음 그림붓이나 분필로 그려보게 하고, 마지막에는 크레용이나 연필로 그려보게 한다.

6) 훈련의 양

　시지각 훈련은 충분한 기간에 걸쳐 계속되어야만 앞으로의 적절한 발달에 도움이 된다. 일반학급에서는 시지각 훈련이 1학년 동안 계속되어야 한다. 만약 이 프로그램이 1학년에 다 끝나지 않으면 2학년에도 계속하는 것이 도움이 된다. 이 프로그램이 교정용으로 사용되지 않고 시지각 능력 발달 촉진용으로 사용된다면 이 프로그램을 1학년 말이나 2학년 1학기까지는 마쳐야만 한다. 그러나 치료(교정) 목적으로 사용될 때는 훈련은 더 이상 연장될 수 있다. 학교학습 수행능력과 시지각 발달검사 득점을 보아서 지각상의 문제가 없는 것으로 여겨지는 시점에서 적어도 6개월은 더 이 훈련이 계속되어야만 한다.

7) 계속적인 평가

교사는 시지각 훈련과제에 대한 아동의 반응을 관찰하기 위해 개개 아동을 주의깊게 지켜봐야 한다. 아동의 반응은 성공하기 위해 요구되는 노력의 양을 나타내주고, 그의 반응을 관찰하는 가운데 생각지도 않았던 문제를 발견하게 한다. 예로서, 만약 아동이 선을 따라서 긋지 못하는 것을 보고 교사는 이렇게 자문해 보라. "손이 떨리기 때문일까? 눈 움직임에 이상이 있기 때문일까? 어떤 것에 마음을 빼앗겨서 집중하지 않기 때문일까? 과제수행 시에 피로, 싫증, 불안해 보이던가?" 이런 질문에 대한 답은 아동의 문제에 대한 그의 치료 접근법을 수정시킬지도 모른다. 만약 아동이 과제를 너무 힘들어하거나 혹은 너무 무성의하게 하는 것을 관찰한다면 학습속도의 조절이 필요하다고 교사는 결정을 내릴 수 있다. 또한 아동이 훈련과제를 해나갈 때는 긴장감이 너무 적어서 흥미를 잃게 되거나 긴장감이 너무 지나쳐서 불안하지 않도록 긴장을 적절히 조정할 필요가 있다.

8) 운동, 언어, 지각의 통합

이 프로그램의 구조는 아동이 성장하는 데는 여러 가지 능력들의 발달에 결정적인 단계들이 있다는 생각에 근거하고 있다. 태어나서 약 2세까지는 「감각·운동」이 최대로 발달하는 시기이다. 1.5~2세에서 3~3.5세 사이에는 「언어」가 최대로 발달하는 시기이다. 3.5세에서 7.5세 사이에는 「지각」이 최대로 발달하는 시기이다. 그리고 7.5세 이후에는 「사고과정」이 최대로 발달하는 시기이다.

각 발달단계의 성공여부는 그 이전단계의 성공적인 성취에 많이 달려 있다. 적절한 지각도 부분적으로 적절한 감각·운동 발달에 달려 있고, 또 지각은 적절한 언어 사용을 통해 더욱 발달된다. 이와 마찬가지로 고등 사고과정의 발달도 부분적으로는 이전에 습득된 지각능력에 달려 있는 것이다. 지각훈련이 개념형성과 문자학습의 준비로서 여겨지듯이 감각·운동 훈련은 지각훈련의 준비로서 꼭 필요한 필수적인 과제이다. 그래서 포괄적인 감각·운동 훈련 프로그램이 이 프로그램에 포함되어 있다. 감각·운동 훈련 프로그램의 사용이 없다면 이 시지각 훈련과제의 훈련은 적절한 효과를 볼 수가 없는 것이다. 그러나 손으로 조작하는 감각 운동기능이 숙달될 때까지 종이와 크레용을 이용한 이러한 시지각 훈련과제를 연기할 필요는 없고, 감각·운동 기능과 시지각 기능을 동시에 훈련시키면서 이 프로그램이 진행되어야 한다.

언어훈련 역시 이 프로그램의 중요한 부분이다. 언어와 지각은 통합된 형태로 발달시켜야만 한다. 왜냐하면 언어는 지각적인 경험을 고양시키고, 또 지각적인 경험은 보다 다양한 언어를 자극하기 때문이다. 새로운 경험은 새로운 개념형성을 촉진시키는데, 이러한 새로운 개념은 아동이 그 개념을 언어로 표현할 수 있도록 명칭이 붙여져야만 한다. 아동들이 인식하고 있는 개념을 쉽게 의사소통할 수 있을 때 비로소 그 개념이나 관계에 대하여 적절하게 언어적으로 표현할 수가 있다. 언어는 아동으로 하여금 그들의 세계에서 자신의 위치를 똑바로 알게 해주며, 또 추상적으로 사고하는 능력을 발달시키는 데 아주 중요한 역할을 한다. 말하기[口語]는 아동들이 가지고 있는 개념을 분명하게 하여 그 의미를 부여해 주고, 과거의 경험과 현재의 경험을 비교하게 해 주며, 개념의 분류와 발달을 도모한다. 예컨대, 동그라미(원)라는 어휘는 원의 형태로부터 원의 개념 형성을 쉽게 해주고, 이러한 원의 개념을 습득한 아동은 원에 대한 의사소통이 가능해지고, 원을 알고 그 말을 사용하게 된다. 이 시지각 훈련 프로그램의 훈련과제에도 자연히 언어훈련을 포함해야 한다. 왜냐하면 아동은 먼저 이야기와 지시를 들어야만 하고, 그 다음에는 그들이 청각적으로 시각한 것을 시각-운동 행동으로 옮겨야만 하기 때문이다. 교사는 모든 기회를 이용하여 언어, 지각, 운동 활동에서의 훈련을 통합해야만 한다.

다음과 같은 지시요령이 이러한 통합적 접근방식을 예시해 주는 것이다. "여기에 찰흙이 있다. 그것을 이렇게 주물러라. 우리가 만든 것이 무엇인지 알겠니? 맞았어! 공이야. 공은 무슨 모양이지? 맞았어. 둥글다. 잘했어! 자 이제 우리 눈사람을 만들어 보자. 공은 무엇이 될 수 있을까? 맞았어. 머리야. 이제 머리 밑에는 뭐가 필요하지? 그래 몸통이야. 그것을 만들자. 우리가 몸통을 만들려면 큰 덩어리가 필요할까, 작은 덩어리가 필요할까? 큰 덩어리요! 너희들 모두 몸통을 만들었니? 잘했어. 자, 이제 두 부분을 함께 붙여 보자. 위에 놓은 것이 큰 덩어리냐, 작은 덩어리냐? 그래 작은 덩어리를 큰 덩어리 위에 놓아야지. 왜냐하면 머리는 몸통 위에 있으니까. 이제 눈사람의 모자를 만들어 보자. 모자는 어디에 놓지? 그래 머리 위에지. 너는 어떻게 머리가 모자와 몸통 사이에 있는 것을 아니?"

이와 같이 공간개념에 대한 정보를 제공하기 위한 언어를 사용하고, 그 다음에 아동들로 하여금 적절한 어휘를 사용하도록 격려하면서 눈, 코, 입 등 여러 가지 얼굴 특징을 계속 만들어 나간다.

또한 교사는 이렇게 말할 수 있다.

"이 밀가루 반죽으로 과자를 만들자. 먼저 반죽을 평평하게 만들어 보자. 잘했어. 이제는 더 얇게 밀어 보자. 그러면 네모(정사각형) 모양으로 과자를 만들어 잘라내어 보자. 너는 정사각형이 어떤 모양인지 아니?(필요하면 그려서 제시함) 바른 네모 상자 같지. 그러면 정사각형이 모서리가 몇 개인지 아니? 그래, 넷이야. 그리고 변은 몇 개인지 아니? 그래 역시 넷이야."

또한 이렇게도 할 수 있다. "이제는 밀가루 반죽을 동그라미(원) 모양의 과자로 오려내어 볼까? 원은 이렇게 둥글다. 이제, 원 아래쪽에 막대기를 놓아 보자. 어떤 모양으로 보이니? 그래, 맞았다. 막대기 끝에 붙인 솜사탕처럼 보이지? 몇 개 더 만들어 보자. 참 좋아 보이는구나."

이러한 보기들은 상대적인 크기와 위치, 형 지각, 신체개념의 지각과 두껍고 얇다는 기본개념 등 다양한 능력의 발달을 돕는 데 기본적인 통합활동들이 어떻게 이용될 수 있나를 보여준다. 이러한 활동은 또한 색 변별과 거리개념과 같은 내용들도 통합될 수 있다. 교사가 제시하는 어떤 개념이나 지시가 학습장애를 가진 아동들이 잘 이해하고 있는지, 어떤지를 모를 때가 있다. 그러나 그러한 다소 어려운 개념들도 단계별로 잘 제시되고 장난감이나 다른 구체물의 활용을 통해서 예시될 때는 아주 쉽게 이해될 수 있다.

9) 감각양식의 통합

여러 가지 감각양식을 동시에 사용하는 일은 인간 행동의 본질적 특성이다. 단지 서 있는 자세 같은 단순한 행동이라도 운동과 시각과 중력감이 연합되어야 가능하다. 여러 감각양식을 동시에 사용하는 것은 지각을 강화한다.

예컨대, 이 지침서에 기술되어 있는 대다수의 감각 운동과제는 시지각을 운동과 촉각적인 경험과 통합하는 것으로 되어 있다. 이와 마찬가지로 청각은 아동들이 훈련과제를 수행할 동안 시각적 정보투입을 분명히 해주는 지시나 설명을 들을 때 이용된다. 그래서 청각적·운동적 자극은 시지각을 강화하고 그 발달을 돕는다. 아동이 한 훈련과제를 볼 때 교사는 그것을 설명해 주고, 또 아동은 교사의 말을 잘 듣고(청각) 대답하거나(언어) 손으로 따라하게(운동) 된다. 아동이 도형그림을 손으로 가리키거나 따라가게 하면서(추적) 교사는 "여기 큰 네모가 있지? 이것은 작은 네모다. 두 개는 모양은 같은데 크기만 다르지. 하나는 크고 하나는 작아"라고 말할 수 있다.

그러나 어떤 아동들에게는 새로운 자극 형태를 중다감각(重多感覺: multisensory)으로 제시하는 것이 오히려 혼동을 일으킬 수 있다. 그래서 하나의 감각양식을 통한 제시가 처음에는 필요할지 모른다. 예컨대, 어떤 아동은 단어를 바라보는 동시에 그것을 말하면서 추적하는 방법으로 단어 읽기를 잘 못하는 경우가 있다. 이러한 아동에게는 운동감각 하나만 이용되면 읽기를 배울 수 있으므로 교사는 아동의 눈을 감기고 그의 손을 잡고 단어를 계속 추적하게 한다. 시각은 나중에 아동이 눈을 뜬 채 똑같은 움직임을 계속할 때 추가로 이용할 수 있다.

10) 긍정적인 분위기 만들기

교실에서의 가장 중요한 요건 중의 하나는 긍정적인 느낌을 주는 분위기이다. 학습이 즐거우면 아동은 공부하는 것을 좋아할 것이고, 그렇지 않으면 공부를 싫어할 것이다. 아동이 자신과 교사를 계속 신뢰하고 학습에 대한 흥미가 높은 수준으로 유지되려면 성공을 경험해야만 한다. 과제의 난이도는 그들의 능력에 따라 조정되어야 하고, 처음에는 너무 많이 요구하지 말아야 한다. 한 아동의 학습진보는 전적으로 그의 성공적인 경험에 의존한다. 만약 아동이 어떤 과제에 실패한다 해도 그의 노력은 인정되고 있음을 늘 느끼도록 해야 한다.

훈련과제에 곤란을 느끼는 것처럼 보이는 아동에게는 진행속도를 느리게 하는 것이 낫다. 만약 어떤 과제가 아동에게 어렵다면 교사는 앞에서 제시한 여러 가지 사전 예비 훈련을 시도해야만 한다. 이 프로그램의 모든 과제는 필요한 훈련을 제공할 뿐만 아니라 아동에게도 매력이 있어야만 한다. 따라서 이 지침서에 기술된 대부분의 연습활동들은 흥미라는 요소를 내포하고 있다.

교실의 정서적 분위기에 가장 크게 이바지하는 것은 교사와 학생 간의 친밀감(rapport)의 정도에 달려 있다. 개개 아동은 교사가 그를 좋아하고, 그의 어려움을 이해하고, 그의 노력을 인정하고, 그를 돕기 위해 있다고 느껴야만 한다. 교사의 태도는 개개 아동이 즐거운 과제를 숙달하는 방법을 배우는 것을 돕는다는 자세여야만 한다. 인정(approval)은 아동에게 강한 동기를 유발하는 힘이 되며, 이것은 나중에 학습에 대한 아동 자신의 즐거움으로 바뀌게 된다. 그러나 만약 아동이 실패하는 경우에는 그 실패를 솔직하게 말해 주고 즉시 쉬운 과제로 도와주어야 한다. 만약 실패를 성공으로 가장한다면 아동에게 오히려 해를 가져다 준다는 사실을 기억해야 한다. 그렇게 하는 것은 치료(교정)를 위한 어떤 탐색을 가로막는 것이며, 조만간 아동은 교사의 반응이 언제나 진실한 것이 아니라는 사실을 알게 되고, 교사에 대한 존경심과 신뢰감은 사라지고 만다.

11) 좋은 동료관계 만들기

훈련과제와 신체적 활동들은 교과시간이나 체육시간 등 여러 방법으로 통합될 수 있다. 이러한 방법은 아동들 간의 관계를 더욱 발전시켜 준다. 아동들은 서로의 활동을 비교하면서 이야기하는 재미를 가지고 모든 집단활동에 기꺼이 참여하게 된다.

어린이의 사회적 성숙은 성인의 판단력 있는 지시에 따라 사회적인 상호관계에 의해서 습득될 수 있다. 정서적인 어려움도 좋은 동료관계에 의해 개선될 수 있기 때문에 아동이 지각장애를 지니고 있을 때 사회적 활동은 매우 큰 도움을 주게 된다. 교실활동에서 자유로운 표현을 가지도록 하기 위해서는 아동 상호간에 서로 대화하고 도와주는 분위기를 소중하게 만들어 가야 한다.

12) 주의집중의 지속

어린이들은 종종 산만하고 주의를 지속시키는 데 어려움을 느낀다. 이런 어려움은 관계없는 자극을 줄이고 관련자극이 눈에 띄도록 함으로써 다소 극복될 수 있다. 관련자극에 주의를 집중하도록 하는 이런 원리들이 이 훈련과제를 구성할 때 충분히 고려되었다. 즉, 한 과제를 한 페이지에 두고 또 주의를 집중해야 할 곳을 강조해 두었다. 아동이 어떤 지점에서 그리기를 시작해야 할 경우 뚜렷한 표시를 그 점에 해두어서 아동의 관심이 그곳에 쏠리게 할 수 있다. 교실에서는 해당 훈련과제와 관계가 없는 어수선한 물건들을 다 치워두고, 광선이나 소음을 차단함으로써 주의를 다른 곳으로 뺏기지 않게 해야 한다.

특히 신체의 움직임(동작)은 주의집중을 쉽게 흐트려버리기 때문에 관계없는 동작은 가급적 피해야 한다. 그러나 지시를 할 때 관련동작은 사용되어야만 한다. 예컨대, 교사는 한 지점에서 다른 지점에까지 선이 그어지는 방법을 예시하기 위해 손가락이나 펜라이트나 지시봉 등을 이용함으로써 아동의 주의를 가장 효과적으로 유도할 수 있다. 암시된 움직임까지도 주의를 집중시키는 경향이 있기 때문에 많은 훈련과제가 일부 교통기관과 관련하고 있다. 즉, 자동차, 기차, 비행기 등의 내용과 한곳에서 다른 곳까지 걷거나 달리기 내용 등이 그것이다. 주의산만한 아동의 주의집중은 훈련과제에 대한 설명을 간단하고 쉽게, 그리고 단계별로 자세하게 해 주거나 어떤 과제에서 해야 할 일을 반복해서 말해준다면 주의집중은 더 잘 지속되어 간다. 이러한 원리는 훈련과제의 지시에서뿐만 아니라 모든 교실활동에서도 이용되어야 한다. 교사가 칠판에 글씨를 써 놓고 그대로 따라 쓰라고 해서는 안 된다. 교사가 무엇을 하려는지를 설명하는 것이 중요하다. "잘 보아라. 이제 내가 칠판에다 ㄱ자를 쓸거야. 여기서부터 시작해서 이렇게 옆으로 간다. 그리고는 아래로 내려온다. 좋아! 내가 다시 한번 쓸 동안 잘 봐두면 너희들도 쓸 수 있을거야. 여기서 시작한다. 옆으로 가서 그 다음은 막대기니까 아래로! 한번 해 보지 않겠니?" 아동이 ㄱ자를 쓰는 동안 이와 같이 크게 말로서 하면서 따라 쓰도록 하면 주의집중도 잘되고 무척 효과적이다.

13) 자기 지시(self-direction)

아동의 자신감을 키워주는 것은 학습의 효율성을 위해서나 아동이 자기 존중감을 갖게 하는 데 필수적이다. 주의집중이 어려운 아동들은 처음에는 계속적인 관심과 지시와 교정이 필요하나 다소 주의산만이 덜한 아동들은 처음에 지시를 하고 짧은 기간 동안 스스로 공부하도록 내버려두면 집중력이 더 향상될 수도 있다. 아동의 자율성과 자기지시의 방법은 Montessori에 의해 특히 강조되었는데, Montessori가 개발한 많은 자료들이 자기교정이나 자기지시를 중심으로 활용되게 되어 있다. 예컨대, 파 놓은 구멍과 모양 및 크기가 같지 않으면 들어가지 않게 만든 자료를 통해 아동은 각종 블럭을 넣으면서 잘 들어가지 않으면 스스로 그 구멍에 알맞은 모양과 크기를 골라서 넣게 된다. 즉 아동은 자기의 실수를 스스로 깨닫고 차츰 고쳐 나간다는 것이다. 이 프로그램의 많은 훈련과제도 아동이 혼자서 할 수 있게 되어 있다. 그러나 교사는 아동이 실패할 경우 바로 즉시 교정해 주는 것이 중요하다.

14) 아동의 참여

훈련활동을 하는 동안 아동들이 자유롭게 자기들의 생각이나 경험을 말하도록 격려해 주어야 한다. 이러한 참여는 학습에 아주 중요한 동기유발이 되며, 학급에서의 「우리」라는 공동체 의식을 발달시키는 데 매우 중요하다. 교사는 한 과제에 대해 여러 가지 질문을 아동에게 던짐으로써 과제의 해결방안에 대한 창의성 발달을 도울 수 있다. 각 훈련과제에 대한 조직적이고 창의적인 활동은 상상력 개발에도 중요하며, 또 상상력은 계획된 활동과 사고에 필요하다. 교사는 이 프로그램을 조직화된 목표지향적인 활동과 창의적인 표현이라는 두 가지 아동 욕구를 명심하고 지도해야 한다. 자유로이 그리는 것은 모든 어린이에게 필수적인 것이며, 특히 조직화된 자료를 공부하는 어린이에겐 더 필요하다. 동작과 음악, 새로운 게임 만들기, 상상력 놀이에서는 창의성이 더욱 강조되어야만 한다.

15) 창의적인 지도

창의적인 훌륭한 지도는 결코 미리 설계(계획)된 과제에서는 불가능하다. 비록 단일문화권 내의 한 집단에서조차도 그 집단 내 구성원들의 욕구와 능력은 다양하며, 교사의 자질도 역시 다양하다. 실제적으로 교사 자신의 참신한 아이디어와 재간을 발휘하여 이 프로그램을 아동 각자의 흥미와 능력 수준과 특징에 맞도록 지도하는 것이 중요하다.

3. 시지각 훈련 예비 프로그램

입체에서 사물과 사물 간의 관련성을 인지하는 방법을 알고 나서야 아동은 평면(종이 위)에서의 상징물이나 그림들을 정확하게 인지하는 능력이 생기게 된다. 종이와 크레용을 가지고 학습하는 것은 유아에게 특히 어려운 것이기 때문에 조심스럽게 적절한 단계에서 하여야 한다.

매년 유치원 교사는 베끼거나 색칠하기, 그림 그리기 등을 하지 못하는 아동을 맞이한다. 사람을 그리는 테스트에서 다리를 그리지 않아서 정서장애로 추정된 아동의 말은 아주 간단하였다. "제가 그림을 그릴 때 항상 다리를 그리지 않는다는 것은 알아요. 하지만 바르게 그리는 방법을 모르겠어요"였다.

훈련과제를 가지고 훈련하게 되면 실패와 오해의 소지를 없애주며, 학교에서의 학습에 필요한 필수적인 과정을 제공해 준다. 그러기 위해서 신체개념, 신체상, 신체도식에서 예비적이며 보충적인 훈련이 수반되어야 한다. 또한 선을 그릴 때 신체의 올바른 이동, 그림의 인지, 연극, 좌우와 방향의 구별, 눈동자의 움직임, 입체물의 사용에 있어서도 훈련이 수반되어야 한다. 아동이 어떤 단계에 있든지 각 집단의 능력수준에 따라 필요한 예비훈련의 정도가 달라진다. 문화실조 아동과 시지각 발달이 지체된 아동은 여타의 아동에 비해 집중적이고 광범위한 예비훈련 프로그램이 필요하다. 교사는 아동이 입체물을 가지고 과제를 능숙하게 수행할 때까지 평면공간에서의 시지각 훈련과제 사용을 지연해서는 안 된다.

입체공간에서의 정확한 시지각이 평면에서도 그대로 적용될 것이라는 것을 보장하지는 않는다. 평면에서의 정확한 시지각은 읽기와 쓰기에 관련된 일을 수행하는 데 필수적이며 입체물을 다루는 데 어색하거나 정확하지 않은 아동에게도 필요하다. 평면에서의 시지각 훈련은 늦어도 유치원 입학 후 처음 두 주일을 경과해서는 안 된다.

1) 신체상, 신체개념, 신체도식

신체에 대한 적절한 지식은 신체상(body image), 신체개념(body concept), 신체도식(body schema)의 세 요소로 구성되어진다. 이들 중 어떤 것에 혼란이 생기면 눈과 손의 협응과 공간에서의 위치, 그리고 공간관계를 인식하는 능력에도 역시 혼란이 생긴다.

(1) 신체상 훈련(body image training)

인간의 신체상은 본인이 느끼는 자신의 신체에 대한 주관적인 개념이다. 본인이 자신의 신체에 대하여 가지고 있는 신체상은 행동에서 나타나는 것이 아니고 사람의 형체를 그릴 때 추론되어질 수 있다. 신체상은 감성작용으로부터 나타날 뿐만 아니라 자기 자신에 대하여 가지고 있는 생각도 내포하고 있다. 예를 들면, 행동이 빠르거나 느리다든가, 신체가 크거나 작거나 또는 적절하다라는 생각 등이다. 이러한 것은 모두 부분적으로 자기 자신의 감정, 타인과의 경험, 인생의 목표, 다양한 사회적 관습에 의존한다. 신체상의 개발훈련은 가능한 한 빨리 시작해야 한다. 풍부한 감정과 신체상은 상호 깊은 관련이 있기 때문에 좋은 신체상을 유도하기 위한 첫 단계는 인간으로서의 자기 자신에 대하여 만족감을 갖도록 하는 것이다. 비록 자기 개념이 신체상에 영향을 미치더라도 그것만이 영향을 미치는 유일한 요인은 아니기 때문이다.

또한 호흡을 하며 움직이는 동안 근육을 움직이는 것과 같은 신체 내부에서 유래하는 감정과 같은 것을 인식하도록 만들어 주는 특별한 훈련에 의해서도 아동은 많은 도움을 받을 수 있다.

(2) 거울을 보고 하는 활동(mirror activities)

모든 보육시설의 실내에는 큰 거울을 비치해야 한다. 그리고 각 아동들로 하여금 거울을 쳐다보도록 하고서 그것에 의해 자기 자신을 인지하고 긍정적으로 바라보는 연습을 해야 한다. 아동의 면전에 조그마한 손거울을 놓고서 그 안에 비추어진 모습을 보고 유쾌한 노래를 부르는 재미있는 게임이 있다. 예를 들면, "여기에 너의 코와 눈이 있고, 귀로는 듣고 있구나" 등을 노래하고, 때때로 "이것은 누구의 귀니?" 하면 아동은 "제 귀요" 하고 대답하는 놀이를 한다. 이렇게 하여 신체상과 변별감각을 길러준다.

(3) 게임(games)

아동이 이름을 말하면서 신체의 부위를 만지는 놀이는 아주 유용하다. 멈추기 게임은 신체의 조절과 신체를 인지하는 데 아주 좋은 놀이다. 한 아동으로 하여금 지도를 하게 하고, 그로 하여금 깡충깡충 뛰게 하고, 점프도 하고, 그리고 손바닥을 치는 행위나 또는 원하는 어떤 행동이라도 하게 한다. 놀이를 하는 동안 교사가 종을 치면 지도하는 아동은 멈추고 다른 아동은 똑같이 따라 하도록 한다. 역할을 바꾸어 가며 놀이를 반복한다.

(4) 신체 움직임의 방향(directional body movements)

아동은 선을 그리면서 신체의 움직임을 배워야 한다. 각 아동은 그림대(이젤) 앞에 서서 선을 상, 하, 좌, 우로 그린다. 아동이 이것을 할 수 있게 되면 종이 위에 글씨나 그림을 그릴 때 선을 위로 긋는 것은 신체에서 멀어진다는 것을 의미하며, 아래로 긋는 것은 몸쪽으로 온다는 것을 알려주어야 한다. 아동은 각 행동을 할 때 그가 무엇을 하고 있는지 말할 수 있어야 한다. 예를 들면 몸에서 멀어지면서 그릴 때는 "위로", 몸쪽으로 오면서 그릴 때는 "아래로"와 같이 말할 수 있다.

(5) 그림의 인지놀이(picture recognition activites)

아동은 간단한 그림을 그리거나 그림에 그려 있는 것을 보고 그것에 관하여 이야기를 해야 한다. 이러한 행동은 아동으로 하여금 사람과 사물을 인지하도록 도와줄 뿐만 아니라 언어훈련에도 도움이 된다. 또한 집단의 토론에도 좋은 기회를 제공하는데, 각 아동은 이야기나 묘사의 일부분을 해야 한다. 이야기의 순서에 따라 그림을 나열하는 것은 아동의 생각을 일목요연하게 만들고, 우연히 발생하는 것과 규칙적으로 발생하는 것의 관계도 정립할 수 있도록 해 준다.

(6) 드라마 놀이(dramatic play)

드라마 놀이는 자연스럽게 언어의 교환을 유도하는 가장 효과적인 방법 중의 하나인데, 역할극을 통하여 아동은 자기의 언어를 총동원할 수 있게 되며 상호간에 도움을 주고 받을 수 있다. 상점에서 물건을 사고, 주유소를 운영하고, 차나 기차를 통한 여행과 같은 특정 주제를 가진 연극을 통해 아동은 비교적 통일된 단어와 동질성을 가질 수 있는 기회를 갖게 된다. 드라마 놀이는 아동이 하고 있는 이야기를 종이와 크레용을 사용함으로써 시지각 훈련과 함께 결합될 수 있다.

(7) 운동(exercises)

처음에는 신체를 움직이지 않고서, 다음은 움직이면서 아동은 신체의 특정부분에 집중할 수 있는 방법을 배워야 한다. 아동에게 마루나 책상 같은 평면에 눕도록 한다. 교사가 신체부위의 이름을 말할 때 아동은 인지할 수 있도록 해야 한다. 아동에게 팔다리를 펴고 긴장을 풀고서 숨쉬는 것을 느껴 보라고 지시한다. 다시 신체의 이름을 말한다. 그러나 이번에는 아동에게 그 부위를 만지고, 들어보거나 움직여 보라고 지시한다. 예를 들면, 왼발, 오른발, 손, 손바닥, 손가락, 발, 머리 등등……. 이렇게 하여 아동이 신체의 특정 부위를 움직이도록 도와준다. 만약 아동이 신체부위를 지적하지 못하면, 아동이 그 부위를 느낄 수 있도록 만져주거나 주물러 준다. 그리고 아동으로 하여금 팔다리를 균형있게 움직이는 것과 같은 유사한 행동을 하도록 한다. 예를 들면, 양 무릎을 세우고 마루 위에 두 발을 놓으세요. 두 손을 들어요. 엉덩이와 무릎을 들고 마루에 양 발을 놓으세요. 양 귀를 만지세요 등을 한다. 그러고 나서 돌아가면서 하는 움직임을 하도록 할 수 있다. 예를 들면, 왼발을 들었다가 내리세요. 오른발을 들었다가 내리세요 등등……. 마지막으로 동시에 두 가지의 다른 행동을 하도록 한다. 예를 들면, 아동에게 한쪽 손과 한쪽 발을 들도록 한다. 머리를 왼쪽으로 돌리고 오른쪽 손을 왼쪽 어깨에 놓도록 한다. 앉아서 무릎을 구부리고 머리를 무릎 사이에 넣도록 한다. 때로는 눈을 가리거나 눈을 감게 하는 것이 큰 도움이 될 수 있는데, 왜냐하면 시각자극에 구애받지 않고 몸에만 정신을 집중할 수 있기 때문이다.

(a) 저항과 지지의 느낌(feeling resistance or support)

신체의 저항과 지지를 느껴보는 것은 신체상을 개발하는 데 도움이 된다. 아동은 한 조가 되어 놀이를 할 수 있는데, 이렇게 하여 상호간에 도와주거나 저항할 수 있다.

① 같은 조의 아동을 마주보며 서게 하고, 자기의 오른손을 상대편 오른손에 대도록 한다. 그리고 교차된 손을 앞으로 밀치도록 한다. 만약 교차동작이 너무 어렵다면 양 손을 동시에 사용하도록 한다.

② 한 조의 아동에게 말과 마차놀이를 하도록 하고, 한 아동은 손을 짚고서 네 발로 기어가게 하고 다른 아동은 그 아동의 발을 잡도록 한다.

③ 아동에게 벽을 마주보며 서게 하고, 손으로 벽을 밀쳐보라고 하거나 등을 벽에 대고 발로 일어서 보라고 한다.

(b) 역할극(role-play)

아동으로 하여금 신체의 모습에 대한 감정을 표현하는 역할을 해 보도록 한다.

① 강렬한 모습, 약한 모습, 기분이 좋은 모습, 풀이 죽은 모습을 해 보도록 한다. 나이가 많은 아동은 "머리를 높이 들어요", "코를 하늘로 향하게 하세요"라는 말의 의미를 알아들을 수 있고 행동도 할 수 있다.

② 아동으로 하여금 절룩거리는 광대의 인형이나 경직된 모습으로 서 있는 군인, 관객을 즐겁게 하기 위해 뛰는 말과 같은 행동을 하게 한다. 아동은 신체의 변화가 적절한 기분의 전환을 야기한다는 것을 인지해야 한다.

③ 장애물: 신체싱은 또한 신체의 공산관계 경험과 공간의 설치물에 의하여 개발되어진다. 이것은 장애물에 의해 개발되어지는데, 장애물은 실내와 실외에 설치한다. 예를 들면, 실내에서는 책상 아래로 기어가거나, 의자 위나 책상의 주위를 돌아다니게 하며, 실외에서는 더욱 많은 것이 있는데, 아동이 익숙해짐에 따라 행동의 속도를 증가시킨다.

(8) 신체개념 훈련(body concept training)

인간의 신체에 대한 개념은 자기 자신에 대하여 가지는 지적인 지식수준을 의미한다. 신체개념은 신체상 이후에 발달하며, 구체적인 학습을 통해 형성된다. 예를 들면, 아동이 두 개의 다리, 두 개의 팔, 머리에 있는 머리카락, 얼굴의 가운데 있는 코를 가지고 있다는 것을 알게 될 때이다. 신체의 각 부위가 가지는 기능에 대한 지식이 신체개념의 일부를 형성한다.

① 신체기능: 아동은 교사가 부르는 신체의 각 부위를 자기 자신, 타인, 그리고 인형 등의 어느 것에서나 가리킬 수 있어야 하며, 교사는 눈으로 볼 수 없는 심장이나 폐와 같은 주요 기관뿐만 아니라 각 부위의 기능을 간략하게 이야기한다.

② 사람모습 그리기: 칠판에 사람을 그리면서 아동은 각 부분이 그려질 때 자기의 신체를 만져보면서 다음에 그려질 각 부위의 이름을 말한다.

예를 들면, "지금 칠판에 머리를 그리고 있어요. 머리를 만져 보세요. 좋아요. 다음은 무엇을 그릴까요? 맞았어요. 목입니다. 지금 머리 아래쪽(밑)에 목을 그리고 있어요. 다음은 무엇을 그릴까요?" 이러한 동작을 계속한다. 똑같이 얼굴을 마주보고 서서 거울에서와 같이 신체의 여러 부위가 서로 관련이 있다는 것을 각 아동이 알 수 있도록 호명된 부위를 서로 만져볼 수 있게 한다(이러한 것은 놀이방 또는 유치원생활을 시작하는 곳이나 정신지체 또는 신체개념의 혼동을 가진 아동에게 적용해야 한다).

③ 부분적으로 그려진 얼굴모습을 완성하기: 완성되지 않은 얼굴모습을 칠판에 그린다. 아동에게 나머지를 완성시키도록 하고 완전한 모습과 얼굴을 그리도록 한다.

④ 신체 각 부위의 결합: 아동에게 동그랗거나 타원형의 두꺼운 종이를 주고서 눈, 코, 입의 모양을 오려서 예제 1a에서 나타난 것과 같이 타원에 정확한 위치를 찾아서 놓도록 한다(처음에는 타원 위에 표시한 것을 주고, 나중에는 아무 표시도 되지 않은 타원을 준다). 이것을 잘 수행하면 예제 1b에 나타난 것과 같이 많은 얼굴모습을 추가한다. 예제 2는 머리, 목, 몸통, 팔, 다리, 발 등이 확연히 구분되는 것으로 구성된다. 아동에게 똑같은 모양을 그려서 잘라내고 재결합하도록 한다. 만약 아동이 어려워하면 칠판에 그려주고서 지침서 없이 각 조각들을 맞추도록 한다.

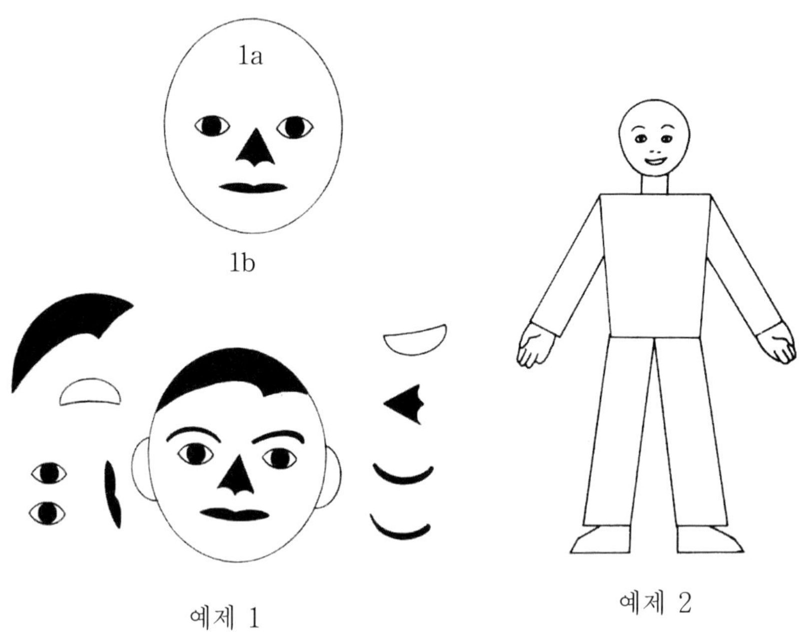

예제 1　　　　　예제 2

(9) 신체도식 훈련(body schema training)

신체도식은 신체상이나 신체개념과는 달리 거의 의식되지 않고 동작에 따라 바뀌는 것이다. 따라서 신체도식은 근육의 위치를 조절하여 몸의 위치에 따라 달라지게 된다. 신체의 균형은 신체도식에 의해 좌우된다. 신체도식이 없다면 걷고, 앉고, 앞으로 구부리고, 넘어지지 않고 어떤 동작을 할 수 없는 것이다. 만약 신체도식에 장애를 가졌다면 협응동작이나 균형을 유지하는 데 상당한 곤란을 겪을 것이다. 협응, 균형, 근육의 계속적인 적응을 포함하는 운동은 신체도식과 신체상의 발달에 매우 효과적이다.

(a) 신체위치(포즈) 따라하기(duplicating body positions)

포즈 모방훈련은 제 I 부의 5장 4절 공간위치 지각의 예비훈련 가운데 신체상, 신체개

넘, 신체도식의 훈련방법 중 (ⅰ) 항목인 여러 가지 자세(신체동작) 모방하기와 같은 내용이므로 그곳에서 이에 예시한 그림을 참고하면 된다.

① 여러 가지 동작 포즈를 취하도록 한다. 필요하면 그 포즈를 시범해 보인다.

② 균형을 향상시키기 위해 한쪽 발을 들고 선 다음, 한쪽 발에서 다른 쪽 발로 몸무게 중심을 옮긴다.

③ 같은 원리에 따라 집단게임을 할 수 있다. 둥글게 서서 여러 가지 포즈(신체동작)로 춤을 추게 한다. 교사가 손뼉을 치면 아동들은 그때 하던 동작을 그대로 멈추어 정지하게 한다. 그 다음 서로의 동작을 따라해 보게 한다.

(b) 놀이기구 사용하기

예컨대, 사다리 오르기, 정글짐, 철길 위로 걷기, 벽돌 뛰어넘기, 비탈길 오르기, 미끄럼틀 놀이 등을 하도록 한다. 이러한 모든 운동은 신체도식을 발달시킨다.

(10) 시각-운동 협응능력

소근육 및 대근육 운동 협응훈련은 지필식 과제를 하기 전에 반드시 먼저 해야 한다. 소근육 협응은 대근육 운동 협응에서 발달되므로 대근육 운동 협응훈련을 먼저 해야 한다는 주장도 있지만, Guilford[1] 등의 연구에서는 손과 손가락의 소근육 협응은 대근육 협응과 관계없이 발달된다는 사실을 밝히고 있다. 따라서 대근육 협응과 소근육 협응은 서로 분리된 별개의 기능으로 생각되고 있다.

단추 잠그기나 구슬 꿰기를 잘 하는 아동이 반드시 정글짐놀이나 평균대놀이에서 숙달되어 있는 것은 아니며, 반대로 달리기나 높이뛰기와 같은 대 근육 운동에 숙달된 아동이라도 가위질이나 붓글씨와 같은 소 근육 운동에 매우 서툰 경우가 많다. 따라서 대근육 운동 협응과 소 근육 운동 협응은 동시에 지도되어야 하는 것이다. 다음에 제시하는 몇가지 기본적인 활동은 시지각 프로그램의 지필식 과제에 들어가기 전에 먼저 실시되어야 하고, 어떤 것은 지필식 과제와 동시에 실시되어야 한다.

(11) 작은 근육운동 협응 활동(fine motor coordination activities)

자르기, 그림 그리기, 풀칠하기, 따라 그리기, 색칠하기, 형태 만들기와 블럭 쌓기 등의 행위는 소근육운동 협응에 효과적이다. 종이와 크레용을 사용한 훈련과 같이 단계별로 주의하여 훈련시켜야 한다.

---

1) Guilford, J. P.(1958). "A System of Psychomotor Abilities." *American Jouranl of Psychology*, 71, 164~174.

(a) 자르기(cutting): 아동들은 가위를 자유롭게 사용하지 못하므로 자르기 전에 손가락에 적당히 힘을 주어 조정하는 것이 중요하다.

첫학기 말쯤이면 몇몇 아동은 단순한 모양 정도는 자를 수 있다. 처음에는 아무 모양으로나 자르게 하다가, 자르는 모양이 점차 복잡해야 하는데, 처음에 아동은 직선을 따라 자르고, 다음은 곡선 그리고 각이 많은 선을 자르며, 마지막으로 곡선과 각이 진 모양이 결합된 선을 따라 자른다. 교사는 아동이 인상깊은 경험이 되도록 여러 가지 자르는 활동과 의미를 통합시켜야 한다.

(b) 마음대로 붙이기(free pasting): 찢어진 종이, 헝겊 그리고 여러 물체의 조각을 아동이 원하는 대로 큰 종이에 붙여 보게 한다.

(c) 위치를 바로잡아서 풀 붙이기(placing and pasting): 위치 바로잡기와 풀 붙이기는 시각-운동 협응 이외에 정리하기, 바꾸기, 모형 따라하기 그리고 행동 순서 등의 여러 기술을 아동에게 심어준다. 위치 바로잡기는 반드시 풀 붙이기 전에 수행되어야 한다.

위치 바로잡기는 입체물을 정확한 위치에 배치하고서 똑같은 것을 카드 위에 정렬하는 것으로 구성된다. 예를 들면, 교사는 "과자를 만들어 봅시다"라고 하고서 실습용 밀가루 반죽으로 원, 삼각형, 사각형, 하트 모양 등을 만들도록 하고 똑같은 모양이 그려진 과자형태를 종이 위에 풀로 바르도록 시킨다. 이런 훈련은 아동이 각 모양을 인지하고 이름을 부를 수 있을 때 가능하다.

(d) 손가락으로 따라서 하기: 아동에게 손가락으로 기하학적 형태와 다른 형태를 따라서 하도록 함으로써 형태에 대한 감각과 시각-운동협응이 발달될 수 있다. 크레용으로 일정한 형태와 물건을 따라서 그리는 것은 유아원에 있는 아동에게는 어려우나 물체의 내부에 파인 굴곡을 따라서 그리는 것은 쉽게 할 수 있다. 근육운동에 장애를 가진 아동이나 소근육운동 협응이 완전하지 않은 아동에게는 때로 단순히 손가락을 따라가면서 그리는 행위와 크레용과 종이를 이용한 훈련의 중간단계가 필요하다. 이것은 아동에게 손가락으로 훈련과제표의 훈련을 따라서 그려보게 하거나 크레용으로 그린 길을 따라서 자동차와 기차모형인 조그만 블럭을 밀어 보도록 함으로써 연습이 될 수 있다.

(e) 손가락을 이용한 놀이: 손가락을 이용한 놀이는 소근육운동 협응을 하는 데 유용하며, 또한 말하기, 수 세기, 그리고 순서를 기억하는 데 적용될 수가 있다.

(f) 손으로 장난감을 가지고 놀면서 조립하는 행동: 원통형, 막대, 컵, 구슬, 플라스틱

볼트와 너트 등의 교육용 장난감은 시각-운동 협응을 연습하는 데 유용하게 사용된다(유의할 점은 유아원에 있는 아동들은 손으로 가지고 노는 장난감에 대한 관심이 점진적으로 증가한다는 것이다). 위와 같은 장난감을 가지고 노는 활동은 공간에서의 위치의 지각과 형태, 색깔, 크기를 변별하는 데 유용하다. 형태, 색깔, 크기와 장난감 부속품의 위치에 대하여 적절한 낱말을 구사하도록 한다.

(g) **구슬 꿰기**: 구슬 꿰기는 소근육운동 협응을 훈련하는 것뿐만 아니라 형태와 색의 변별, 그리고 활동의 순서를 기억하는 데도 유용하다. 먼저 어느 색깔과 형태의 구슬을 꿰어보고 싶은지 물어보고 꿰어보도록 시킨다.

(h) **혼자서 하기**: 일상생활에서 필요한 단추를 잠그고 풀기, 신발 끈 묶기, 지퍼를 열고 닫기, 간단한 도구의 사용, 물건의 운반, 컵에 물을 따르기 등의 시각-운동 기능을 익히는 연습을 하여야 한다. 위와 같은 일은 자기 스스로 하는 신변처리에 도움이 된다.

Montessori에 의하면, 방을 청소하고, 가구를 닦고, 장식품들에 광을 내는 등의 일을 권유하고 있다. 요즈음의 집안 일은 그릇에 광을 내는 일이 별로 없으며, 카페트는 바닥에 붙어 있기 때문에 진공청소기로 청소를 한다. 아동에게 적어도 탁자와 의자의 정렬, 물건을 찾아서 꺼내기, 정원 일을 돕기, 방을 청소하고 옷을 단정하게 걸어놓기 등의 일을 수행하도록 시킨다. 또한 교실의 청소와 그림을 그리는 일과 같은 어지럽히는 일을 한 후에 사용한 도구와 용기 등을 깨끗하게 씻는 일을 시킨다.

혼자 하는 것의 중요성은 아무리 강조해도 지나치지 않다. 위와 같은 일을 능숙하게 하지 않고서는 주변에 대한 인식, 관찰능력, 그리고 책임감 등이 완전하게 발달하지 못한다. 가장 중요한 것은 계획을 세우는 능력의 발달이다. 예를 들면, 교사가 "탁자 위에서 손가락으로 물감그림 그리는 핑거 페인트를 하려고 하는데 무엇이 필요할까요?"라고 말한다. 아동은 탁자를 덮을 신문지나 앞치마, 물감, 종이 등이 필요하다는 것을 알아야 한다. 계획을 세우는 일이 어려운 아동에게는(학습장애아동에게 있어서와 같이) 각각의 행동이 이야기되어야 하고, 사전에 계획을 하고 사후에 평가를 하는 일련의 행위가 뒤따라야 한다.

(12) 눈동자 이동 훈련(eye movement training)

눈동자를 따라서 하는 훈련은 아직 논란의 여지가 많지만, 임상적인 연구에 의하면 이러한 훈련이 눈동자의 움직임을 아주 유연하게 만든다는 것을 보여주고 있다. 안구운동의 어려움이 읽기 학습에 장애가 되기 때문에 안구운동 훈련은 시지각 훈련 프로그램에 포함되는 것이 좋다고 생각한다. 다음의 훈련은 Irving Werksman에 의해 제시된 것이다.

 (a) 왼쪽에서 오른쪽으로 안구 돌리기: 아동이 머리를 똑바로 세우고 가만히 있도록 한다. 아동으로부터 1.5m 정도 떨어져서 아동이 보았을 때 왼쪽에서 오른쪽으로 선을 따라서 큰 구슬을 밀거나, 테이블을 따라서 공을 굴리거나, 장난감을 움직인다. 아동은 머리를 돌리지 말고 움직이는 물체를 주시할 수 있어야 한다.

 (b) 주변시력의 강화: 아동이 양 발에 균형을 잡고, 머리를 똑바로 세우고 교사의 옷에 있는 단추나 장식용 핀을 똑바로 보도록 한다. 아동으로부터 약 50㎝ 정도 떨어져서 수평으로 물체를 천천히 움직인다. 좌측으로부터 시작하여 물체를 식별할 수 있을 때까지 움직이면서 우측 시야로부터 사라질 때가지 물체를 계속 이동시킨다.

 이러한 과정을 우에서 좌로, 상하로, 아래에서 위로, 마지막으로는 대각선으로 변화를 주면서 한다. 물체의 특성을 확인시키기 위하여 여러 가지 사물을 사용하여 아동에게 이름을 말해 보도록 하고 시야에 들어올 때 묘사하도록 시켜 본다. 적당한 물건으로는 색깔 있는 공, 구슬, 장난감 병정, 장난감 자동차 등이다.

 (c) 머리를 움직이면서 주시하기: 읽기 학습에는 머리를 움직이는 일이 거의 없으나 운동을 하는 것과 같은 여타의 행위에서는 머리를 움직이면서 물체를 주시하는 것이 필요하다. 정면에 물체를 고정시켜 놓고 양측으로 머리를 움직이면서 주시하도록 시킨다. 아동이 만족스럽게 하면 끄덕이는 동작으로 머리를 위와 아래로 움직이고 잠깐 동안 머리를 돌리도록 시킨다. 여러 높이와 각도, 거리에서 연습을 반복한다.

 (d) 규칙적인 움직임 따르기: 여기서는 규칙적이지만 다양한 움직임에 주시하는 것이다. 아동에게 머리를 똑바로 하게 하고 줄에 달린 물체를 주시하도록 한다. 시계추와 같이 양측으로 줄을 흔든다. 아동의 몸쪽과 바깥쪽으로도 흔들어 본다. 홀라후프에 리본을 묶고서 아동이 리본을 주시하면서 여러 방향으로 돌린다. 칠판에 원이나 나선형의 모양을 그릴 때 분필을 따라서 안구를 움직이라고 지시한다.

 (e) 불규칙적인 움직임 따르기: 점점 복잡하고 예측할 수 없는 동작을 따르도록 한다. 앞에서와 같이 줄에 매달린 물체를 사용하지만 이번에는 위아래로 올리거나 내리고, 좌·우, 앞·뒤로 흔들고, 완전히 돌려보기도 한다. 이런 훈련에는 손전등을 사용할 수도 있으나, 너무 빨리 흔들어서 아동의 눈이 그것을 따르지 못할 정도로 되지 않도록 주의한다. 천천히 시작하고서 아동이 충분히 연습을 했을 때 속도를 증가시킨다. 연습할 때는 아동이 머리를 고정한 상태에서 하도록 한다. 칠판에 그릴 때는 그 동작을 점점

복잡하고 불규칙적으로 한다.

(13) 큰 근육운동 협응 훈련(gross motor coordination training)

대근육운동 협응이란 대근육이나 근육의 군(muscle groups)을 사용하여 조화로운 움직임을 수행하는 능력을 말한다. 어린 아동의 대근육운동 협응에 가장 좋은 훈련은 비형식적인 게임이나 운동활동이다. 문화영역을 초월하는 활동이 유용하다. 이런 활동은 감각운동과 시각훈련뿐만 아니라 원만한 사회관계를 제공하여 준다. 이러한 활동에는 술래잡기, 강강수월래, 공과 같은 구체물을 가지고 하는 놀이가 있다. 위의 활동을 수행하는 데 사용하는 언어는 아동에게, 특히 문화실조 아동에게 듣기와 말하기를 연습하게 해 주는데, 듣기와 말하기는 시지각 발달에 필수적이다.

신호에 의하여 정지하는 게임이나, 음악이 멈출 때 정지하는 게임은 신체를 조절하는 방법을 배우는 데 도움이 된다. 교사가 타악기로 소리를 내거나 "걷고, 걷고, 정지", "걷고, 걷고, 정지"와 같은 말을 하는 리듬놀이는 대근육운동 협응에 좋은 훈련이다. 균형을 잡는 판자, 아동이 탈 수 있는 자동차나 기차 그리고 큰 구멍이 뚫린 블럭 등의 간단한 장비는 특히 대근육 운동의 발달에 도움이 된다. 균형잡기는 균형판뿐만 아니라 구멍 뚫린 블럭의 가장자리를 밟고서도 가능하다. 이러한 행위는 아동에게 환상적인 기분을 느끼도록 할 수 있는데, 예를 들면, 아동으로 하여금 마룻바닥에 선을 긋고서 마치 외줄 타기를 하거나, 덤블링, 말 다투기나 타기 등을 하는 서커스 단원과 같은 기분이 들도록 한다. 아동이 마치 새나 짐승 등의 움직이는 동물이 된 듯한 느낌이 들도록 하는 게임을 고안할 수도 있다. 대근육운동 협응 활동은 시지각 훈련 프로그램과는 별도로 시간에 구애되어서는 안 된다. 이 프로그램의 목적은 학교생활을 하는 동안은 염두에 두어야 하며, 아동의 신체발달에 도움이 되는 놀이나 활동은 여타의 활동과 함께 이루어져야 한다.

앞에서 언급하였듯이 장애가 없는 유치원 아동이나 그보다 나이가 조금 더 든 아동은 체육활동을 할 때 규칙적인 프로그램을 적용해야 한다. 그들에게는 다음의 활동이 신체상, 그리고 신체개념 훈련과 동시에 이루어지거나 수반하여 이루어져야 한다. 아동이 다음의 활동에 익숙해지면 빠르게 수행하도록 함으로써 민첩성과 움직임의 속도를 증가시킬 수 있다.

(a) 신체위치의 변화: 아동에게 다음과 같은 동작을 지시한다.
① 무릎을 구부리고 발을 마룻바닥에 대고 앉았다가 일어서는 동작을 반복하도록 한다. 손을 사용하지 않고 위의 동작을 반복한 다음 눈을 감고 해 보게 하고, 다리를 교차한 상태로 해 보도록 한다.

② 마룻바닥에 등을 대고 누워서 신호를 보내면 빠른 동작으로 일어나도록 하고, 손을 사용하여 하도록 해 보다가 손을 사용하지 않고 해 보도록 시킨다.

③ 마루에 얼굴을 대고 누워서 손을 바닥으로 밀치면서 재빠르게 일어나도록 한다.

④ 몸을 똑바로 세우고 마룻바닥에 무릎을 꿇게 한다. 무릎을 꿇고 앉아서 가능한 한 뒤로 젖혀서 빨리 일어나도록 한다.

⑤ 몸을 완전히 펴서 등을 바닥에 대고 손을 머리 위로 바닥에 닿게 펼친다. 다리를 벌리고 몸 우측으로 양손을 끌어 당긴다. 손과 발을 제자리에 위치시킨다.

⑥ 양 팔을 몸에 붙였다가 수평이 되게 하면서 점프를 한다. 점프를 하면서 손을 머리 위로 올려서 가볍게 손뼉을 치게 한다. 다음은 머리의 앞뒤로 손뼉을 치도록 시킨다.

(b) 몸의 위치를 이동하는 훈련: 아동에게 다음의 동작을 해 보도록 한다.

① 손의 위치를 여러 각도로 하면서 가볍게 뛰도록 해 본다.

② 큰 동작으로 뛰어보도록 하는데, 그 강도를 다양화하면서 시켜 본다.

③ 처음에는 한쪽 발로, 그리고는 다른 발로 깡충깡충 뛰도록 한다. 아동이 익숙해지면 지시하는 대로 한 번에 연속하여 3회에서 12회 정도 여러 속도로 번갈아가면서 할 수 있게 된다. 깡충깡충 뛰면서 앞으로 전진하도록 해 보고 눈을 감고서 해 보도록 시킨다.

④ 몸을 똑바로 한 상태에서 손을 앞으로 교차되도록 잡고 발을 교차하지 않게 하면서 옆으로 걷도록 시켜 본다. 좌에서 우로, 우에서 좌로 그리고 원형으로 걷도록 시킨다. 이 동작에 익숙해지면 발을 앞으로 교차되게 한 상태에서 위의 동작을 반복하도록 해 보고, 다음은 발을 뒤쪽으로 교차되게 한 상태에서 반복하게 하고, 점점 속도를 증가시켜 간다.

⑤ 몸을 앞으로 구부리고 손을 뒤로 잡은 상태에서 오리모양으로 뒤뚱거리면서 앞으로 걷도록 시킨다.

⑥ 몸의 무게에 의해 앞으로 나아갈 정도로 몸체를 천천히 앞으로 구부려 걷도록 하고, 천천히 뛰는 자세가 되도록 해 보고, 몇 발자국을 가볍게 앞으로 뛴 후에는 다시 처음의 상태에서 반복하도록 해 본다.

(c) 상상으로 하는 놀이: 다음의 놀이는 몸 전체를 움직이도록 하는 놀이이다.

① 손수레 끌기: 한 아동으로 하여금 말이 되도록 하고 다른 아동은 수레가 되게 하여 앞으로 끌어 보도록 한다. 수레가 된 아동은 약간 뒤로 젖힌 상태에서 말의 동작을 하는 아동의 허리부분을 잡도록 한다.

② 짐을 끌기: 앞으로 구부린 아동은 무거운 짐을 끌어 당기는 것과 같이 하면서 천천

히 발을 움직인다. 다른 아동의 손을 잡고 끌어 보기도 해 본다.

③ 앞으로 밀기: 앞으로 걸으면서 무거운 짐을 미는 흉내를 한다. 아동을 실제로 밀어 볼 수도 있다.

④ 뒤로 밀기: 뒤로 움직이면서 등으로 미는 흉내를 내 본다.

⑤ 옆으로 밀고 당기기: 무거운 물건을 미는 것처럼 하면서 진행하는 방향으로 몸을 구부리고 옆으로 걸어 본다. 로프를 잡아당기듯이 손을 바꾸어 가면서 끄는 동작을 반대 방향으로 해 본다.

⑥ 짐의 무게를 가볍게 하기: 위의 1~5번 동작 중에서 한 가지를 하는데 손쉽게, 그리고 바르게 걸을 수 있을 때 짐이 점점 가벼워지는 것과 같은 동작을 흉내내어 본다.

⑦ 폭풍우 칠 때의 동작: 양손을 활짝 펴고 뛰어 본다(바람이 불 때). 가볍게 발끝을 들어서 빠르게 뛴다(비가 올 때). 아래위로 점프를 하면서 뛴다(비가 많이 올 때). 점점 격렬하게 점프를 하며 뛴다(천둥과 번개가 친다). 발끝으로 걸으며(비가 조금 올 때), 천천히 몸을 구부리고 눕는다(폭풍우가 멈출 때).

⑧ 기타: 동물이나 움직이는 물체와 같은 흉내를 낸다. 예를 들면, 비행기나 기차, 바람이 많이 불 때의 나무 모습, 새, 토끼, 캥거루 등의 흉내를 낸다.

　(d) 균형 잡기 훈련: 균형 잡기 훈련은 신체의 균형을 잡는 데 유용하다. 또한 대운동 협응이나 신체구조의 발달에도 좋다. 훈련은 정적인 균형과 동적인 균형의 두 가지 영역으로 나누어진다. 동적인 균형은 신체 전체의 움직임을 포함한다.

[**정적인 균형**을 잡기 위하여 아동으로 하여금 다음의 동작을 하도록 한다.]

① 양 발로 발끝을 들고 약 10초 동안 시도록 한다. 그리고 한 발로 약 10초 동안 서도록 한다. 눈을 감고 하도록 반복한다. 만약 이 행동이 힘들 땐 시간을 줄여 본다.

② 한 발로 서서 다른 발을 흔들어 본다. 앞으로, 옆으로, 뒤로 그리고 원을 그리도록 해 본다. 그리고 눈을 감고 하도록 한다.

③ 발끝으로 서서 넘어지지 말고 가능한 한 앞으로 몸을 내밀어 본다.

[**가동적인 균형**을 위해 아동에게 다음의 행위를 시켜 본다.]

① 길이는 약 4m, 높이는 10㎝, 폭은 약 8㎝의 평균대 위에서 앞으로, 뒤로 그리고 옆으로 걸어 본다.

② 수저로 감자를 집어서 감자가 떨어지지 않게 조심해서 걷도록 한다. 다른 아동과 경기를 시키거나 정한 시간 내에 돌아올 수 있는 게임을 반복시킨다.

③ 머리에 가방을 얹고서 균형을 잡으면서 앞이나 뒤로 걸어 보도록 한다. 평균대 위에서도 해 보도록 시킨다.

④ 25×15×10㎝의 사각형 블럭이나 직경 25㎝ 정도의 동그란 블럭으로 만들어진 디딤돌과 미끄럽지 않은 고무판, 그리고 분필로 그린 원 위로 걸어보도록 한다. 디딤

돌의 위치를 점점 멀리한다.(징검다리놀이)
⑤ 바닥에서 약간 떨어진 줄 위를 처음에는 양 발로, 후에는 한 발로 앞과 뒤로 점프를
   하며, 내릴 때는 균형을 잡고 내린다. 옆으로 반복해 본다.(간단한 줄넘기)

(e) 유연성 훈련: 아동의 신체는 매우 유연하다. 무릎을 바로 펴고 구부려 발에 손을
대거나 뒤로 구부리는 것은 어렵지 않은 행동이다. 그럼에도 불구하고 신체의 유연성
훈련은 매우 중요하다. 유연성 훈련은 운동동작의 범위를 넓게 할 뿐만 아니라 지적인
유연성을 자극하여 상황 변화에 익숙해지도록 만든다. 신체언어와 행위의 관련성을 연
구한 것에 의하면 이러한 것이 가능한 것으로 나타났다. 아동으로 하여금 다음의 행위
를 하도록 한다.
① 앞쪽이나 뒤쪽으로 기어가도록 한다.
② 몸을 똑바로 하고서 마루에서 좌우로 구르도록 한다.
③ 똑바로 서서 무릎을 바로하고 손으로 마룻바닥을 천천히 짚는다.
④ 재주넘기를 하도록 한다.

(f) 놀이: 놀이에 의해 속도와 반사행동 그리고 사물을 던지고 받고 치는 능력이 발
달한다. 위에서 언급한 율동게임 이외에 기초단계의 아동은 다음의 놀이를 하며 놀게
한다.
① 상호간에 공을 던지거나 튀기기, 상자나 바구니 등과 같이 던져서 들어갈 수 있는
   물체에 공을 던지는 놀이
② 몸통이나 팔, 다리에 홀라후프를 걸고 돌리거나 운동장에서 홀라후프를 굴리는 놀이
③ 장애물 코스를 도는 경기; 놀이터에서의 활동: 아동이 놀 수 있는 놀이기구나 장비
   가 필요하다.

2) 도형-소지 활동(figure-ground activities)

도형-소지지각 훈련은 주의나 관심을 적절히 이동하거나 적절한 자극에 집중하면서
부적합한 자극은 무시하고, 주의집중 행위를 길러준다.

(1) 변별활동

실내나 실외에서 동그란 물건이나 색깔 있는 물건 그리고 목제품 등의 사물을 가리
켜보라고 한다. 그리고 특정한 책이나 그림 또는 장난감을 짚어보라고 한다. "경찰관
아저씨, 우리 아이를 찾아 주세요"와 같은 놀이는 아동이 좋아하는 놀이이며 변별력을
기르는 데 아주 좋은 놀이이다. 교사가 어머니가 되어 경찰관의 역할을 하는 아동에게

부탁을 한다. 교사는 아동에게 우리 아이를 잃어 버렸으니 찾아달라고 한다. 경찰관 역할을 하는 아동에게 남자인지 여자인지를 말하고 입고 있는 옷의 종류와 색깔 기타 사항을 설명하여 준다. 아동은 교사가 설명한 대로 아동 중에서 한 사람을 찾아서 지적한다.

다른 방법으로는 동그란 단추들 속에서 네모난 단추를 찾거나, 작은 블럭들 속에서 큰 블럭 찾기, 파란 구슬들 속에서 녹색구슬 찾기, 그리고 부드러운 종이 속에서 거친 종이를 찾게 한다. 다양한 형태의 물건을 큰 종이 백에 담고서 아동에게는 그 내부를 보지 못하게 하고 물건을 집어서 감촉에 의해 무엇인지를 알아맞히도록 해 본다.

(2) 일상생활에서의 활동

교사는 항상 기회가 될 때마다 아동으로 하여금 도형-소지 지각을 강화하는 훈련을 하게 할 수 있다. 외부에서 산책을 할 때는 "하얀 집이 보이니?" "숲에 있는 새가 보이니?" "저 색깔 있는 바위가 보이니?" 등을 물어 본다.

교실에서는 크레용 통에서 특정의 색깔을 집어 보거나 정리해 보기, 그리고 색깔과 형태별로 장난감 접시를 정렬하도록 시킨다. 청소할 때는 도와주라고 하거나 어떠한 것도 보고 그냥 넘겨서는 안 된다고 주의를 준다. 교사가 이야기책을 크게 읽어줄 때, 자세하게 그려진 그림을 들고서 아동으로 하여금 주의깊게 보게 하고 그림에 있는 각각의 사물을 식별해 보도록 한다. 위와 같은 활동은 여러 가지 지각능력을 포함하고 있지만 도형-소지 지각 훈련에 특히 유용하다.

(3) 분류하기

도형-소지 지각을 개발하는 데 가장 유용한 훈련은 아마도 분류하는 훈련일 것이다. 특별한 자극에 관심을 집중하다가 분류기준이 바뀔 때 주의를 변경하는 것은 아동에게 도움이 된다. 분류하기는 크기, 형태 그리고 색깔 같은 특성을 포함하고 있기 때문에 도형-소지 지각뿐만 아니라 지각의 항상성을 개발하는 데도 도움이 된다. 교사는 둘 이상의 형태를 섞어서 아동에게 분류해 보라고 시키거나 동일한 물건을 꺼내 보라고 시킨다.

처음 시작할 때는 형태가 매우 다른 물건을 섞어 놓았다가 나중에는 그다지 차이가 나지 않는 비슷한 물건을 섞어놓는다. 예를 들면, 지붕이 평평한 집 모양이나 뾰족한 지붕을 가진 모형집, 그리고 페인트 칠을 한 지붕의 집을 꺼내 보라고 한다. 다음은 아동에게 형태별로 골라 보라고 시킨다. 육면체와 공모양의 물건을 놓고서 3면이나 4면을 가진 피라미드를 추가한다. 계속하여 불규칙적인 형태를 추가한다. 사물의 크기, 색깔, 형태에 따라 분류하도록 시킨다. 사물이 다양하면 할수록 더 어려워진다. 단순히 둥근 단추를 분류하는 것보다 검은색의 둥근 단추를 분류하는 것이 더 어렵고, 둥글고 검은 단추를 분류하는 것보다 크고 둥근 검은색 단추를 분류하는 것이 더 어렵다.

3) 지각의 항상성 활동(perceptual constancy activities)

지각 항상성 활동은 아동에게 크기, 형태, 색깔을 분류하거나 평면에 그려진 입체물을 인식하고, 입체면에 그려진 평면물체를 인식하는 데 도움이 된다. 시각 항상성의 개발은 학습에 의해 좌우된다.

경험에 나타난 바에 의하면 항상성을 인지하는 능력은 훈련을 통하여 이루어지며 훈련은 다양한 크기의 단순한 형태에 익숙해지는 형태를 띠어야 한다고 한다. 아동에게 물건을 조작하거나 맞추기, 그리고 분해를 하고 각각 다른 형태와 크기의 블럭으로 일정한 물건을 조립하는 기회를 자주 갖도록 한다. 입체물을 인식할 때 평면체의 인식을 간과해서는 안 된다. 위의 과정은 아동으로 하여금 물체를 찾아본 후에 간단히 그려 보도록 함으로써 가능하다. 원, 사각형의 단순한 도형의 형태는 두꺼운 종이나, 합판, 플라스틱으로 만들 수 있다. 예를 들면 판지에 직경 20㎝와 8㎝ 원을 그려서 잘라 낸다.

유사한 형태를 원을 자르듯 비슷한 비율로 직사각형, 정사각형, 다이아몬드형으로 자른다. 아동이 위와 같은 것을 식별하면 복잡한 형태나 여러 가지의 색깔을 가지고 다양한 연습을 시킨다.

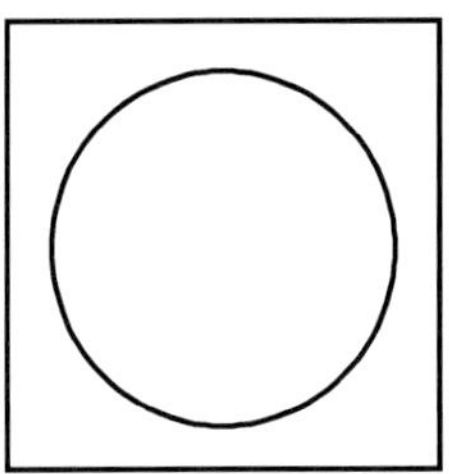 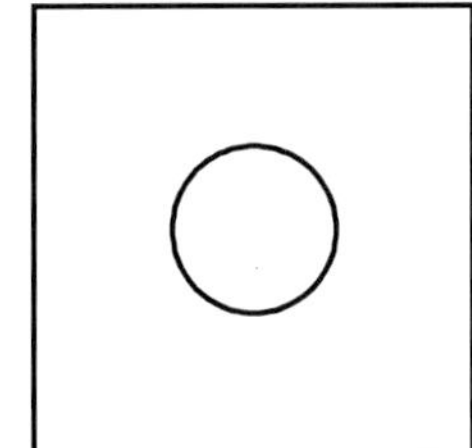

(1) 평면체와 입방체를 식별하여 말하기(recognizing and naming planes and solids)

아동은 대체로 사람이나 사물의 이름과 개념을 알고 싶어한다. 이름은 자신의 세계를 분류하고 조합하거나 개념을 기억하고 의사소통의 수단을 제공해 준다. 기하학적 형태의 이름을 아동이 배우는 데 어렵지 않는 것과 같이 여타의 이름도 마찬가지이다. 이와 같은 이름은 아동이 계속하여 보거나 가지고 노는 사물의 속성이나 사물을 인지하고 분류하는 데 도움을 주는 꼬리표와 같은 것이다.

원, 직사각형, 정사각형, 삼각형, 십자가, 반원, 달걀 모양, 다이아몬드 등의 명칭에 점차적으로 숙지하여 간다. 적절한 형태의 사물을 보여 준다. 아동으로 하여금 사물의 이름을 배울 때마다 그것을 가지고 놀도록 한다. 한 번에 한 개나 두 개 정도만 보여 준다. 각각의 형태를 여러 위치에서 식별할 수 있도록 다양한 위치에서 보여 준다. 원형과 달걀 모양 그리고 정방형과 사각형을 비교하여 차이점을 이해하도록 한다. 정방형이 다이아몬드와 어떻게 다른지 보여 준다.

위와 같은 형태를 포함하고 있는 형태판을 사용하도록 하고 다른 형태가 나타나면 구별을 해 준다. 아동이 형태를 잘 식별하지 못할 때는 여러 위치에서 제시될 때 빨리 식별할 수 있는 놀이를 한다. 사면체, 육면체, 원뿔, 원통, 피라미드, 프리즘 등의 입방체를 평면체에서 했던 것과 같은 방법으로 구분하고 특성을 찾는 놀이를 한다.

(2) 그림의 인지활동(picture recognition activities)

어떤 아동은 사물에 익숙하더라도 그림을 인지하지 못하는 경우가 있다. 어떤 아동은 반대의 문제를 가지고 있다. 왜냐하면, 그림이나 사진 그리고 구조를 그린 그림은 여러 책으로 볼 수 있기 때문에 테이블이나 사진틀이 사각형이라는 것은 알지 못한다.

입체물의 시각적 이미지를 평면에 옮기거나 역의 행위를 개발하는 활동은 아주 유효하다. 선반 위에 특정 형태의 블럭을 놓을 공간을 마련하고 그 위에 특정 형태의 그림을 테이프로 붙이거나 압핀으로 고정시킨다. 아동이 특정 블럭을 치웠을 때 그림과 짝을 이루도록 그 위치에 각 블럭을 놓도록 시킨다. 역의 과정으로 아동에게 특정 형태의 그림을 하나 주고서 선반 위에서 그 형태를 찾아보도록 한다.

(3) 찾고 정리하는 활동(finding and sorting activities)

(a) 다른 크기의 물건을 찾아내기: 아주 다른 크기의 두 물체를 보여주고 큰 것을 골라 보라고 한다. 각 쌍의 물건을 더 작게 하여 크기가 각각 다른 두 쌍의 물건을 아동에게 제시한다. 몇 개의 사물은 교사의 도움으로 크기의 차이를 구별하는 방법을 배울 수 있도록 높이나 폭, 그리고 깊이를 변화시킨다.

(b) 크기에 따라 정리하기: 위에서 사용한 각 쌍에 크기가 다른 것을 하나 더 추가하여 큰 것, 작은 것, 중간 것을 가리키도록 한다. 중간 크기의 개념을 설명하고 보여준다. 위의 것을 펼쳐놓고 아동에게 큰 것부터 작은 것의 순서로 또는 역으로 정리하도록 한다. 어린 아동에게는 크기의 순서를 인식하는 것이 쉽지 않기 때문에 컵이나 달걀 등을 가지고 반복하여 강화훈련을 한다.

(c) 동일한 규격의 물건 찾기: 아동에게 원반이나 막대기 또는 공과 같은 물건을 준

다. 아동 쪽에 다양한 위치로 간격을 두고 여러 규격의 동일한 형태물을 놓는다. 이러한 물건 중 일부는 아동이 손에 쥐고 있는 것보다 크거나 작아야 하며 일부는 동일해야 한다. 아동에게 그가 가지고 있는 것과 동일한 규격을 골라 보도록 한다. 아동이 골랐을 때는 선택한 것이 맞았는지를 알 수 있도록 쥐고 있는 물건의 옆에 놓도록 한다.

(4) 크기를 나타내는 단어(words denoting size)

'크다'나 '높다'와 같은 동일한 개념을 나타내는 다양한 단어를 구사한다. "이 블럭은 두껍고 저 블럭은 얇다"와 같은 반대되는 개념을 말한다. 크다, 길다, 넓다와 같은 개념이 예시되어야 하는데, 좁은 의자, 책상과 대조되는 넓은 의자, 책상 등을 예시한다. 동일한 개념의 큰 램프 빌딩, 나무와 같은 사물을 그린 그림과 함께 예시한다. 어떤 물건이나 형태가 더 크고 작은지 결정하는 것을 배워가면서 각각의 치수와 비교할 수 있는 단어를 가르쳐 준다. 예를 들면, "이 블럭은 넓고 저 블럭은 더 넓다. 이 블럭은 크고 저 블럭은 더 크다. 이 블럭은 두껍고 저 블럭은 얇다. 그것은 저것만큼 두껍지 않다. 그것은 더 얇다"와 같이 이야기한다.

(a) **동일한 형태 찾기**: 아동에게 기하학적 형태를 보여주고 실내에서 동일한 형태를 찾도록 한다. 예를 들어, 정방형을 보여주면 아동은 테이블 위나 크레용 상자, 그리고 책을 지적할 것이다. 만약 원을 보여주면 시계의 앞면과 전화 다이얼 그리고 훌라후프를 가리킬 것이다. 교사는 삼각형, 다이아몬드, 반원 그리고 육각형과 같이 그리 흔하지 않은 물건을 직접 만들어서 실내의 여러 위치에 놓는다.

(b) **형태에 따라서 분류하기**: 원형이나 사각형과 삼각형의 물건은 평면에서의 모형을 인식하도록 가르치기 위하여 사용한다. 예를 들면, 아동에게 정육면체, 공 그리고 피라미드와 같은 것을 주고서 동일한 그림과 짝을 짓도록 한다. 형태가 전혀 다른 물건을 여러 개 주고서 형태에 따라 나누어 보도록 한다. 계속하여 분류하기가 어려울 정도의 형태를 추가한다.

(5) 공간에서의 위치활동(position in space activities)

다음에 열거하는 것뿐만 아니라 신체상, 신체개념, 신체도식 훈련은 공간에서의 위치지각과 공간관계의 지각에 도움을 주기 때문에 결코 생략해서는 안 된다.

(a) **신체와 사물의 관련 활동**(body-object relationship activities): 아동은 사물과 관련하여 신체의 위치 인식을 포함한 훈련을 해야 한다. 의자에 기어 오르거나 블럭 위

로 뛰어오르기, 테이블 아래를 기거나 책상 주위를 돌기 그리고 원으로부터 나오는 등의 행위를 시킨다. 이러한 행위는 장애물 경기와 같은 게임이나 명령에 의하여 수행될 수 있다. 때로는 말과 행동 그리고 위치를 상호 관련시키기 위하여 위와 같은 행위를 할 때 아동이 무엇을 하고 있는지 말하거나 소리를 지르도록 시킨다.

다음의 예는 커다란 사각형 블럭이 아동의 비교위치를 인식하도록 돕는 데 어떻게 사용되는지를 보여준다.

아동에게 드나들 수 있도록 큰 출입구가 있는 집을 짓는 데 서로 협조하도록 시킨다. 아동이 같이 지을 때 블럭의 비교위치를 설명한다. 예를 들면, "저 블럭은 두 개가 쌓여 있는 블럭의 위에 놓고 있네요. 저 블럭은 문 옆에 놓아야 돼요" 등을 한다. 다 끝나면 아동에게 문을 통하거나 벽을 넘어서 집에 들어갔다 나왔다 하도록 시키고, 집 앞이나 뒤에 서도록 한다. 지시한 대로 위치하면 어떠한 위치에 있는지 말해보도록 한다. 이러한 활동은 사물과 관련하여 아동의 위치와 움직임을 포괄하고 있기 때문에 공간에서의 위치지각을 가르치는 데 아주 효과적이다.

(b) **방향의 식별**(directionality): 아동이 공간에서의 위치와 공간관계를 정확히 인지하기 위해서는 왼쪽과 오른쪽의 방향을 인식하는 것이 필요하다.

(c) **홀로 좌, 우를 구별하기**: 아동에게 다음과 같은 노래를 부르게 하고 그대로 따라하게 한다. 동작을 보여줄 때는 아동이 왼쪽과 오른쪽을 혼동하지 않게 하기 위하여 아동과 같은 방향을 하고 시범을 보인다.
 ─나는 공중에서 오른팔을 흔듭니다.
 ─궁중에서 나의 왼팔을 흔들어서 하늘을 잡으려 합니다.
 ─오른발로 마루를 칩니다.
 ─왼발로 마루를 치면서 동시에 점프를 합니다.
아동에게 왼손 위에 오른손을 놓도록 하고 반대로 시켜본다.

왼쪽이나 오른쪽으로 지칭한 신체의 부위를 만지거나 움직이도록 한다. "여러분의 오른손을 위로 올리세요 가능한 한 높이 뻗치고 아래로 내리세요. 자, 이번에는 왼팔을 해 보세요" 등을 시킨다.

(d) **자신과 관련된 사물의 왼쪽과 오른쪽의 구별**: 실내에 있는 물건이나 놀이터에 있는 물건을 가리키고서 그것이 아동의 왼쪽에 있는지, 오른쪽에 있는지를 물어본다. 그리고 교사가 지시한 대로 방향을 바꾸거나 걷도록 시킨다. 예를 들면 "앞으로 걸어요. 왼쪽으로 돌아요. 앞으로 걸어요. 오른쪽으로 돌아요. 앞으로 걸어요. 자, 이제 왼쪽을 향하여 옆으로 걸으세요. 다음은 뒤로 걷고서 오른쪽으로 돌아요" 등을 시킨다.

두 아동에게 서로 반대로 서게 하고서 교대로 서로 다른 신체부위를 움직이게 한다. 예를 들면, 한 아동에게 우측으로 오른팔을 밖으로 펴거나 왼발을 구르도록 시킨다. 그러면 다른 아동은 움직이는 신체부위가 상대편의 왼쪽인지 오른쪽인지를 말해보도록 한다.

두 명의 아동에게 시범을 보인다. "나란히 서세요. 여러분에게 바깥쪽의 손으로 잡도록 막대기(또는 공)를 하나씩 주겠어요. 우리는 반으로 접혀진 그림과 같은 위치가 되도록 하려고 하니 얼굴을 돌려 보세요. 막대기는 같은 손에 쥐어져 있군요. 너의 오른손이(한 아동을 지칭하면서) 너의 왼손과(다른 아동을 가리키면서) 같은 쪽에 있구나"라고 말한다.

방향의 식별은 학교생활 내내 연습하도록 한다. 예를 들면, "여러분 공책의 상단 우측 구석에 날짜를 적으세요" "왼쪽에서 오른쪽으로 수평선을 그리세요" "책상의 좌측으로서 보세요" 등을 시킨다.

(e) 상호관련된 사물의 좌, 우 구별: 자신의 신체와 관련된 좌, 우 구별을 습득한 후 상호관련된 사물의 좌, 우 구별을 배우도록 한다. 교사는 많은 아동이 나이가 들어서야 이러한 것을 배운다는 것을 인식하고 있어야 한다. 사물의 비교위치가 어떻게 습득되는지의 예는 다음과 같다. 여러 위치에 두 개의 상이한 색깔을 가진 블럭을 놓고 어떤 물건이 다른 물체의 좌측에 있는지 말하도록 한다. 그리고 어떤 것이 우측에 있는지도 말하도록 한다. 다른 색깔의 블럭을 추가하여 세 개의 비교위치를 말하도록 한다. 교사의 지시에 따라 각자의 좌, 우에 블럭을 놓도록 한다.

(f) 역전과 회전(reversing and rotating): 거꾸로 놓기와 돌려 놓기

다음과 같은 입체물을 이용한 활동은 아동으로 하여금 형태의 역전과 회전을 인식하는 데 도움을 주기 위해 고안되었다. 이것은 훈련과제를 시작하기 전에 실시한다.

① 사각형과 다이아몬드: 아동의 앞에 동일한 형태의 사각형을 아무렇게나 놓는다. 그리고 아동에게 측면이 수평과 수직이 되도록 사각형을 다음과 같이 놓는다: □□□ 사각형을 흐트러 놓고 다음과 같이 모서리 부분을 세워서 놓도록 한다: ◇◇◇ 그리고 아동에게 다이아몬드 형태를 주어서 사각형과 비교하여 그 차이를 알도록 한다: ◇◇◇

② 삼각형: 정삼각형으로 위의 과정을 반복한다. 먼저 아동에게 한 면을 평면에 닿게 세우도록 하고 나서 모서리로 서도록 한다. 다음은 이등변삼각형 △ 모양으로 놓고 아동에게 똑같이 놓도록 시킨다. 그리고 여러 위치로 따라하도록 한다. 직각삼각형이나 부등변삼각형으로 반복하여 시켜보고 각각의 차이를 가르쳐 준다.

③ 사각형의 블럭: 아동에게 사각형 블럭을 주고서 예제와 같이 놓도록 한다. 조기교육실의 아동에게는 집단지도보다는 개인별로 시킨다.

좀더 높은 수준에서는 아동에게 그림에 그려진 대로 블럭을 놓도록 한다. 물론 아동이 그림을 그려서 연습할 수도 있다..

(6) 대칭(symmetry): 거울놀이

거울에 비추어진 그림을 보고 균형을 잡는 것을 배우기는 매우 어렵다. 수일 또는 수주가 걸린다. 하루에 완성하려고 해서는 안 된다(거울을 보며 균형을 잡는 행위는 훈련과제에서 「공간에서의 위치」로 표현되는데, 왜냐하면 그 주요 목적이 신체와 관련된 방향의 구별에 아동의 주의를 집중하고 있기 때문이다. 이러한 훈련은 또한 공간관계의 시각훈련에 도움이 된다). 아래와 같은 그림을 보여 주고 "두 아이는 바깥쪽의 손을 들고서 빨간 공(검은 공 또는 막대기)을 들고 있어요. 그들의 동작은 균형이 잡혀 있군요. 이 그림 역시 균형이 잡혀 있고(두 번째) 이 그림도 그렇군요(세 번째)"라고 말한다.

  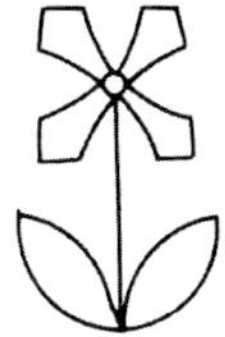

양쪽 균형이 잡힌 그림에서는 접어보면 정확히 일치한다. 아동으로 하여금 나무를 오려내서 접어보도록 하고 펴보도록 한다.

계속하여 "두 아동이 균형 있는 동작을 하고 있습니다."

"물동이를 나르는 두 아동이 있습니다."

다음은 다른 형태의 모습을 보여준다. "같은 방향으로 가고 있는 두 마리의 코끼리를 보세요. 두 마리가 같은 방향으로 가고 있습니까? 이것은 균형이 잡힌 그림이 아닙니다."

"자, 이제 유리에 비친 모습을 만들어 봅시다. 이번에는 코끼리가 서로 반대방향으로 서 있습니다. 보이지요? 한 마리가 뒤로 돌아서서 있군요. 아마 화가 난 것 같아요."

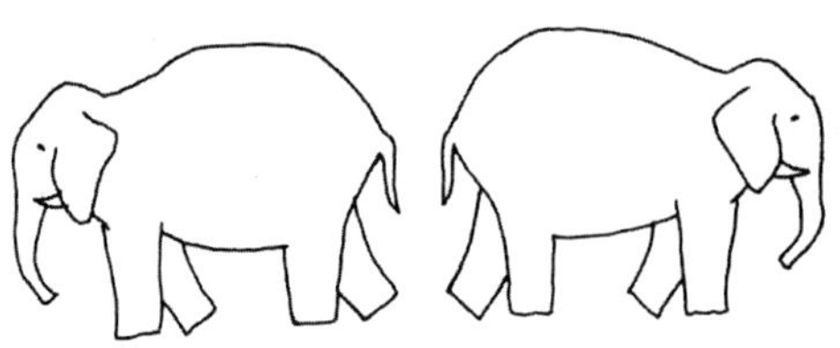

"크리스마스 트리를 가지고 다음 그림과 같이 만들 수 있는지 볼까요? 트리를 반으로 잘라서 한쪽을 돌리세요. 이제 두 개가 똑같은 형태가 되었지요. 위에서 두 마리의 코끼리가 같은 방향으로 걸어가고 있는 것과 같은 위치가 되었지요. 그림은 양쪽의 균형이 잡혀 있지는 않아요."

"보다시피 그림은 크리스마스 트리의 모양은 아니지요. 트리는 항상 균형이 잡혀 있기 때문에 반대 방향으로 돌려 놓아야 돼요." 반대 방향으로 돌리는 모습을 손가락을 사용하여 보여준다. "사람이나 동물은 균형이 잡힌 양면을 가지고 있다는 것을 알겠지요?"인형이나 동물의 모습 그리고 그림을 이용하여 보여준다.

블럭 등의 물건을 아동에게 주고서 균형된 모습을 만들어 보라고 시킨다. 균형된 모습을 만드는 방법은 중심을 향하여 왼쪽과 오른쪽에서 동시에 맞추어 보면 아주 쉽다.

4. 학습활동과 시지각 훈련의 통합

교육과정의 대부분은 학습활동으로 이루어지기 때문에 시지각 훈련과 함께 통합되어지는 것이 중요하다. 그런데 문제는 아동에게 시지각 훈련과 함께 교과과목을 가르친다는 것은 어려움을 수반함과 동시에 활용 가능한 시간이 불충분하다는 점이다. 왜냐하면, 읽기, 쓰기, 산수와 같은 다른 과목의 수업도 있기 때문이다. 시간 부족의 문제는 여타의 과목을 가르치면서 지각능력 발달 훈련을 함께 하면 해결된다. 만약 교사가 여러 과목에서도 지각능력이 필요하다는 것을 인지하고 있다면 시지각 능력의 훈련도 여타 과목과 함께 병행하는 것이다. 지각능력은 교과목의 내용을 가르치는 중에 발달될 수 있으며, 또한 학습내용도 시지각 훈련을 통하여 가르칠 수 있다. 그러나 훈련을 하기 전에(시지각 훈련이 학습활동과 함께 실시되든지 각각 따로 실시되든지의 여부를 떠나) 시지각 훈련이 만병통치약인 것처럼 여겨지지 않도록 주의해야 한다.

시지각은 학습의 성취에 필요한 하나의 기능에 불과하며 시지각 훈련은 비록 중요하긴 하지만, 학습준비 훈련의 한 면에 불과하다. 학습활동과 함께 시지각 훈련을 통합하는 데 가장 중요한 것은 아동이 훌륭하게 수행할 수 있도록 쉽게 구성되어야 한다는 것이다. 아동이 쉽게 수행할 수 있는 단계에서 시작하여 조금씩 수준을 높여 가면서 실패경험을 하지 않도록 하고, 만약 실수를 하면 즉시 교정해 주는 과정이 특히 중요하며, 모든 인지훈련이나 학습활동을 할 때 항상 유의하도록 한다.

1) 수 세기와의 통합 활동

많은 아동이 공간에서의 위치 개념과 공간관계, 그리고 거리나 방향의 인지를 어려워한다. 이러한 아동은 종종 수개념을 이해하지 못한다. 왜냐하면 수는 크기를 인식하는 능력이 필요한 거리나 양의 정도를 나타내기 때문이다. 수는 고정된 가치와 관련성을 가지고 있다는 것을 아동이 파악해야 한다. 말하자면 어떤 특정의 수는 항상 다른 수보다 크거나 작다는 것이다. 양도 역시 마찬가지이다. 숫자 상호간의 관련성과 개념을 파악하는 데 어려움을 느끼는 이유는 공간에서 숫자의 관련성을 시각화하는 능력이 부족하기 때문이다.

다음에 나오는 수 세기, 그대로 써 보기, 그리고 쓰기에 있어서의 지각훈련도 직접 숫자를 포함하고 있다.

(a) 앞으로 세어가기: 마룻바닥이나 운동장에 열 개의 사각형을 그려 놓고 1에서 10까지 수를 센다. 1번 사각형의 바로 앞에 준비선을 긋고 아동에게 "4번째 사각형을 보세요. 저기까지 가는 데 몇 발자국을 뛰면 될까요?" 하고 말한다. 사각형을 따라 뛰어 보도록 하고 아동이 사각형을 뛸 때마다 숫자를 세면 4번째의 수를 알게 된다. 여타의 숫자도 위와 같이 반복하도록 한다.

(b) 자기가 가지고 있는 숫자 알아맞히기: 이번 놀이는 위의 놀이에서 사용한 숫자의 개념을 강화시켜 준다. 1부터 10까지 10개의 수 카드를 세어 본다. 아동 이름을 부르고서 10개 중에서 아무 카드나 준다. 아동이 숫자를 읽어보고 마루 위나 운동장에 일렬로 정리해 놓여 있는 사각형 중에서 똑같은 숫자를 찾아서 자기 숫자카드를 들고 같은 숫자가 적힌 사각형 위에 서도록 한다. 10개의 카드를 모두 나누어 주었을 때 나머지 학생은 카드가 1에서 10까지 순서대로 되었는지 점검해 본다. 만약 순서가 틀리면 틀린 아동에게 말하여 교정해 준다.

(c) 거꾸로 세어보기: 위의 놀이를 몇 번 반복한 후에 거꾸로 세는 방법을 시도해 본다. 4번째 사각형에 뛰어가도록 하고 출발선으로 돌아오기 위하여 몇 발자국이나 뛰어야 하는지를 알아맞히도록 한다. 앞으로 갈 때와 뒤로 돌아올 때의 발자국 수가 항상 같다는 것을 안 후에는 출발선으로 돌아올 때 숫자를 거꾸로 세어 보는 방법을 배울 수가 있다.

마루 위에서 하는 돌차기 놀이 등을 통하여 덧셈이나 뺄셈을 가르칠 수 있으나, 구체물을 가지고 실례를 보여주는 데 주의를 기울여야 한다. 개념은 항상 칠판 위에 곧바로 써야 한다. 예를 들면, "2개의 사각형에 2개의 사각형을 더하면 4개의 사각형이 되고, 3개와 1개를 더하면 4개가 된다" 등이다. 처음에는 5 이하의 수를 이용하고 이것을 숙달하게 되면 10 이하의 수를 사용한다. 칠판 위에 실례를 기록하는 것은 쓰면서 셈을 하는데 아주 중요하다.

(d) 칠판을 보고 따라 쓰기: 만약 아동에게 칠판의 산수문제를 공책에 베껴 적도록 하면 지각 항상성(여러 방법으로 제시된 수의 인식)과 공간에서의 위치 인식 그리고 공간관계의 인지(숫자가 좌에서 우로 증가되는 것을 관찰하고, 동일한 위치에 그것을 적고, 그리고 공책에 정확히 필기하는 행위)를 훈련하는 것이다.

(e) **열을 따라 써보기**: 공간에서의 위치와 공간관계의 인지는 각각의 아래에 정확히 위치한 숫자를 열을 따라 순서대로 써 보는 것에 의해서도 개발된다. 각 숫자 아래에 정확히 위치시키지 못하는 아동에게는 수직선이 그려진 공책이 도움이 된다.

2) 읽기와의 통합 활동

읽기 학습에서 시지각의 중요성은 아주 중요하게 다루어지기도 하고, 그렇지 않기도 하다. 시지각 장애가 있는 소수의 아동에게도 읽기학습이 가능하기 때문에 정상적인 시지각 능력이 필수적인 것으로 간주되지 않기도 한다. 그러나 임상연구와 조사에 의하면, 시지각 장애가 있는 아동에게는 읽기기 아주 고통스럽고, 피하고 싶은 과목이라는 것이 밝혀졌다. Kinsbourne과 Warrington에 의하면 방향과 순서를 기억하는 데 장애를 가진 아동은 심각할 정도로 읽기학습에서 향상이 되지 않는다고 강조하고 있다. "언어 (verbal)와 공간(spatial)의 두 요소는 읽기학습의 성취도에 영향을 미치며, 두 요소간의 불일치는 아동의 학습향상을 지체시킨다"라고 주장하고 있다. 문자모양과 방향 그리고 글자의 순서를 인식하는 것이 읽기에 포함되어 있기 때문에 그것들 중 어느 하나라도 하지 못하면 읽기학습에 영향을 끼칠 것이며 역으로 읽기를 완전하게 하는 것은 인지능력을 향상시킬 것이다. 도형-소지 인식에 장애를 가진 아동은 어떤 페이지에서는 글자와 단어를 찾지 못할 수도 있다. 다음의 열거 사항은 이러한 장애를 가진 아동에게 도움을 줄 것이다.

(a) **글자 지우기**: 아동에게 특정한 페이지에서 특정한 글자를 모두 지우도록 한다. 예를 들면, 다음 문장에서 「아」라는 글자를 지우도록 하고, 다음에는 「소」자를 찾아 지우두록 한다.

「송아지 송아지 얼룩 송아지
엄마 소도 얼룩소 엄마 닮았네」

이와 같이 같은 글자를 모두 찾아 지울 수 있는 아동에게 지워진 부분을 제외한 글자를 베껴 쓰도록 한다.

(b) **글자와 단어의 정렬**: 아동에게 뒤섞여 있는 글자를 바로 배열하도록 하고, 글자가 구성하고 있는 단어를 쓰도록 한다.

사 ㅏ ㄹ ㅁ → 사람
자 차 동 → 자동차

지각 항상성에 장애를 가진 아동은 '6'과 '9', '오'와 '우' 또는 'ㄱ'과 'ㄴ'과 같은 유사한 글자의 구별을 할 수가 없다.

(c) 각 구성부호로 글자를 만들기: 혼동이 되는 글자의 기본형태를 배워야 한다. 예를 들면, 「가」라는 글자는 낫모양의 ㄱ 옆에 긴 막대기를 하나 세우고 긴 막대기 중간에 짧은 막대기 하나를 박는다. 「버」라는 글자는 사다리 옆에 긴 막대기 하나를 세우고, 짧은 막대기 하나를 긴 막대기 왼쪽 중간에 박는다.

(d) 글자와 단어의 조합: 위의 형식으로 글자를 배운 후에는 여러 문맥을 제시해 줄 때 골라낼 수 있도록 한다. 글자의 조합과 단어의 조합놀이는 이런 목적을 위해 사용한다. 예를 들면, 아동으로 하여금 좌측으로 글자와 단어를, 우측으로 정확한 글자와 단어로 조화를 이루도록 한다.

| 가 | 나 마 가 라 |
| 노래 | 또래 모래 노방 노래 |

3) 쓰기와의 통합 활동

유치원과 초급단계에서 아동이 접하는 주요 과제 중의 하나는 글자와 숫자를 구성하는 방법의 습득이다. 그것은 모든 인지능력을 포괄하는 과제이기 때문에 많은 도움을 필요로 한다. 눈과 손의 협응에 장애를 가진 아동은 글자나 숫자를 그리거나 쓰기 전에 이러한 연습을 충분히 해야 한다. 시각-운동 능력을 강화하는 이러한 모든 연습은 사실 종이와 크레용을 사용한 연습인데, 아동의 쓰기 준비에 많은 도움이 된다.

글자와 같은 형태나 글자를 구별하는 이러한 연습은 이런 종류의 목적에 아주 효과적이다. 거꾸로 쓰는 것을 막기 위하여 글자 쓰는 순서와 처음 출발점이 표시된 글자를 제시한다.

글자는 아동이 글자의 형태를 인지할 때 정확히 구성된다(인지의 형성과 항상성의 형성). 글자형태를 인지하기 곤란한 아동은 글자를 이루고 있는 초기형태를 만들어서 기초형태를 조합하는 훈련을 주의깊게 시킨다.

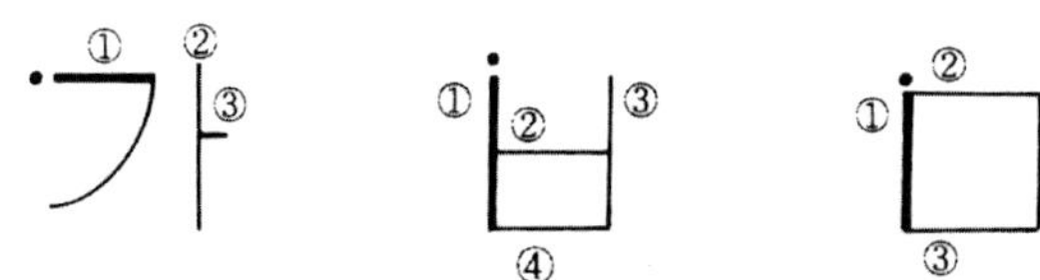

읽기·쓰기와 관련된 크기의 인지에는 부수적인 작업이 필요하다. 선과 원으로 구성된 문자를 주의깊게 만들어 보도록 지시한다. 정확하게 공간관계를 인지하지 못하는 아동은 글자, 단어, 문장을 제대로 위치시키기가 어려울지도 모른다. 그런 아동은 위치를 조정하는 데 특별한 연습이 필요하다.

공간에서 위치가 변하는 관계로 수직으로 쓰여진 칠판을 보고 수평으로 쓰는 공책에 옮겨 적는 일에 어려움을 느끼는 아동도 있다. 칠판에 숫자나 글자를 쓸 때는 아래위로 향하는 방향을 쉽게 구별할 수 있다. 칠판에 숫자나 글자를 쓸 때는 윗방향은 신체에서 멀어지는 것을, 아랫방향은 신체 쪽으로 오는 것을 의미한다.

다음에 열거하는 훈련은 글자와 숫자의 인지에 도움을 주며, 또한 공간관계의 지각을 연습하게 해 주고(동일한 사각형을 구별하도록 함으로써), 수직으로 쓰여진 것을 보고 수평으로 베껴 쓰는 연습도 할 수 있도록 해 준다. 16개 정도의 사각형이 있는 모눈 칠판과 이와 같은 동일한 눈금이 그려진 모눈종이를 아동에게 나누어준다. 사각형 안에 큰 점을 그려서 ㅂ과 같은 문자나 4와 같은 숫자를 만들어 본다. ㅂ과 4는 직선으로 구성된다. 각 점을 그릴 때 아동에게 종이 위에 동일한 점을 그리도록 한다. 아동이 점을 그대로 베끼면 어떤 글씨나 숫자가 만들어졌는지 물어본다. 확인이 되면 종이 위에 크레용으로 점을 이어 보라고 시킨다.

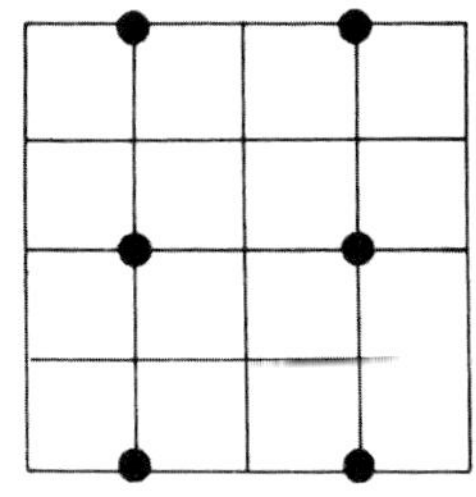 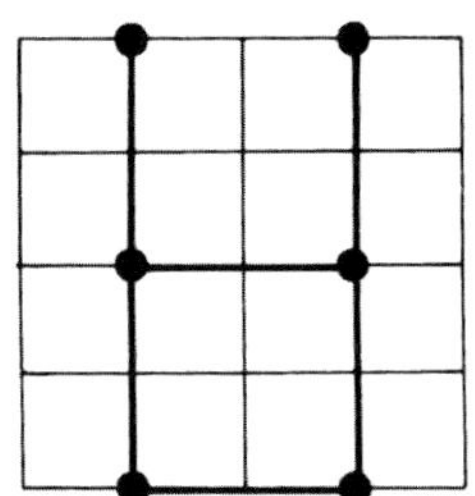

4) 철자학습과의 통합 활동

철자법과 읽기는 공간관계에 지각이 어렵기 때문에 상호 역으로 영향을 미친다. 공간관계의 인지에 어려움을 가지는 아동은 단어에서 철자의 위치를 혼동함으로써 철자법에서 실수를 하는 수가 많다.

순서가 틀린 글자를 발음하기 때문에 읽는 것도 틀린다. 종이와 크레용으로 하는 연습, 입체물로 하는 훈련, 그리고 형태의 분해와 조립 등의 다양한 훈련이 단어를 사용한 훈련에 수반되어야 한다. 글씨와 소리를 좀더 명확하게 하기 위하여 각각의 소리에 각기 다른 색깔을 이용하는 것은 효과적인 방법이다.

사자　　　　사람　　　　바람

5) 기타 교과학습과의 통합 활동

　시지각 훈련은 지리학이나 천문학을 가르치는 과정에서도 실시할 수 있다. 예를 들면, 「대구」라고 명명된 장소를 찾는 것은 도형-소지 지각을, 지도나 지구의에서 위치를 찾는 것은 시각-운동 협응과 공간관계의 인지 그리고 공간에서의 위치인식을 포함한다. 인지훈련 역시 위와 같은 과제를 준비하도록 해준다. 여기서 제시하는 몇 가지 예는 학습활동과 인지훈련을 통합하는 완전한 프로그램을 모두 다 포함하고 있는 것은 아니며, 또한 인지에 있어서 지체를 보이는 아동에게 학습기술을 가르치는 데 사용하는 모든 방법을 적어 놓은 것도 아니라는 것을 염두에 두어야 한다.

5. 훈련과제의 활용방법

　이 프로그램의 주 목적은 시지각 능력을 발달촉진 및 교정 개선시키는 것이다. 특히 시지각 장애를 가진 아동과 함께 과제를 해 나갈 때는 특히 다음과 같은 면에 중점을 둔다. 시지각 능력과 언어나 개념의 형성과 같은 여타의 영역이 균형을 이루는 것이 필수적이다. 특히 이 프로그램의 목적을 치료보다는 예방의 목적에 사용할 경우는 여타의 과업이 통합되어 실시하도록 하는 것이 중요하다. 이 프로그램은 특히 여러 가지의 발달 영역에서 장애를 가진 아동이 있는 교실에서 사용하면 유용하다.

1) 통 합

　관심의 초점이 되고 있는 시지각과 함께 이 프로그램을 통합 프로그램으로 사용하는 것은 아무리 강조해도 지나치지 않다. 그러나 정확한 통합 활동의 종류와 형태는 상황에 따라 교사에 의해 결정되어야 한다. 어느 과정에서 추가적인 강화가 필요하거나 바람직한지는 아동의 반응에 따라서 결정해야 한다. 따라서 아동 가까이에서 지속적으로 관찰해야 한다. 공책을 가지고 하는 과제에 관하여서는 밝은 색의 크레용을 가지고 수행하는데 과제를 완성하면 공책을 검사한다. 아동의 구술식 응답은 특별한 과제를 필요로 하는 장애를 나타내거나, 교사가 수행해야 할 탐색영역을 제시해 주기도 한다. 만약 아동의 응답을 듣고서 좀더 자극적인 훈련이 필요하다면 기존의 훈련계획은 과감히 포기해야 한다. 제시된 과제를 변경하는 것뿐만 아니라 아동의 활동을 보고 그의 생각을 추론해 보기도 해야 한다.

　장애를 가진 아동을 도와주는 동안 특정의 지각훈련에 놀랄 만한 성과를 보이는 아동에게 적절한 과제를 제공하여 주게 되면 교사가 시간을 현명하게 사용하게 되는데, 이것은 복합적인 물건을 사용함으로써 가능해진다.

2) 프로그램의 적용 기간(duration of program)

통합의 정도는 부분적으로 투입된 시간에 의존하게 된다. 말하자면 교사는 3학기에 걸쳐 이 프로그램을 완성하기 위하여 한 학기에 한 단계의 책을 소화시키도록 해야 한다. 만약 프로그램이 2학기 중간까지 소개되지 않았으면 속도를 빨리하여 한 학기에 한 단계 반을 소화시키는 방법을 사용하도록 한다. 만약 초등학교 1학년 때 소개되었다면 초급단계는 이미 거쳤을 것이라는 가정을 하고 중급단계부터 시작한다.

3) 훈련계획(scheduling)

훈련기간의 계획을 세울 때는 그 일정을 유연하게 잡는다. 그러나 일반적으로 초급단계를 하는 아동은 일주일에 2~3회를 실시하도록 한다. 처음에는 일주일에 5~7개의 과제를 수행할 것이고, 프로그램에 익숙해지면 8개나 그 이상으로 증가할 것이다. 1회의 실시 시간은 20분 정도가 좋다.

유아교육실에서는 훈련과제를 각 집단이 각각 다른 활동을 하면서 시행하도록 한다. 한 번에 4~6명의 학생을 데리고 훈련과제를 시행하고, 기타의 아동은 다른 활동을 하도록 한다. 초보자가 아닌 아동에게는 여러 아동과 한 번에 같이 할 수 있도록 일정한 기간을 정해 놓도록 한다. 중급단계의 아동은 1주에 4회 정도를 실시한다. 상급단계에서는 실시시간을 약 30분 정도로 하고, 실시횟수는 1주에 3회 정도 실시한다. 중급단계와 상급단계의 아동은 그 규모를 약 20~25명 정도로 한다.

4) 훈련과제(worksheets): 아동용 워크시트

아동은 과제의 순서대로 이 교사용 지침서의 시시에 따라 과제를 수행해야 한다. 학습장애 아동은 다른 과제에 정신을 빼앗기기 쉽기 때문에 자기 혼자서 훈련하도록 해서는 안 된다. 이럴 경우는 바인더의 링을 사용하여 아동이 실시하는 부분을 책으로 빼서 사용하도록 교사가 도와주는 것이 바람직하다.

교사는 바인더에서 빼낸 과제가 제대로 놓여 있는지 보도록 한다. 각 훈련과제에 인쇄된 별표(☆)가 아동이 볼 때 우측 하단에 위치하도록 한다. 각 과제의 번호는 페이지와 일치하도록 하였다. (VM-3)과 같은 표시는 영역별 교정·보충훈련을 실시할 때 편리하도록 한 것이다.

5) 훈련과제 실시요령(instruction for the worksheets)

종이와 크레용을 사용한 훈련에 대한 지시 사항은 교실 내의 모든 아동에게 획일적으로 사용하도록 정해진 것은 아니다. 아동의 능력에 따라 지시여부를 결정한다. 예를 들면, 어떤 유치원 아동은 각 색깔의 이름은 알지만, 그 색깔을 구별해 내지는 못한다.

이럴 경우는 색깔의 이름을 말하는 대신 사용할 색을 아동에게 보여주는 것이 필요하다. 예를 들면, "선생님 손에 무슨 색깔의 크레용이 있는지 아세요? 빨간색이에요. 자, 이제 똑같은 색을 집어서 종이 위에 그려 보세요"와 같이 한다. 지시를 할 때는 아동의 풍부한 상상력을 자극하기 위해 교사는 모든 상상력을 동원한다. 예를 들면, 거리에 관한 이야기를 포함하고 있는 훈련과제에서는 아동에게 모험심을 유발하는 이야기를 해 주고, 동물이 있는 훈련과제에서는 아동으로 하여금 동물원의 경비원이 된 것 같이 행동하도록 시킨다.

6) 훈련의 반복(repeating exercises)

각 아동은 자기의 진행 속도에 맞도록 훈련하는 것이 중요하다. 그러나 결코 전(前)단계를 성공적으로 완수할 때까지는 새로운 과제를 해서는 안 된다. 예를 들면, 지각 항상성을 훈련할 때는 반드시 적절한 형태를 구분할 수 있는 능력이 있어야 한다. 시각-운동훈련에서 눈과 손의 협응훈련을 위하여 특별히 고안된 것을 제외하고는 형태를 정확하게 그릴 수 있는 능력이 반드시 필요한 것은 아니다. 필요에 의해 반복훈련을 할 수 있도록 아동에게 훈련과제를 주기 전에 아스테이지판 같은 것을 훈련과제 위에 얹어 준다. 처음에는 크레용이나 연필을 사용하여 트레이싱 페이퍼 위에 연습을 하고, 숙달이 되면 과제 위에 직접 한다. 그리고 완성한 과제를 집에 가져가도록 한다.

조기교육실 아동이나 문화실조아동 그리고 정신지체아동은 완성된 과제를 집으로 가져가는 데 아주 흥미를 느끼며, 부모는 아동이 향상되어 가고 있다는 것을 알고 즐거워한다. 조기교육실이나 유치원에서 교사는 아동에게 점차 좋아지고 있다는 것을 보여 줄 수 있도록 바인더에 충분한 양의 훈련과제를 누가적으로 보관하고 있어야 한다.

7) 훈련의 강화

때로는 일부 아동에게 어려운 개념도 제시될 때가 있다. 그럴 때는 아동이 어려움을 느끼는 개념을 강화하는 추가적인 훈련을 하도록 하는 것이 바람직하다. 예를 들면, 초급단계의 29, 30, 31번의 훈련과제는 아동에게 삼각형, 원, 타원모양을 모두 찾아보도록 하고 있는데, 만일 아동이 형태를 식별하는 데 어려움을 느낀다면 각 형태를 숙지할 수 있는 다양한 훈련을 실시한다. 예를 들면, 삼각형이나 원 그리고 타원모양의 형태로 오려낸 종이 위에 색칠하기, 그리고 오려낸 형태를 그림 위에 있는 모양과 결부시켜 보도록 하는 것이다. 일상생활에서 찾아볼 수 있는 것을 가리킬 수도 있다. 예를 들면, 공을 보여 주고서 "우리가 잘 아는 형태와 같은 것인가요? 예, 맞아요. 원과 같이 동그랗군요"라고 한다. 형태를 식별하지 못하는 아동이 있는 교실에서는 계속하여 아스테이지판 위에 훈련과제를 수행하기 전에 위와 같은 과제를 실시한다. 강화와 학습능력과 결부시키는 것은 각 과제의 지시사항에 잘 나타나 있다.

8) 진보에 대한 계속기록(keeping track of progress)

각 단계마다 훈련과제 성취평가 기록표는 아동이 어려움을 느끼는 영역에 대하여 추가적인 훈련을 부여하도록 교사들의 주의를 환기시키기 위하여 만들어졌다. 성취평가 기록표에는 과제번호와 VM, FG, PC, PS, SR을 포함한 시지각 영역이 표시되어 있다. 아동이 각 과제를 완성하는 데 걸린 횟수를 기록한다. 예를 들면, 만약 VM 훈련을 계속하여 반복해야 한다면, 교사는 학생이 시각-운동협응에 장애를 가지고 있다는 것을 알 수 있다. 그러면 시각-운동협응에 관한 훈련을 추가하고 필요하다면 심리학을 전공한 전문가에게 검사를 받아보도록 한다.

9) 시지각발달검사(DTVP)

이 시지각 훈련 프로그램을 예방적인 목적으로 사용할 때는 형식적인 지시요령을 엄격히 지킬 필요는 없다. 그러나 아동이 5개 영역 중 1개나 그 이상의 영역에 심각한 장애를 가지고 있거나 훈련 도중 향상되는 것이 보이지 않을 때는 시지각발달검사(DTVP)를 포함한 발달정도의 평가와 상담을 해보는 것도 고려해 볼 수 있다. DTVP 검사에 의해 교사는 교정을 필요로 하는 장애영역이나 우수한 영역을 확실히 알 수 있으며, 새로운 훈련과제를 제시할 때 강점과 약점을 충분히 활용할 수 있다.

10) 크레용이나 색연필의 사용

일부의 아동은 크레용이나 색연필을 사용하거나 쥐는 데 어려움을 느낀다. 훈련과제를 수행할 때 처음에는 손 전체로 크레용이나 연필을 잡기도 한다. 그러나 가능하면 빠른 시일 내에 엄지와 검지 사이에 크레용이나 연필을 쥐고 동시에 가운뎃손가락에 의지하여 사용하도록 가르쳐야 한다. 시각-운동협응 훈련의 성공여부는 이러한 기술에 달려있으나 장애가 있는 일반아동은 도형-소지의 변별이나 지각의 항상성 그리고 공간위치지각 수준을 계속 평가기록표에 체크해 가면서 연습해 갈 수 있다.

11) 용어의 의미

아동에게 「윤곽선(테두리선)」이라는 단어의 의미를 전달하는 것이 때로는 어렵기 때문에 처음 아동에게 외곽선을 그리라고 할 때는 "바깥선을 그리세요"라는 말로 사용한다. "외곽선을 그려라" 또는 "테두리선을 따라 그려라"라는 말은 아동이 훈련에 익숙해지면 대체하여 사용할 수 있다.

12) 동기유발(motivation)

마지막으로 알아 두어야 할 것은, 가능하면 모든 훈련이 아동에게 흥미를 유발하는 방법으로 제시되어야 하며, 그럼으로써 학습효과가 쉽게 나타난다. 중요한 동기유발의 방법은 성공 그 자체에 있다. 아동이 실패를 경험하지 않도록 그 방법이나 수준을 적절히 조정하도록 한다.

13) 적용 사례

예제: 상급단계의 훈련 과제 48번: 공간관계 지각 – 색칠에 의한 도형 완성(SR-33)

다음의 예제는 수 개념, 수리능력, 방향감각, 여타의 개념, 그리고 지각능력과 함께 언어기능을 통합하여 교수하는 방법을 보여준다.

상급단계의 훈련과제 48번(교정 프로그램의 SR 33번) 과제가 예제로 사용된다. 동일한 과제가 사회학의 개념, 문법 그리고 자연학습의 교수에 사용될 수도 있다. 과제를 제시할 때 특징과 내용을 이야기하여 준다. "몇 개의 그림이 있지요? 예, 맞았어요. 여섯 개입니다"라는 것부터 시작한다.

① 체리(버찌)

"윗줄 왼쪽에 있는 그림에 손을 올려 놓으세요. 잘했습니다. 바로 버찌 그림이 여러분이 먼저 해야 할 것입니다. 무엇이지요? 맞았어요. 버찌입니다. 모두가 똑같습니까? 아닙니다. 어떤 것은 색이 칠해져 있고, 어떤 것은 색이 칠해져 있지 않습니다." "작은 점들이 많이 찍혀서 회색으로 되어 있는 형태를 어떻게 부르는지 아세요? '그림자가 졌다' 라고 합니다. 검은 점으로 가득 차 있기 때문에 다른 그림과 달리 어둡지요" "손가락을 그림자가 진 버찌에 올려 놓아 보세요. 좋습니다. 그림자가 진 버찌가 몇 개인지 세어 보세요. 맞았어요. 여섯 개입니다. 전체가 하나로 되어진 버찌를 짚어 보세요. 맞았어요. 버찌 한 묶음입니다. 한 묶음이라는 말은 전체가 하나로 되어진 것을 의미합니다." "그림자가 진 두 개의 버찌가 같이 있는 것을 짚어 보세요. 맞았어요. 줄기가 같은 두 개의 그림자가 진 버찌는 그림의 우측에 있습니다(가리켜 본다). 한 쌍의 버찌입니다(쌍의 개념을 포함하고 있는 앞 단계의 연습을 상기시킨다)." "그늘진 버찌가 또 어디에 있지요? 맞았어요. 그림의 왼쪽 위에 있어요. 몇 개가 있지요? 한 개가 있습니다. 2개가 한 묶음으로 된 것을 한 쌍이라고 합니다." "개가 한 묶음으로 된 단어는 배우지 않았습니다." 이 단어는 "3개가 하나로 된 송이"이라고 합니다. "3개가 한 쌍으로 된 그림자가 지지 않은 버찌가 있습니까? 없습니다. 왼쪽 위 그림자가 없는 흰 색의 버찌가 몇 개 있지요? 맞았어요. 6개입니다. 몇 쌍이나 있지요? 2쌍입니다. 하나만 있는 것은 몇 개나 있지요? 2개라고요? 좋습니다."

"자, 이제 그늘진 버찌가 몇 개 있는지 볼까요? 더하여 봅시다. 하나로 된 그늘진 버찌가 몇 개나 있는지 한번 칠판에 써 보세요. 하나요. 직접 써 보세요. 쌍으로 된 버찌에는 버찌가 몇 개 달려 있지요? 두 개요. 1과 2를 써 보세요. 잘했어요. 자, 이제는 3개가 한 송이로 된 것은 버찌가 몇 개 달려 있지요? 3개요. 3이라고 쓰세요. 그리고 각 숫자를 더해 보세요. 1+2+3=6. 좋아요. 그늘진 버찌는 6개가 있군요."

"자, 이제 흰색 버찌를 더해 볼까요? 먼저 쌍으로 된 것을 보세요. 한 쌍에는 2개의 버찌가 달려 있습니다. 칠판에 2라고 쓰세요. 그리고 1개로 된 버찌가 있지요? 1이라고 쓰세요. 또 다른 한 쌍이 있으니까 2라고 쓰세요. 또 1개가 있지요? 1이라고 쓰세요. 4개의 숫자를 더해 봅시다. 2+1+2+1=6. 흰색 버찌가 6개 있습니다."

"자, 이제 우측에 있는 다른 그림을 봅시다. 좋아요. 차이점이 무엇일까요? 맞았어요. 버찌 모두가 색이 칠해져 있지 않는 흰색이지요. 그늘진 버찌가 없습니다. 좌측의 그림과 똑같이 되도록 칠해 봅시다. 먼저 좌측 상단의 체리에 색칠을 하세요. 좋아요. 자, 그러면 색을 칠해야 될 한 쌍을 찾아 봅시다. 그리고 3개가 한 송이로 된 것을 찾아봅시다. 좋아요."

제시된 것과 같은 언어적 지시는 아동에게 실수를 하지 않고 계속해 갈 수 있도록 도와준다. 교사는 새로운 단어가 의미하는 개념을 기록해 가야 한다. 여기에 소개된 단어는 "그늘진 부분"과 "3개가 하나로 된 송이"이다.

위에서 설명한 분석은 아동으로 하여금 그림을 대충 훑어 보고 각 부분별로 형태를 관찰하고, 그림 전체로서 분석하는 법을 도와준다.

② 꽃

"다음 줄에 있는 두 개의 그림을 볼까요? 어디에 있지요? 맞았습니다. 중간에 있어요. 중간의 좌측에 있는 그림을 보세요. 지적할 수 있어요? 맞았습니다. 그림에 무엇이 그려 있지요? 그래요, 꽃이 그려져 있습니다. 자, 이제 그림을 보세요. 그림자가 진 꽃이 많습니까, 그렇지 않은 부분이 많습니까? 그림자가 진 부분이 많지요. 몇 개나 있는지 세어봅시다. 위쪽에 3개가 있지요. 손을 대어 보세요. 하나, 둘, 셋, 좋아요. 교사가 칠판에 숫자를 쓸 때 여러분의 공책에 따라 쓰세요. 중간에는 그늘신 꽃이 넟 개나 있지요? 맞았어요. 2개입니다. 아래에 숫자를 쓰세요. 위에 3개와 중간의 2개입니다. 아래에는 몇 개나 있지요? 똑같이 2개입니다. 숫자를 계속하여 쓰세요. 자, 이제 더하여 봅시다. 3+2+2=7. 그늘진 꽃이 7개입니다."

"자, 이제 흰 꽃을 세어 봅시다. 몇 개나 있지요? 세어 봅시다. 그다지 많지 않기 때문에 쉬울 거예요. 맞았어요. 4개입니다. 그늘진 꽃이 더 많군요."

"자, 이제 그늘진 회색 꽃과 흰 꽃을 모두 합하면 몇 개나 되는지 알아봅시다. 그늘진 꽃이 7개, 흰 꽃이 4개입니다. 하나, 둘, 셋…. 모두 11개이군요."

"자, 이제 오른쪽 그림이 왼쪽 그림과 똑같게 되도록 만들어 봅시다. 왼쪽 제일 윗줄에 있는 꽃을 가리켜 보세요. 맞습니다. 모두 몇 개입니까? 그늘진 꽃 3개와 흰 꽃 1개를 합하여 4개입니다. 마지막 것이 흰 꽃이고, 앞쪽 나머지 3개는 그늘진 꽃입니다. 자, 이제 오른쪽에 있는 3개의 꽃에 색칠을 해 봅시다. 3개 이외에 다른 것에는 색칠을 하면 안 됩니다. 손가락으로 짚어 보세요. 첫 번째, 두 번째, 세 번째 것을 색칠하세요. 잘했습니다." "이제 여러분은 첫 번째와 두 번째에 색칠한 꽃을 손으로 짚어 보세요. 제일 밑줄에는 몇 개나 있지요? 맞았어요. 4개가 있습니다. 자, 이제 그늘진 꽃과 밝은 꽃이 몇 개 있는지 볼까요? 어떻게 섞여 있는지 보입니까? 첫 번째는 흰 꽃, 두 번째는 그늘진 꽃, 세 번째는 흰 꽃, 네 번째는 그늘진 꽃입니다. 하나는 희고 하나는 그늘진 꽃으로 될 때 우리는 무엇이라고 부를까요? 그래요, 하나 건너 하나는 그늘진 꽃입니다. 그래서 여러분은 하나 건너 하나씩 색칠을 해야 합니다. 첫 번째는 그냥 두고 두 번째는 색칠을 하세요. 세 번째는 칠하지 말고 마지막은 색칠을 하세요. 제일 밑줄에서 몇 개의 꽃을 색칠했나요? 맞아요. 2개입니다. 잘했어요.”

가운데 줄의 그림을 사용하여 「첫 번째」와 「마지막」, 「두 번째」와 「세 번째」, 그리고 「줄」의 개념을 소개한다. 산수를 가르치고, 10 이상의 수를 소개하는 것 이외에 어떤 부류의 논리적인 함축성을 이해하도록 도와준다.

③ 무당벌레

“아래쪽의 그림은 무엇이지요? 그래요, 벌레입니다. 이것을 무엇이라 부르는지 알겠어요? 무당벌레입니다. 몇 마리나 있지요? 4마리입니다. 맨 위에는 몇 마리나 있지요? 2마리입니다. 아래에는 몇 마리가 있지요? 2마리입니다. 이번에는 공책에 수평으로 써 봅시다. 칠판에서 어떻게 하는지 보세요 2+2=4. 같은 방법으로 할 수 있겠어요? 좋아요. 오늘은 그림에서 세는 것이 많지요?”

“왼쪽 그림과 오른쪽 그림의 차이점이 무엇인지 말해 보세요. 그래요, 맞았어요. 모든 무당벌레는 점이 있어요. 그런데 왼쪽 그림의 몇몇 벌레만이 그늘진 점이 있네요. 오른쪽 그림의 무당벌레는 그늘진 점이 없어요. 자, 이제 양쪽의 그림이 똑같게 되도록 해 봅시다. 오른쪽 그림에 왼쪽과 같이 색칠을 하려고 합니다. 자, 왼쪽에 있는 그림에서 맨 윗줄 왼쪽 구석을 보세요. 손가락으로 가리킨다. 잘했습니다.”

“자, 그림의 상단 좌측에 있는 무당벌레는 점이 몇 개일까요? 그래요, 5개입니다. 점들 사이를 가로지르는 선이 하나 있지요? 선 위쪽에는 몇 개의 점이 있습니까? 2개가 있습니다. 선의 아래쪽에는 3개가 있습니다. 자, 이제 몇 개인지 세어 볼까요? 2+3=5. 무당벌레는 5개의 점이 있습니다. 2+3=5라고 썼습니까? 좋아요.”

“이제 왼쪽 그림과 똑같이 오른쪽에 있는 무당벌레의 점을 세어 봅시다. 무당벌레의 점은 5개입니다. 손가락으로 짚어 보세요. 네, 찾았군요. 선 위쪽에 있는 2개의 점에 색칠을 해야 하나요? 그래요, 오른쪽 그림에 색칠을 하세요.”

“선 반대쪽에는 3개의 점이 있지요? 어떤 것에 그림자가 있지요? 가운데 것입니다. 그것에도 색칠을 하세요.”

나머지 3마리의 무당벌레도 위와 같은 요령으로 왼쪽과 오른쪽 그림이 같도록(무당벌레의 얼룩무늬 점) 색칠하는 훈련을 시킨다.

「첫 번째」와 「마지막」, 「중간」, 「위」와 「아래」, 「위쪽」과 「아래쪽」, 그리고 「좌」와 「우」의 개념을 살펴보았다. 일반적으로 이러한 그림은 새로운 낱말의 개념을 소개하

고, 형태를 분석·종합하는 능력, 방향성, 공간관계 인지를 기르며, 셈하는 것을 가르쳐
준다. 또한 그림을 가지고 하는 훈련은 수행행동과 청취력을 결부시키는 훈련도 가능하
게 한다. 곤충, 꽃, 그리고 과일에 대한 이야기는 아동이 많은 정보를 얻고 표현언어를
연습하기 위하여 이 그림과 같이 따라해야 한다.

  아동은 자신이 무엇을 했는지 써 보아야 한다. 어떤 행위를 하였는지 말을 해 보도록
하고 아동이 그대로 베껴 쓰도록 칠판 위에 써 본다. 예를 들면, "오늘 나는 버찌와 꽃,
그리고 무당벌레의 그림에 색칠을 하였습니다. 버찌와 꽃 그리고 무당벌레를 세어 보고

셈에 관하여 많은 것을 배웠습니다" 또는 그림과 관련된 하나 또는 두 개의 문장을 말해 본다. 예를 들면, "나는 버찌를 좋아합니다. 어머니께서 버찌를 사 주셨습니다. 아주 좋았어요" 또는 "어버이날을 위해 꽃을 사왔습니다"와 같이 해 본다.

제Ⅲ부 훈련과제별 지도방법

1. 초급단계의 훈련과제별 지도방법(80과제)
2. 중급단계의 훈련과제별 지도방법(112과제)
3. 상급단계의 훈련과제별 지도방법(128과제)

시지각 훈련 프로그램을 사용할 때는 활용방법과 실시요령을 보다 더 구체적으로 제시해 둔 초급단계, 중급단계, 상급단계별 교사지침서를 반드시 숙지한 후에 지침서에 따라 적용해야 한다.

초급단계의 훈련과제별 지도방법(과제 1~과제 80)

주의사항: ① 시지각 훈련 프로그램의 각 과제마다 붙어 있는 별표(☆)가 반드시 아동의 우측하단
에 오도록 과제를 놓고 실시해야 함.
② 크레용은 아동의 능력수준에 따라 색연필이나 유색 사인펜 등으로 바꾸어 사용할 수
도 있음.

과제 1	시각-운동 협응: 보조선 따라 수평선 긋기(VM-1)

지시 사항: 여기에 소년이 있습니다(가리킨다). 소년은 나무 위에 새가 있다고 생각하
여 새를 보기 위해 길을 따라 나무(가리킨다) 있는 데까지 뛰어가려고 합니다. 크레용
으로 길 한가운데로 똑바로 뛰어서 나무까지 가는 길을 똑바른 선으로 그으세요.

색깔별로 따라하기: 여러 색의 크레용을 사용하여 길을 따라가도록 시킨다. 각 과제
위에 아스테이지 판을 올려놓고 실시하면 더 효과적이다.

개념의 형성·단어: 이 연습은 「가운데」와 「중앙」의 개념을 가르치는 데 사용될 수
있다. 아동에게 길 한가운데를 표시해 보도록 한다. 칠판 위에 여러 가지 길들을 그려
서 특정 색으로 각 길의 중앙선을 긋고 설명한다. 가장 중앙에 있다는 개념을 가르쳐
주기 위하여 접은 부분의 위치를 보여준다. 「중앙」은 「가운데」와 의미가 같다는 것을
설명해 주고 두 단어를 번갈아 사용한다. 다양한 사물과 과제 그림의 가운데나 중앙을
보여주고, 아동의 책상, 연필, 그리고 손 등의 중앙을 이야기해 보라고 한다.

과제 2	시각-운동 협응: 보조선 따라 수평선 긋기(VM-2)

지시 사항: "윗부분을 보세요. 한 소년이 있지요. 배가 고픈가 봐요. 저녁을 먹기 위
해 집으로 가려고 합니다. 크레용으로 집까지 가는 길을 그려 보세요. 길 한가운데로만
가세요. 아래쪽을 보세요. 소년은 꽃을 좋아해서 그것을 꺾어서 집으로 가져 가려고 합
니다. 크레용으로 꽃까지 가는 길을 그려 보세요. 주의할 점은 길 한가운데를 따라 가
는 것입니다."

개념의 형성·단어: 「가운데」와 「중앙」의 개념을 학습시킨다. 「위」와 「아래」의 개념
을 보여 주기 위하여 두 개의 길을 사용한다. 여러 가지 예를 들어 개념을 설명하
면서 아동에게 사물의 위와 아래를 가리켜 보라고 하거나 한 쌍에서 위와 아래의 물건
을 가리켜 보라고 한다.

개념의 형성·언어·단어·자연학습: 아동에게 꽃의 가운데와 중앙을 찾아보라고 한다. 아동으로 하여금 꽃의 각 부위 이름을 말해 보라고 한다(꽃잎, 줄기 등). 보이지 않는 부분(뿌리)의 이름을 말할 수 있는지 물어 본다. 더 나아가 각 부위의 기능에 대하여 말해보고 다음 단계에서도 계속한다. 몇몇 예제(예를 들면, 과제 3, 44, 70)는 이것을 반복 학습할 기회를 제공한다.

과제 3	시각-운동 협응: 보조선 따라 수평선 긋기(VM-3)

지시 사항: 과제 2와 유사하나 아동이 사과, 당근, 그리고 막대사탕을 가지기 위해 뛰어가도록 이야기를 변화시킨다.

개념의 형성·단어: 그림에 있는 세 개의 길을 설명하면서 「꼭대기」, 「바닥」, 「가운데」, 「위」, 「아래」의 개념을 알아본다. 시작과 끝을 소개하면서 동의어인 출발점과 도착점도 소개한다.

개념의 형성·언어·음식물: 길 끝에 있는 그림은 여러 음식물을 나타낸다. 과일, 야채, 그리고 사탕과 기타의 음식물에 관해 이야기한다. 아동에게 사과와 당근은 어디에서 자라는지와 사탕은 어떻게 만들어지는가를 물어 본다.

과제 4	시각-운동 협응: 보조선 따라 곡선 그리기(VM-4)

여기서는 아동이 곡선을 그린다. 길이 똑바로 되어 있지 않고 굽었다는 것을 보여준다.

예비 연습: 다음의 과제는 직선과 곡선을 구별하고, 직선과 곡선을 그릴 때 팔의 움직임이 잘 되도록 도와준다. "앞으로 손을 펴서 선생님을 보고 똑바로 서 보세요(보여준다). 다음과 같이 팔을 밖으로 흔들어 보세요(팔을 앞뒤로 흔드는 모습을 보여준다). 한 팔 또는 양 팔을 앞뒤로 크게 흔들다가 둥글게 천천히 돌리면서(앞쪽과 뒤쪽으로) 둥글다는 것을 알게 한다. 양 팔을 머리 위로 들어 올렸다가 양 옆으로 둥글게 내리는 동작을 하면서 곡선에 대한 개념을 느끼게 한다.
마루나 운동장에 그려진 직선과 곡선을 따라서 걷거나 뛰면서 직선과 곡선의 차이를 경험할 수 있게 한다.
지시 사항: "이 소년은 서둘러서 집에 도착하려 하지만 둥근 굽은 길(고갯길)을 따라가야 합니다. 크레용으로 고갯길의 중앙을 따라 어떻게 넘어가는지 그려 보세요."

색깔별로 따라가기: 처음에는 아스테이트 판을 과제 그림 위에 얹어 놓고 여러 가지 색깔의 크레용이나 색연필로 길을 따라 곡선을 그리도록 한다(무지개 놀이).

과제 5	시각-운동 협응: 보조선 따라 곡선 그리기(VM-5)

지시 사항: 과제 4와 유사하지만, 선물을 가지러 가는 이야기로 변화시킨다. 여기에는 길의 폭이 좁다. 과제 4에서 한 예비 연습을 여기서도 실시할 수 있다.

언어: "나의 생일입니다. 선물을 받게 되어 기쁩니다. 선물이 무엇인지 압니까? 생각해 보세요"라고 말하고, 아이들에게 받고 싶은 선물의 이름을 말해 보도록 한다. 선물 이름을 쓰도록 하고, 아동에게 읽어 준다. 아동이 돌아가면서 받고 싶은 선물을 말하게 한다.

기억: 선물 꾸러미에 있는 3~4개의 그림을 보여주고 그 그림을 감춘다. 곧 이어서 무슨 선물이 있었는지를 기억해서 말해 보도록 한다.

과제 6	시각-운동 협응: 색칠하기(VM-6)

색칠하기 과제는 시각-운동 협응이 매우 부족한 아동을 위한 것이다. 이 책에서 제시된 훈련과제는 아동으로 하여금 능력단계가 올라갈수록 점차 그늘진 회색 부분의 폭(경계선, 윤곽선)이 좁아져 가는 그림이나 기하학적 도형에 색칠을 하게 하는 것이다. 그늘진 회색 부분인 그림의 윤곽선(경계선)은 아동이 색칠할 부분을 알아내는 데 도움을 주며, 크레용으로 그릴 때 그 영역을 강조하는 역할을 한다.

지시 사항: "여기 큰 회색 상자 속에 조그맣고 하얀 상자가 들어 있습니다. 회색 부분의 경계선을 넘어서지 않게 흰 상자만 색칠해 보세요."

교정 연습: 눈과 손의 협응에 심한 장애가 있는 아동에게는 하얀 부분에 칠할 크레용과 똑같은 색깔로 경계선을 교사가 미리 색칠해 주는 것이 좋다. 왜냐하면 아동이 색칠할 때 경계선을 넘어감으로써 실패를 자주 경험하는 것을 방지하기 위한 것이다.

개념의 형성(기하학적 도형·비교): 이 과제 그림은 4변의 길이가 모두 똑같기 때문에 정사각형이라고 말해 준다. 내부와 외부에 두 개의 정사각형이 있다는 것을 알려준다. 아동에게 끈을 주고서 네 변의 길이가 똑같다는 것을 알 수 있도록 재어 보게 한다. 하나는 크고, 다른 하나는 작지만, 두 개 모두 정사각형이라는 것을 설명해 준다. 아동이 안쪽(내부), 바깥쪽(외부), 더 작은 것과 더 큰 것을 구분할 수 있도록 연습문제나 그림을 그린 또는 실제의 사물을 제시함으로써 내부, 외부, 더 큰 것, 더 작은 것을 이해할 수 있게 한다.

과제 7	시각-운동 협응: 색칠하기(VM-7)

지시 사항: 과제 6과 동일하게 지시한다.

개념의 형성(기하학적 도형·비교): 과제 그림을 보고 회색 도형과 흰색 도형이 모두 직사각형이라는 것을 설명한다. 정사각형과 같은 네모상자이지만, 4변의 길이가 같지는 않다. 끈을 아동에게 주어서 길이를 재어 보도록 하고, 서로 마주보는 두 변의 길이만이 똑같다는 것을 알 수 있도록 한다. 실내에서 사각형(책상, 테이블, 칠판, 창, 문)의 형태를 찾아보도록 한다. 내부, 외부, 더 큰 것, 더 작은 것의 개념을 다시 한번 복습해 본다.

과제 8	시각-운동 협응: 색칠하기(VM-8)

지시 사항: 과제 6과 유사하나 네모상자를 삼각형으로 대체한다.

개념의 형성(기하학적 도형·비교): 커다란 회색 도형에는 각(모서리)과 변이 몇 개 있는지 세어 보도록 한다. 3개의 각과 변을 가진 형태를 삼각형이라 말한다는 것을 알게 하고 삼각형의 입체블럭(피라미드)을 보여준다. 회색의 큰 삼각형 안쪽(내부)에 있는 것은 무슨 형태인지 물어 본다. 바깥 도형보다 작더라도 변이 3개가 있기 때문에 삼각형이라는 것을 알게 하고, 크기는 상관없다는 것도 알려준다. 과제 6과 7을 참고한다.

과제 9	시각-운동 협응: 보조선 따라 곡선 그리기(VM - 9)

길 넓이는 과제 5와 같으나 각각 방향이 다른 곡선을 그리는 과제이다.

예비 연습: 아동에게 끈을 주고서 직선으로 놓도록 한다. 교사의 지시와 예시에 따라 끈을 위로 둥글게 휘어지거나, 아래로 둥글게 휘어지게 만들어 보도록 한다. 손가락을 들어 공중에서 위나 아래로 둥근 곡선을 그리도록 한다.

지시 사항: "소년이 손수레를 잃어버렸는데, 언덕 너머 저쪽에 있는 것을 보았습니다. 크레용으로 구부러진 길을 따라 손수레까지 달려가는 곡선을 그려 보세요. 손수레를 공으로 바꾸어서 반대쪽의 길도 유사한 이야기로 지시한다.

개념의 형성: 위로, 아래로, 꼭대기, 바닥, 위에, 아래에, 시작, 끝, 직선, 곡선 등의 개

넘을 반복 학습한다. 형태놀이 상자에서 곡선으로 된 물건을 고르도록 하고 실내에서도 찾아보도록 한다.

과제 10	시각-운동 협응: 보조선 따라 곡선 그리기(VM-10)

과제 9와 넓이는 동일하지만, 두 개의 곡선이 접하여 있다.

예비 연습: 과제 9와 동일하게 연습을 시킨다.

지시 사항: "소년을 보세요. 배가 고픈가 봐요. 사과를 먹기 위해 구부러진 길을 따라서 뛰어가려고 합니다. 사과를 먹기 위해 길을 따라 어떻게 달려가는지를 나타내는 선을 그려 보세요."

색깔별로 따라가기: 여러 색의 크레용으로 길을 따라서 그려보도록 한다.

개념의 형성·언어·음식물: 과제 3에서 해 본 음식의 종류에 대한 이야기를 보충하여 계속한다. 직선과 곡선의 개념을 반복 학습한다.

과제 11	시각-운동 협응: 보조선 따라 곡선 그리기(VM-11)

지시 사항: 과제 10과 유사하나 소년이 아이스크림을 먹기 위해 뛰어가는 것으로 이야기를 변화시킨다.

과제 12	시각-운동 협응: 보조선 따라 수평선 긋기(VM-12)

지시 사항: "아동이 집으로 가는 이 길은 넓지만 표시가 나도록 색칠이 안 되어 있군요(혹은 아스팔트 포장이 안 되어 있는 길이라 해도 됨). 아동이 집으로 가는 길을 똑바로(수평선) 직선으로 그어 보세요."

발음의 구별: 「거리」 「거기」 등 「거」 자로 시작되는 여러 가지 낱말을 말해 보게 하면서 발음을 구별시킨다(거북, 거미, 거인… 등).

과제 13	시각-운동 협응: 색칠하기(VM-13)

지시 사항: "회색으로 된 큰 삼각형 안쪽에 작은 흰 삼각형이 하나 들어 있습니다. 회색으로 된 큰 삼각형의 테두리선을 넘지 않도록 흰 삼각형 안에 색칠해 보세요."

개념의 형성(기하학적 도형·비교): 과제 8에서 소개된 삼각형의 개념을 반복한다. 삼각형은 3개의 변만 있으면 그 길이가 항상 똑같을 필요는 없다는 것을 알게 한다. 안쪽(내부), 바깥쪽(외부), 더 작은, 더 큰 등의 개념을 반복 학습한다.

과제 14	시각-운동 협응: 색칠하기(VM-14)

지시 사항: 과제 13과 같으나 삼각형을 사각형으로 바꾼다.

개념의 형성(기하학적 도형·비교): 과제 7에서 소개한 사각형의 개념을 복습해 본다. 한 쌍이라는 개념을 학습한다. "사각형 한 쌍이 여기에 있습니다" 언제나 함께 사용되는 두 개의 물건이 하나만 있을 때 나타내는 표현을 물어 본다(한 짝, 한 켤레…).

발음의 구별: 사각형, 짝, 쌍의 낱말에 대한 발음을 익힌다.

과제 15	도형-소지 지각: 교차선(FG-1)

예비 연습: 2종류의 색실을 아동에게 주고 서로 교차시켜 놓아 보도록 시킨다(시범을 보인다). 엇갈리게 서로 교차된 색실을 종이 위에 붙이도록 하고 손가락으로 따라가게 한다.

지시 사항: "이미 과제 14에서 색칠했던 사각형과 같이 똑같은 두 개의 사물을 무엇이라 부르는지 기억하세요? 맞아요. 「짝」이나 「쌍」이라고 합니다. 자, 이것은 무엇이지요? 맞아요. 한 쌍의 허리띠(혁대)가 있는 그림입니다. 하나는 다른 허리띠 위에 놓여 있군요. 위쪽에 놓여 있는 허리띠를 따라 빨강색 크레용으로 그려 보세요. 자, 이제 밑에 놓여 있는 허리띠가 보입니까?(가리키면서) 초록색 크레용으로 허리끈 중앙을 따라 그려 보세요." 크레용을 떼지 말고 끝까지 그리도록 한다. 이러한 연습은 눈과 손의 협응, 시야의 범위 확장, 그리고 안구운동을 유연하게 해 준다.

개념의 형성·언어: 아동이 「혁대」라는 낱말을 이해하는지 확인해 본다. 이런 혁대를 사용하고 있는지 물어본다. 의류에 대한 개념을 이야기해 본다. 아동들이 입는 옷 종류를 말해 보게 하고, 신발, 양말, 소매, 바지, 주머니 등을 만져 보도록 한다.

신체구조 이해: 아동에게 옷조각으로 인간의 형상을 만들어 보도록 시킨다. 아동은 신체부위와 옷을 구별할 줄 알아야 한다.

발음의 구별: 혁대, 구멍 등의 낱말을 따라 말해 보게 한다.

| 과제 16 | 도형-소지 지각: 교차선(FG - 2) |

지시 사항: "이 그림을 보세요. 사람은 인도로 가야 하고 자동차는 차도로 가야 합니다. 그런데 인도와 차도가 서로 교차되어 있습니다. 인도와 차도가 교차하지 않도록 만들 수 있습니까? 사람이 차도로 가서 인도를 따라 초록색으로 그리세요. 다치는 일이 없도록 해야겠군요. 자, 이제는 빨간색으로 차도를 따라 그리세요. 자동차가 가야 할 길이 뚜렷하게 보이지요?"

교정 연습: 눈과 손의 협응에 장애를 가진 아동은 크레용으로 선을 따라 그리지 못하는 경우도 있나. 손가락으로만 선을 따라 그리도록 한다. 각각의 선을 다른 색깔로 그리도록 하되, 손가락에 물감을 묻혀서 아스테이지를 이용하여 여러 번 연습시킨다.

개념의 형성 · 언어: 교통의 개념을 이야기한다. 아동에게 도로에서 무엇이 보이는지 물어 본다. 「쌍」의 개념을 복습한다.

발음의 구별: 「차」, 「도로」, 「바퀴」의 발음을 구별해 보도록 한다.

| 과제 17 | 지각 항상성: 형의 항상성(PC - 1) |

「테두리(외곽선)」나 「따라 그리기」의 의미를 이해하고 있는지 확인한다. 왜냐하면, 이러한 훈련은 시각-운동 협응보다는 형태의 지각과 관련이 있기 때문에 보조선을 따라 가급적 정확하게 그리도록 격려는 해야 하지만 눈-손 협응을 지나치게(정화성을) 강요할 필요는 없나.

지시 사항: "쌍선 위쪽에 있는 형태를 무엇이라고 부르는지 기억하세요?(필요하면 과제 6 참조) 맞아요. 정사각형이에요. 정사각형인지 어떻게 아세요? 그래요, 4개의 변 길이가 모두 똑같기 때문입니다. 크레용으로 정사각형을 따라 그려 보세요." "쌍선 아래쪽에 두 개의 정사각형이 더 있습니다. 보고 있어요? 손가락으로 짚어 보세요. 테두리를 따라 그려 보세요."

개념의 형성(기하학적 도형): 원(동그라미, 공)과 정사각형(바른 네모), 직사각형(긴 네모) 등의 개념을 이해하고 있는지 확인해 본다. 실내에서 원의 예를 찾아보도록 하고 양손을 위로 들어 둥근 원을 만들어 보도록 한다.

과제 18	지각 항상성: 형의 항상성(PC - 2)

지시 사항: "쌍선 위쪽에 있는 세모를 정삼각형이라 부릅니다(가리켜 본다). 세 개의 각(모서리)이 있지요? 크레용으로 선을 따라 그려 보세요. 쌍선 아래 몇 가지 도형이 더 있습니다. 그 중에서 삼각형 두 개를 찾아 손가락으로 짚어 보세요. 좋아요. 크레용으로 선을 따라 그려 보세요. 다른 두 개는 무엇이라 부르는지 말해보세요. 그래요. 정사각형입니다."

개념의 형성(기하학적 도형): 정사각형, 정삼각형, 원, 쌍선의 개념을 복습해본다.

과제 19	지각 항상성: 형의 항상성(PC - 3)

지시 사항: 과제 18과 같으나, 정삼각형을 정사각형으로 바꾸어 지시한다.

과제 20 - 23	시각-운동 협응: 보조선 따라 선 그리기(VM - 15, 16, 17, 18]

이 과제는 앞 과제의 복습이기 때문에 실시할 필요가 없는 아동이라고 판단되는 경우에는 생략해도 상관없다.

지시 사항: 과제 12와 같으나 그림에 어울리는 적절한 이야기로 바꾸어 재미있게 실시한다.

개념의 형성: 과제 20과 21은 수평선이 개념, 과제 22와 23은 곡선의 개념을 알게 한다.

과제 24	시각-운동 협응: 색칠하기(VM - 19)

지시 사항: "이것은 창문과 출입구 문을 그린 그림입니다. 창문 안쪽에 색칠을 해서 차양(遮陽)을 끌어내리는 것과 같이 만들어 보세요. 창틀 바깥으로 넘어가지 않도록 하세요. 다음 그림은 출입문입니다. 문틀 바깥으로 넘어가지 않도록 안쪽에만 색칠을 해 보세요."

개념의 형성·언어·단어: 창문은 무엇 때문에 있는지 물어 본다(내부와 외부를 보기 위하여, 빛이 들어오도록 하기 위하여, 또는 환기를 시키기 위하여 등을 예로 들 수 있다). 손잡이와 차양이라는 단어에 대하여 이야기해 보고, 어떤 역할을 하는지 물어 본다. 만약 손잡이가 없으면 어떻게 될지 등에 대해서도 이야기해 본다.

과제 25	시각-운동 협응: 색칠하기(VM - 20)

지시 사항: "여기에 둥근 전축판이 있습니다. 판 가운데 하얀 라벨(상표)이 붙어 있습니다. 라벨에 색칠을 해 보세요."

보충 연습: 다양한 크기로 원을 그려서 색칠하도록 시킨다.

개념의 형성(기하학적 도형): 계란(타원)과 공(원) 모양을 비교해 본다. 달걀 형태의 입체 블럭을 보여주고 알게 한다.

과제 26	도형-소지 지각: 교차선(FG - 3)

예비 연습(신체의 인식): 줄넘기 줄이 서로 교차되도록 마루 위에 놓아 두고 아동들이 각 줄넘기 줄을 따라 걷도록 하면서 균형을 잡도록 한다.

지시 사항: "여기 줄넘기 줄 3개를 섞어 놓은 그림이 있습니다. 따로따로 찾을 수 있습니까? 손가락으로 짚어 보세요. 좋습니다. 빨간 크레용으로 삼각형 모양의 손잡이에 색칠을 해 보세요. 그 손잡이가 달린 줄넘기 줄을 따라 빨간색으로 그려 보세요. 이번에는 동그라미 손잡이에 초록색으로 칠하고, 그 줄을 따라 초록색으로 그려 보세요. 마지막으로 긴 네모 손잡이에 파랑색으로 칠하고, 그 줄을 따라 그려 보세요."

교정 연습: 이 과제를 잘 하지 못하는 아동에게는 과제 위에 아스테이지를 얹어 놓고 손가락에 풀감을 묻혀서 어러 번 연습시킨다.

동작 훈련: 줄넘기를 해 보도록 시킨다.

과제 27	도형-소지 지각: 교차선(FG - 4)

과제 26을 능숙하게 하면 생략해도 된다.

지시 사항: "여기 또 다른 줄넘기 줄 3개가 함께 놓여 있습니다. 그 중 하나는 삼각형 손잡이를 가지고 있습니다. 삼각형 모양의 손잡이를 손가락으로 짚어 보세요. 좋아요. 빨간 색연필로 삼각형을 따라서 그려 보세요. 자, 이제 크레용을 내려놓고서 반대쪽의 손잡이까지 손가락으로 따라가 보세요. 반대쪽 삼각형 손잡이에도 빨간색으로 그려 보세요. 다시 빨간색 색연필을 사용하여 선을 따라서 그리세요. 자, 이제 사각형 모양의 손잡이를 가진 줄넘기가 보입니까? 사각형 모양의 손잡이를 찾아서 선을 따라 그려 보

세요. 반대쪽의 사각형 손잡이까지 손가락으로 따라가 보세요. 자, 이제 초록색으로 사각형을 따라 그린 후에 줄넘기 줄을 따라 그리세요." 동그란 손잡이를 가진 줄넘기도 똑같이 지시를 한다. 색이 다른 색연필을 사용하도록 한다.

과제 28	지각 항상성: 형의 항상성(PC - 4)

지시 사항: "쌍선 위쪽에 달걀 모양이 있습니다. 달걀과 모양이 같은 것을 타원이라고 합니다. 빨간 크레용으로 선을 따라서 그려 보세요. 쌍선 아래쪽에 여러 가지 도형이 있습니다. 그 중에서는 달걀 모양(타원)이 4개 있고 공(원) 모양이 2개, 세모가 2개, 정사각형(바른 네모)가 2개 있습니다. 손가락으로 찾아 짚어 보세요. 타원에는 빨강, 원에는 노랑, 정삼각형에는 초록, 정사각형에는 파랑으로 테두리선을 따라 그려 보세요."

개념의 형성(기하학적 도형): 그림에 제시한 도형 이외에 다른 형태를 찾아보도록 시킨다. 만약「육각형」을 찾지 못하면 육각형만 남도록 여러 가지 색으로 각각의 형태를 칠하도록 시킨다. 남은 형태를 무엇이라고 하는지 물어 본다. 6개의 각과 6개의 변이 있다는 것을 알도록 한다. 육각형은 6개, 사각형은 4개, 삼각형은 3개의 변이 있지만, 원과 타원은 변이 없다는 것을 알게 한다.

셈하기 중복: 아동에게 각 형태의 숫자를 세어 보도록 시킨다.

과제 29	지각 항상성: 형의 항상성(PC - 5)

지시 사항: "여기 세 마리의 오리가 있습니다. 이 그림 속에는 여러 개의 삼각형이 숨겨져 있어요. 삼각형이 오리의 일부분을 구성하고 있군요. 찾을 수 있습니까? 삼각형을 모두 찾아서 빨간색으로 테두리를 따라 그려 보세요."

셈하기, 중복: 아동에게 오리의 숫자를 세도록 한다. 세 마리의 오리를 찾아야 한다고 말해 준다. 또한 머리부분과 꼬리부분도 찾을 수 있다. 오리에는 몇 개의 원이 있는지 세어 보도록 한다. 그리고 두 개의 원을 3차례에 걸쳐 찾아야 한다는 것을 알려준다. 또한 각 오리마다 4개의 삼각형이 있고, 이것을 3번에 걸쳐 찾아야 한다. 이러한 방법으로「횟수」의 개념을 알게 한다.

과제 30	지각 항상성: 형의 항상성(PC - 6)

지시 사항: "과제 29와 같이 3마리의 오리가 여기 있습니다. 이번에는 오리그림 속에 숨어 있는 원을 찾아봅시다. 찾았으면 초록색으로 테두리 선을 따라 그려 보세요."

과제 31	지각 항상성: 형의 항상성(PC - 7)

지시 사항: "과제 29와 같이 오리 세 마리가 있습니다. 오리와 접시 그림에는 타원 모양이 숨겨져 있습니다. 찾아보세요. 찾았으면 빨간색으로 테두리선을 따라 그려 보세요."

과제 32	시각-운동 협응: 보조선 따라 그리기(VM - 21)

지시 사항: "소년이 고개 너머 집을 향해 가려고 합니다. 이번에는 폭이 좁고, 구부러진 길을 따라가야 합니다. 길 가운데로 어떻게 가는지 크레용으로 그려 보세요. 아무 색깔이나 사용하세요." 반대쪽의 길에도 비슷한 지시를 한다.

개념의 형성·언어:「쌍」의 개념을 복습한다. 신발, 양말, 장갑, 눈, 귀마개 등 짝으로 된 사물의 이름을 대어 보도록 한다.

발음의 구분: 거리, 손수레, 소년, 주택의 낱말을 따라 말해 보도록 한다.

과제 33	시각-운동 협응: 보조선 따라 그리기(VM - 22)

지시 사항: 과제 32와 같으나 구부러진 길을 굴곡이 있는 길로 바꾼다.

개념의 형성·언어: 기차의 앞부분을 무엇이라고 부르는지 아동에게 물어 본다(기관차). 기관차는 열차의 나머지 부분에 동력을 전달한다고 설명한다. 열차의 용도를 물어 본다(화물과 승객의 운송). 운송의 개념을 이야기해 본다.

과제 34	시각-운동 협응: 보조선 따라 사선 긋기(VM - 23)

예비 연습: 아동이 사선을 긋는 훈련은 이번이 처음이다. 따라서 색깔별로 사선 긋는 연습을 한다. 과제 그림에 직접 그리기 전에 트레이싱 페이퍼를 사용하여 여러 색의 색연필로 선 긋기를 반복한다. 아동이 책이나 자를 대어 수평선을 긋지 않도록 주의한다.

지시 사항: "이번에는 아동이 비탈길을 따라 스케이트를 타려고 합니다. 크레용으로 비탈길을 따라 똑바로 그어 보세요. 기울어진 선이니까 책은 똑바로 놓고 하세요."

개념의 형성·언어: 아동이「기울어짐」「비탈길」의 개념을 이해하도록 한다. 아동이 위쪽에서 아래쪽으로 비스듬히 기울어진 길을 이해할 수 있도록 수직과 수평, 그리고 기울어진 위치로 길을 보여준다. 만약 아동이 구분을 한다면 수직선과 수평선이라는 낱말을 사용할 수 있다.

| 과제 35 | 시각-운동 협응: 색칠하기(VM – 24) |

지시 사항: "여기에 정사각형, 원, 그리고 정삼각형의 세 가지 모양이 있습니다. 세 가지 모두 중앙에 색칠을 해 보세요. 그늘진 회색부분을 넘어가지 않도록 조심하세요."

| 과제 36 | 시각-운동 협응: 색칠하기(VM – 25) |

지시 사항: "여기 세 개의 웅덩이가 있습니다. 웅덩이에 파랗게 물을 가득 채워보세요. 웅덩이의 가장자리 선으로(회색) 물이 튀어 나오지 않도록 조심하세요."

| 과제 37 | 도형-소지 지각: 숨겨진 그림찾기(FG – 5) |

지시 사항: 위쪽 네모상자 속에 새가 한 마리 들어 있습니다. 크레용으로 새의 테두리 선에 칠을 하세요. 좋습니다. 자, 이제 홀라후프를 들고 있는 소녀를 보세요. 이 그림 속에 숨어 있는 새를 찾아 그려 보세요. 새가 모두 몇 마리나 있나요?(4마리)

언어 · 운동협응: 홀라후프의 용도에 관하여 말해 보라고 한다(돌리기, 굴리기, 점프하여 통과하기 등에 사용된다). 홀라후프를 구할 수 있으면 아동에게 다양한 방법으로 사용해 보도록 한다. 만약 한 가지 방법밖에 사용하지 못하면 여러 방법으로 시범해 보인다.

개념의 형성(기하학적 도형, 쌍): 홀라후프가 어떤 형태인지를 물어보고, 그림에서 신발, 양말, 손, 눈과 같이 쌍을 이루는 부분을 찾아보도록 한다.

발음의 구분: 홀라후프 소녀, 주머니와 같은 낱말을 따라 말해 보도록 한다.

동작 훈련: 홀라후프를 가지고 다양한 놀이를 해 보도록 한다.

| 과제 38 | 도형-소지 지각: 숨겨진 그림 찾기(FG – 6) |

지시 사항: "여기에 귀여운 강아지 그림이 있습니다. 위쪽 네모상자 속에 하트모양이 들어 있네요. 빨간색으로 하트모양의 선을 그려 보세요. 자, 이제 강아지 그림을 보고 숨어 있는 하트모양을 모두 찾아 가장자리 선을 따라 그리세요. 하트가 모두 몇 개가

있지요?(5개)"

개념의 형성·언어: 대부분의 아동은 발렌타인 데이와 발렌타인 카드가 무엇인지 모른다. 우선 이러한 단어에 대하여 이야기한 후에 동물과 애완동물의 개념에 대해서도 이야기해 본다.

미술 활동: 하트모양을 잘라서 색칠을 하도록 하고, 발렌타인 카드를 만들게 한다.

과제 39	도형-소지 지각: 숨겨진 그림 찾기(FG - 7)

지시 사항: 과제 38과 유사하나 하트모양은 원으로, 강아지는 소년과 눈사람으로 바꾸어 지시한다(10개의 원이 숨겨져 있다).

개념의 형성·언어: 4계절의 이름과 각 계절에 속한 달의 이름을 말한다. 이 그림은 어떤 계절을 나타내고 있는지 물어 본다. 추위와 눈에 익숙한 아동이 있는 반면, 어떤 아동은 그렇지 않은 경우도 있다. 얼음은 물이 얼어서 된 것이며, 언 물은 따뜻해지면 녹게 된다. 과제 15에서 소개된 옷의 개념을 복습해 본다. 그리고 소년이 입고 있는 옷은 어떤 날씨에 입는 것인지 물어보고 더운 날에는 무슨 옷을 입는지 물어 본다. 단추나 지퍼와 같이 옷을 몸에 부착시키는 데 필요한 장식은 무엇인지 말해보도록 한다. 필요한 장식용으로 무엇을 사용하고 있는지 물어 본다(신발끈, 단추, 후크 등).

과제 40	지각 항상성: 형의 항상성(PC - 8)

지시 사항: "동물원에서 볼 수 있는 여러 가지 동물들이 있습니다. 위쪽 네모상자 안에 들어 있는 동물이 보입니까?(가리킨다) 어떤 동물이지요? 그래요. 코끼리입니다. 그런데 다른 코끼리는 자기의 집을 잃어버렸군요. 코끼리를 모두 찾아서 회색으로 칠해 보세요."

개념의 형성·언어: 여기서는 동물에 대한 많은 개념을 이야기해 볼 수 있다. 먼저 일부 아동에게는 익숙하지 않은 서커스에 관한 사진이나 슬라이드, 또는 영화를 보여준다. 아동에게 동물의 종류를 구별해 보도록 하고, 실물과 비슷하게 보이는 것과 그렇지 않는 것에 관하여 이야기해 보도록 한다(두 마리의 코끼리는 알아보기가 힘든데, 하나는 뒤에서 본 것이고, 다른 하나는 약화로 그려서 추상적으로 보이기 때문이다. 여타의 동물은 쉽게 구별할 수 있다). 야생동물과 말과 같이 길들인 가축을 구별해 보도록 한다. 야생동물이 사는 환경을 이야기하여 본다.

동작 훈련: 코끼리와 같이 육중한 걸음으로 머리를 흔들면서, 그리고 좌우로 몸통을 흔들면서 걸어 보도록 한다. 또한 말과 같이 뛰거나, 손을 마루에 대고 몸을 바닥에 끌면서 바다사자와 같이 동작훈련을 하도록 한다.

셈하기: 코끼리의 수를 세고 색칠하도록 한다. 나머지 동물의 수도 세어 보도록 하고 각각 다른 색으로 색칠하도록 한다.

과제 41	지각 항상성: 형의 항상성(PC – 9)

지시 사항: "위쪽 네모상자 속에 고양이 한 마리가 들어 있습니다. 상자 밖에는 고양이와 다른 여러 동물들이 있습니다. 고양이를 모두 찾아서 표시하세요. 그림에 있는 동물 이름을 말해 보세요."

개념의 형성 · 언어 · 자연공부: 그림이 실물과 같은지에 대해 이야기해 본다. 특히 약화로 그린 추상적인 고양이 그림에 대해 이야기한다. 추상적인 그림이 고양이를 나타내는지 어떻게 알 수 있나에 대하여 물어 본다(몸체의 형태, 꼬리의 모양, 구부러진 등). 그림의 크기와 비교하여 실물의 크기에 관하여 말한다. 곰과 바다물개의 실제 크기는 다른 동물보다 훨씬 크다. 사람의 크기와도 비교해 본다. 물개는 과제 40에서 나온 바다사자와 모습이 유사하다는 것을 설명한다. 동물들이 속한 환경에 대해서도 이야기해 본다. 곰은 두꺼운 가죽으로 덮여 있는데, 왜 그런지 물어 본다. 각 동물이 속한 환경에서 생활하는 여타의 동물 그림도 보여준다. 무엇을 먹고 사는지 이야기해 본다.

동작 훈련: 바다사자와 같이 걷거나, 고양이와 같이 네 발로 뛰도록 한다.

셈하기: 고양이의 수를 세도록 하고 색칠을 하게 한다. 다른 동물의 수도 세어 본다.

과제 42	지각 항상성: 형의 항상성(PC – 10)

지시 사항: "위쪽 네모상자 안에 들어 있는 새는 어떤 새입니까? 그래요, 오리입니다. 상자 밖에 몇 마리의 오리가 더 있는지 찾아보세요. 똑같은 모양으로 되어 있는(행동을 하는) 것은 아니지만 오리가 모두 네 마리 있습니다. 좋아하는 색으로 칠해 보세요."

개념의 형성 · 언어: 새의 개념에 대해 이야기해 본다. 새는 날개, 부리, 두 개의 다리, 그리고 알을 낳는다는 것을 설명한다. 거북은 날개가 있습니까? 거북은 다리가 두 개밖에 없습니까? 그림에서는 왜 다리가 두 개밖에 없는 것으로 보일까요? 그 어떤 새가 야생의 들새인지, 그리고 집에서 기르는 새인지 이야기해 본다. 왜가리, 두루미, 기러기,

올빼미는 야생조류이다. 어떤 철새는 이주하면서 살아간다는 사실에 대하여 알게 한다. 사진이나 슬라이드 또는 그림을 보여준다.

공간개념의 형성: 위, 아래, 위로 아래로의 공간개념을 복습하고 옆에, 앞에, 아래에, 위에, 뒤에, 안에, 바로 위에 등의 개념을 복습하기 위해 그림에 있는 동물의 위치를 이용한다. 다양한 사물도 예시하면서 교사의 지시에 따라 블럭과 같은 사물을 바른 위치에 놓도록 한다. 예를 들면, "큰 블럭 위에 작은 블럭을 놓으세요. 큰 블럭 앞에 작은 블럭을 놓으세요" 등을 지시한다.

셈하기: 오리의 수를 세어서 색칠을 하도록 하고 다른 새도 색칠하도록 시켜본다.

과제 43	시각-운동 협응: 색칠하기(VM - 26)

지시 사항: "유리잔과 컵이 있습니다. 아무것도 들어 있지 않군요. 크레용으로 물을 가득 채워 보세요. 파란색으로 가장자리 선을 넘어가지 않도록 안쪽에만 조심해서 칠해 보세요."

개념의 형성·언어: 컵과 잔을 만드는 재료에 대하여 이야기해 본다. "유리잔에는 왜 손잡이가 없을까요?"(뜨거운 액체를 담는 것이 아니기 때문에 손잡이가 필요없다) 빈 것과 가득 찬 것의 개념을 이야기한다. "아무것도 들어 있지 않는 빈잔에서 마실 것이 있습니까? 가득 찬 유리컵에 물을 더 넣을 수 있습니까?" 등을 물어 본다.

과제 44	시각-운동 협응: 색칠하기(VM - 27)

지시 사항: 나뭇잎에 초록색을 칠하는 것 외에는 과제 43과 유사하다.

개념의 형성: 「같다」와 「다르다」의 개념을 알게 한다. 동시에 두 개를 들어서 같은지 다른지를 아동에게 물어 본다.

언어·자연학습: 꽃과 나무의 각 부위의 기능과 이름을 공부해 본다. 특히 나뭇잎의 기능에 대하여 이야기한다. 그림에 있는 나뭇잎들이 같은 한 나무에 달린 것인지 물어 본다. 나뭇잎의 차이를 보고 나무종류를 구분할 수 있다고 설명해 준다.

| 과제 45 | 시각-운동 협응: 보조선 따라 사선 긋기(VM - 28) |

지시 사항: 소년이 경사진 길을 따라 공을 굴리는 것 이외에는 과제 34와 같다. 아동이 과제 그림의 위치를 변경시키지 않도록 주의해야 한다. 왜냐하면, 경사선을 그려야 하는데 수평선을 그리게 될지도 모르기 때문이다.

| 과제 46 | 시각-운동 협응: 보조선 따라 그리기(VM - 29) |

지시 사항: "아동이 고양이를 가지러 가기 위하여 오르막길과 내리막길을 뛰어가야 합니다. 아동이 어떻게 가는지 길을 따라 그어 보세요. 오르막길에서 내리막길로 바뀔 때 확실한 표시를 하세요. 완만한 선을 그리지 마세요." 꺾어진 길 중간부분에서 급격한 변화를 가지도록 확인시켜 주어야 한다. 왜냐하면 이러한 능력은 숫자나 문자를 쓸 때 많은 도움이 되기 때문이다.

| 과제 47 | 시각-운동 협응: 보조선 따라 그리기(VM - 30) |

지시 사항: 그림에 맞도록 이야기를 바꾸는 것 이외에는 과제 46과 같다.

개념의 형성·언어: 자전거에 대해 이야기해 본다. 과제 33을 보고 운송수단 중의 하나라는 것을 설명해 준다. 그러나 보통 한 번에 한 사람만이 사용한다는 것을 알게 해 준다. 어떻게 동력을 얻어 움직이는지 설명해 준다. 예를 들면, 엔진에 의해서가 아니라 근육의 힘에 의해 움직인다는 것을 이해하도록 한다.

신체의 지각: 등을 바닥에 대고 바로누워서 발로 자전거를 타는 시늉을 하도록 한다.

| 과제 48 | 시각-운동 협응: 보조선 따라 그리기(VM - 31) |

지시 사항: "자, 이 소년이 고양이를 찾아 가려고 합니다. 처음에는 똑바로 가다가 그 다음은 굴곡을 따라서 가다가 다시 똑바로 가야 합니다. 어떻게 길을 따라가는지 크레용으로 그려 보세요."

언어: 애완동물에 관해 이야기해 보도록 한다.

| 과제 49 | 시각-운동 협응: 보조선 따라 그리기(VM - 32) |

지시 사항: "첫째 줄 그림을 보세요. 소년이 있는 데까지 뛰어가려 하고 있습니다. 여

러분은 소년이 어떻게 뛰어가는지 그려 보아야 합니다. 그런데 조심해야 합니다. 길 중간에 급커브가 있습니다. 먼저 손가락으로 그려 보세요. 손가락으로 소년을 짚어 보세요. 좋아요, 길을 따라서 가다가 아래로, 그리고 똑바로 따라 가세요. 좋아요. 자, 이제 크레용으로 그려 봅시다. 주의할 것은 급커브를 조심하는 것입니다. 길을 따라서 가다가 아래로, 그리고 길을 따라서 갑니다. 좋아요." 그 다음줄 그림도 같은 요령으로 지시한다. 그러나 "길을 따라서 똑바로 가다가 아래로 내려가서 다시 가다가 위로 올라가서, 다시 바로 갑니다"로 말해 주어야 한다.

<table>
<tr><td>과제 50</td><td>시각-운농 협응: 보조선 따라 그리기(VM-33)</td></tr>
</table>

대부분의 아동에게는 전 단계보다는 어려운 시각-운동 협응 훈련이다. 왜냐하면 급격히 방향을 전환할 때 근육의 협응이 뒤따라야 하기 때문이다.

처음에는 방향이 바뀌는 구석에 왔을 때 잠시 정지하거나, 또는 크레용을 잠깐 들어올리는 것도 필요하다. 그러나 격려를 해서 계속하여 구석에서 갑자기 꺾이는 곳에 주의해 보도록 한다. 만약 아동이 실패를 하면 노력한 것에 대하여는 칭찬을 해 준다. 그러나 이것을 능숙하게 수행하고 나서 다음의 단계로 넘어가도록 한다.

지시 사항: 과제 49와 같으나 방향이 약간 다르다. "그림의 위와 아래에 있는 굴곡에서 조심하세요. 길을 따라서 가다가 아래로 갑니다. 그리고 반대방향으로 돌아갑니다. 크레용을 떼지 않고 해 보세요. 굴곡 부분에서 잘 해야 합니다." 만약 이 프로그램을 유치원 또는 조기교육실의 마지막 과정에서 사용하거나 시각-운동 협응훈련을 큰 어려움 없이 수행하였다면, 이 단계에서 숫자 쓰는 것을 배울 순비가 어느 정도 갖추어진 것으로 생각할 수 있다.

<table>
<tr><td>과제 51</td><td>도형-소지 지각: 숨겨진 그림 찾기(FG-8)</td></tr>
</table>

지시 사항: "여기에 과일이 가득 담긴 그릇이 있습니다. 위쪽 네모상자 속에는 바나나의 그림이 있습니다. 먼저 바나나에 노란색으로 색칠을 하거나 선을 따라 그려 보세요. 자, 이제 그릇에서 바나나를 찾아보고 선을 따라 그리거나 색칠을 하세요. 각 바나나의 일부가 다른 과일의 뒤에 가려져 있습니다. 보이는 부분에만 선을 그리거나 색칠을 하세요."

개념의 형성·언어·자연학습: 아동에게 여기에 있는 것들이 어떤 범주에 속하는지 물어 본다(과일). 식물이 성장하는 과정과 열매에 대하여 이야기한다. 앞에서 배운 과제를 다시 복습한다(과제 2, 3, 10, 44).

셈하기: 바나나의 수(5), 사과의 수(4), 그리고 배의 수(1)를 세어 보도록 한다. 24개의 포도알이 있는데 아동이 셈을 하기에는 너무 많지만 크게 소리를 내어 따라 세어 보도록 한다.

숫자 쓰기: 만약 아동이 숫자 쓰는 것을 배우고 있거나 배우려고 한다면 각 과일의 수를 써 보도록 한다. 1부터 5까지 수를 능숙하게 셀 수 있도록 칠판에 오렌지 2개와 자두 3개를 그린다.

기억력: 그림에 어떤 종류의 과일이 있었는지 보지 않고 기억해 보도록 한다.

과제 52	지각 항상성: 형의 항상성(PC - 11)

지시 사항: "여기에 있는 그림에는 여러 가지 동물들이 있습니다. 위쪽 네모상자 안에 들어 있는 동물의 이름은 무엇입니까? 예, 기린입니다. 상자 밖의 그림에서 다른 기린들을 찾을 수 있습니까? 기린을 모두 찾아서 표시를 하세요. 다른 동물들의 이름도 말해 봅시다."

개념의 형성: 동물의 개념을 공부한다. 기린의 수를 세어 보도록 하고 어떤 그림이 가장 실물과 같이 찾기 쉬운지를 말해 보도록 한다. 「보호색(위장)」이라는 낱말을 알기 쉽게 설명해 준다. 기린과 사슴은 왜 얼룩무늬가 있고, 호랑이는 왜 줄무늬가 있는지 설명한다. 그들이 속한 자연환경에서 같이 사는 동물 사진을 보여주거나, 그렇지 못하면 적어도 몸에 있는 무늬와 서식지 사이의 관계를 알도록 환경그림을 보여 준다.

과제 53	지각 항상성: 형의 항상성(PC - 12)

이 훈련과제는 크기와 위치는 다르지만 같은 모양의 장난감 자동차를 찾아 내도록 하는 것이다. 아동은 「같다」「다르다」의 개념을 쉽게 이해하지 못한다. 먼저 큰 것을 가리켜 보라고 하고서 작은 것을 가리켜 보라고 시킨다. 어떤 것은 장난감 기차이고 어떤 것은 장난감 손수레라는 것을 말해 준다. 다음에 나오는 지시 사항을 하기 전에 기차와 손수레를 손가락으로 짚어 보도록 시킨다.

지시 사항: "이 장난감 그림들을 보세요. 기차에는 빨간색을, 손수레에는 파란색을 칠하세요."

개념의 형성·언어: 크고 작은 개념을 설명한다. 크거나 작은 것을 아동이 쉽게 알 수 있을 만한 두 개의 사물을 제시한다. 아동에게 크거나 작은 물건을 지적해 보라고 한다. 예를 들면, "큰 책을 보여 주세요. 작은 책을 보여 주세요"라고 말한다. 과제 33에서 공부한 기차에 대하여 복습하면서 다른 운송 수단도 물어 본다(예를 들면 비행기, 트럭, 자동차 등).

과제 54	지각 항상성: 형의 항상성(PC – 13)

지시 사항: "여기에 교회와 집이 각각 두 채가 있습니다. 크레용으로 교회의 가장자리(외곽선) 선을 따라 그리세요. 교회인지 어떻게 구별하지요? 그래요. 십자가가 있습니다. 창문과 출입문의 윗부분이 동그랗게 되어 있지요? 교회의 창문과 출입문은 대부분 동그랗지만 가정집은 그렇지 않습니다."

교정 훈련: 필요하다면 과제 실시 전에 구체적인 사진을 통하여 교회와 집을 구분해 보도록 시킨다.

개념의 형성(크기에 대한): 가정집과 교회 중 어떤 것이 더 큰지 물어 본다. 대체로 가정집보다 교회가 더 크다는 것을 장난감 블럭을 사용하여 보여 준다. 「더 크다」와 「더 작다」의 개념을 알도록 하기 위하여 여러 가지 물건을 사용한다.

과제 55	지각 항상성: 형의 항상성(PC – 14)

크기가 다르고, 놓여 있는 위치가 달라도 같은 정사각형을 찾아내도록 하는 과제이다.

예비 연습: 정사각형의 위치를 돌려 놓은 것을 찾도록 하는 훈련은 처음이기 때문에, 아동에게 기울어진 정사각형이라는 것을 보여주기 위하여 책을 돌려서 보도록 한다.

지시 사항: "쌍선 위쪽에 정사각형이 하나 있습니다. 외곽선을 따라 그려 보세요. 쌍선 아래쪽에도 여러 가지 정사각형이 있습니다. 모든 정사각형을 찾아 그려 보세요. 주의해서 보도록 하세요. 왜냐하면, 작은 정사각형은 모로 세워져 있기 때문입니다. 삼각형에는 절대로 손을 대지 마세요."

교정 훈련: 아동이 형태의 지각에 장애가 있으면 직접 크레용으로 그리기 전에 정사각형을 하나 오려내어 다른 사각형과 맞추어 보도록 한다.

셈하기·숫자 쓰기: 크기가 큰 정사각형을 세어 보도록 하고(8), 작은 정사각형을 세어 보도록 한다(4). 그리고 삼각형을 세고(9) 각 숫자를 써 보도록 한다.

| 과제 56 | 공간 위치 지각: 그림 전체의 역전(PS - 1) |

지시 사항: "왼쪽에 서 있는 소년을 보세요. 좋아요. 이제 그 옆에 똑같이 서 있는 소년을 보세요. 그 옆 다른 소년은 거꾸로 서 있지요? 크레용으로 왼쪽에 있는 소년과 같은 위치로 서 있는 소년의 모습에 ○표를 해 보세요."

개념의 형성 · 언어: 「같다」 「다르다」의 개념을 복습한다. 가운데 있는 소년은 왼쪽 소년과 같은 위치로 서 있다는 것을 지적해 준다. 우측의 소년은 거꾸로 서 있다. 아동이 같거나 다른 부류를 분류할 수 있도록 다양한 물건을 짝맞추어서 제시해 본다. 「거꾸로」의 개념을 공부한다.

셈하기 · 숫자 쓰기 · 산수: 똑바로 서 있는 아동과 거꾸로 서 있는 아동, 그리고 소년의 수를 세어 보도록 하고 숫자를 쓰게 한다. "2 더하기 1은 3입니다." 이와 같은 방법으로 셈하게 한다.

| 과제 57 | 공간 위치 지각: 그림 전체의 역전(PS - 2) |

지시 사항: "나무에 매달린 세 마리의 원숭이를 보세요. 자세히 보면 두 마리는 같은 위치, 한 마리는 거꾸로 매달려 있는 것을 알게 될 것입니다. 거꾸로 매달린 원숭이에게 ×표를 하세요."

개념의 형성 · 언어 · 자연학습: 「같다」 「다르다」 「거꾸로」의 개념을 복습한다. 아동이 원숭이를 본 경험을 이야기해 보도록 한다. 동물원에서 원숭이를 보았는지 물어 본다. 원숭이와 관련된 그림이나 영화를 보여준다.

| 과제 58 | 시각-운동 협응: 보조선 없이 그리기(VM - 34) |

이 훈련은 보조선 없이 짧은 수직선을 긋는 과제이다. 훈련 과제의 어려움이 조금씩 높아진다. 처음에는 정확하게 지정된 출발점에서 시작하여 지정되지 않은 종결점까지, 그리고 지정되지 않은 출발점에서 지정된 종결점까지 선을 긋도록 하는 것이다. 굵은 선을 훈련할 때는 끝이 무딘 크레용으로 한 번에 긋도록 한다.

지시 사항: "막대사탕이 있습니다. 왼쪽에 있는 것은 손잡이가 있습니다. 다른 사탕은 손잡이가 없군요. 사탕 바로 밑에서 정확하게 시작하여 아래쪽으로 손잡이를 그리세요.

왼쪽의 것과 똑같은 막대사탕을 만드세요."

개념의 형성·언어: 아동에게 사탕과 음식을 준다. "어제 저녁은 무엇을 먹었지요? 오늘 저녁은 무엇을 먹고 싶나요?" 등을 물어 보면서 어제, 오늘, 내일의 개념을 공부한다. 문장을 완벽하게 하여 대답하도록 한다.

숫자 쓰기: 원 안에 1부터 4까지의 숫자를 쓰도록 한다.

셈하기(산수): 순서 수를 공부한다. 사각의 막대사탕을 지적할 때 "첫 번째, 두 번째, 세 번째, 네 번째"라고 말하도록 한다.

과제 59	시각-운동 협응: 보조선 없이 그리기(VM-35)

지시 사항: 과제 58과 같다.

개념의 형성·언어: 어제, 오늘, 내일의 개념을 복습한다.

숫자 쓰기: 원 안에 1부터 5까지의 숫자를 쓰도록 한다.

셈하기(서수): 첫째부터 넷째까지의 순서 수를 복습하고, 그리고 다섯째를 추가한다.

과제 60	시각-운동 협응: 보조선 없이 그리기(VM-36)

지시 사항: "양초와 양초를 꽂는 그릇이 있습니다. 왼쪽에는 긴 양초가 그릇에 꽂혀 있습니다. 옆에 있는 그릇들에는 양초가 꽂혀 있지 않군요. 그릇까지 정확하게 수직선을 그리고 멈추세요. 좋아요. 그 옆에도 초를 꽂아 보세요. 초의 크기가 똑같도록 해 보세요."

숫자 쓰기: 1부터 4까지 쓰도록 한다.

셈하기(서수): 첫째부터 넷째까지의 순서 수를 복습한다.

언어: 양초에 대해 아는 것을 이야기해 보도록 하고, 초와 관련된 경험을 말한다.

미술활동: 양초를 그려서 오려 내도록 한다.

과제 61	시각-운동 협응: 보조선 없이 그리기(VM – 37)

지시 사항: "여기에 나무못을 꽂는 판이 있습니다. 왼쪽의 구멍에 나무못이 꽂혀 있습니다. 옆의 구멍에도 나무못을 꽂아 보세요. 구멍까지 직선을 긋고 멈추세요. 좋습니다. 그 옆에도 못을 꽂으세요. 못의 크기가 같도록 하세요."

셈하기(짝수와 홀수): 1부터 9까지 그리고 첫 번째부터 아홉 번째까지 숫자를 세어 보도록 하고, 짝수와 홀수를 이해하도록 한다.

숫자 쓰기: 1부터 9까지 부르는 숫자를 써 보도록 한다.

과제 62	시각-운동 협응: 색칠하기(VM – 38)

지시 사항: "두 마리의 새가 있습니다. 부리, 머리 그리고 몸체가 있습니다. 부리는 노란색으로, 머리는 빨간색, 그리고 몸체는 파란색으로 칠해 보세요. 가장자리 선 밖으로 나오지 않도록 조심해서 칠해야 합니다."

언어 · 자연학습: 과제 42에 이어서 새에 대한 공부를 계속한다.

과제 63	시각-운동 협응: 색칠하기(VM – 39)

지시 사항: 과제 62와 같다. 물고기는 눈, 몸체, 그리고 지느러미를 각각 다른 색으로 선 밖으로 나오지 않게 정확히 칠해 보도록 한다. 이러한 색칠훈련을 아동이 잘 해내면 간단히 색칠할 수 있게 책을 이용할 수 있다.

개념의 형성 · 언어 · 자연학습: 이 그림은 물고기와 물 속에서의 생활에 관하여 이야기할 수 있는 기회를 제공해 준다. 그림이나 영화 등을 보여준다. 어떤 물고기 그림은 보호색(위장)을 가지고 있음을 복습한다(과제 52 참조).

과제 64	지각 항상성: 형의 항상성(PC – 15)

지시 사항: "여기에 크고 작은 원(동그라미)들이 있습니다. 여러 가지 모양도 같이 있습니다. 크레용으로 원만을 찾아 선을 그려 보세요. 원을 모두 찾아 그려 보세요."

개념의 형성(크기, 기하학적 도형): 크기의 개념을 복습한다. 가장 큰 원과 가장 작은 원을 찾아서 잘 보이는 색으로 표시하게 한다. 4개의 변을 가진 도형이 모두 정사각형인지 물어 본다(하나는 분명히 정사각형이고, 다른 하나는 직사각형이다).

과제 55와 같이 기울어진 사각형도 있다. 그러나 여기에 있는 사각형은 마름모(다이아몬드)형이다. 왜냐하면 직각이 아니기 때문이다. 그 차이는 「접는 자」로 입증이 되는데, 「접는 자」는 정사각형의 형태로 접힐 수도 있고 반대편 구석을 안으로 밀어 넣으면 다이아몬드의 형태로 변한다. 아동에게 「접는 자」로 각각의 형태를 만들어 볼 기회를 준다.

과제 65	지각 항상성: 형의 항상성(PC – 16)

지시 사항: "여기에 크고 작은 원들이 많이 있습니다. 어떤 그림 속에 들어 있는지 말해 보세요(말할 시간을 적당히 준다). 원을 얼마나 많이 찾아서 그릴 수 있는지 보려고 합니다. 풍선을 먼저 그려 보고, 다음은 단추를 그려 보세요. 단추의 가운데 있는 구멍은 어때요? 너무나 작아서 크레용으로 그릴 수 없는 것은 색칠을 하세요. 좋아요. 이제 레코드판을 그려 보세요. 그래요, 가운데와 바깥 부분, 그리고 레코드 안에 있는 줄을 따라 그려 보세요. 원이 많이 있네요." 이와 같은 요령으로 다른 그림도 실시한다.

보충 연습: 방 안에서 볼 수 있는 동그란 형태와 동그란 물체를 가리켜 보도록 한다.

개념의 형성(쌍): 그림에서 짝을 이루는 것이 있는지 물어본다.

과제 66	지각 항상성: 크기의 항상성(PC – 17)

이 훈련은 형태는 같지만 크기가 다른 그림을 구별하도록 하는 과제이다.

지시 사항: "위쪽에 두 채의 집이 있습니다. 하나는 큰 것이군요. 빨간 크레용으로 큰 것에 표시를 하세요. 작은 집은 녹색으로 표시를 하세요. 다음은 두 번째 줄을 보세요. 두 사람이 서 있습니다. 키가 큰 사람은 빨간색으로, 키가 작은 사람은 녹색으로 칠하세요. 좋아요, 차이가 무엇인지 알겠어요? 이 집은 저 집보다 크고, 이 사람은 저 사람보다 키가 큽니다. 다음 그림을 보세요. 큰 나무에는 빨간색으로, 작은 나무에는 녹색으로 표시하세요. 좋아요, 이제 큰 초에 빨간색, 작은 초에 녹색으로 표시하세요."

개념의 형성(크기): 아동이 처음의 두 줄을 완성했을 때 그림의 크다, 작다를 아는지 확인한다. 아동에게 똑바로 서서 자기 자신을 크게, 그리고 몸을 움츠려서 작게 만들어 보도록 시킨다.

과제 67	지각 항상성: 크기의 항상성(PC - 18)

지시 사항: 폭이 넓고 좁은 사물을 구분하도록 하는 것 외에는 과제 66과 같다.

개념의 형성(크기): 아동이 처음 두 줄의 과제를 시행한 후 높이는 같지만, 그 폭이 다르다는 것을 확인시켜 준다. 나머지 두 그림에서도 넓은 것은 빨간색으로, 좁은 것은 녹색으로 표시하도록 한다.

과제 68	공간위치 지각: 그림 전체의 역전(PS - 3)

지시 사항: "여기 네 마리의 기린이 있습니다. 나뭇잎을 먹고 있군요. 자세히 보면 세 마리는 같은 위치에서, 그리고 다른 한 마리는 반대쪽에서 먹고 있습니다. 다른 위치로 되어 있는 기린에 ×표를 하세요."

개념의 형성·언어: 「같다」「다르다」의 개념을 복습한다. 기린은 나뭇잎을 먹으며 산다고 설명한다. 인간은 어떤 종류의 채소를 먹는지 물어 본다(상추, 배추, 시금치 등). 이렇게 하여 음식물의 재배에 관한 이야기까지 유도할 수 있다. 「살아 있는」「죽은」을 이용하여 생명력이 있는 것과 없는 것의 개념을 공부한다. 기린과 식물은 둘 다 살아 있다고 설명한다. 다음 과제의 컵에 관하여 물어 본다. 차이를 이야기하고 여러 사물을 적당히 구분해 보라고 한다.

세 번째 기린이 다른 기린과 다른 점을 물어 본다(세 번째 기린의 머리는 아래쪽으로 향해 있으나, 다른 기린은 위쪽으로 향하고 있다. 앞다리를 벌리고 있으나, 다른 기린은 모으고 있다. 얼굴을 정면으로 향하고 있으나, 다른 기린은 옆으로 향하고 있다.).

순서수: 몇 번째 기린이 다른지(세 번째), 같은지(첫 번째, 두 번째, 네 번째) 물어 본다.

셈하기·산수: 머리를 든 기린의 수를 세어 보라고 하고(3), 머리를 숙인 기린의 수를 세어 보라고 한다(1). 그리고 전체의 수를 세어 보라고 한다(4). 칠판에 숫자를 써 보도록 하고, "3 더하기 1은 4이다"와 같은 방법으로 예시를 한다.

과제 69	공간위치 지각: 그림 전체의 역전(PS - 4)

지시 사항: "설거지한 후 컵을 말리고 있는 것 같이 보이지 않습니까? 누가 설거지를 하였는지 몰라도 다른 위치로 놓았군요. 두 개는 똑바로 놓여 있고, 세 개는 거꾸로 놓여 있네요. 거꾸로 놓인 세 개에 ×표를 하세요."

개념의 형성·언어: 넌센스 퀴즈를 사용하여 거꾸로 놓여 있는 컵에 물을 담을 수 있는지 물어 본다. 담을 수 없는 이유를 설명시켜 본다. 컵이 살아 있는지 물어보고, 아니라면 왜 아닌지 물어 본다(생물과 무생물의 구분).「가득 찬」과「빈」의 개념을 복습한다(과제 43 참조).

과제 70	시각-운동 협응: 보조선 없이 수직선 긋기(VM – 40)

지시 사항: "꽃과 화분이 있습니다. 하나는 줄기가 그려져 있군요. 다른 꽃에도 줄기를 그려 넣어 보세요. 꽃 바로 밑에서 시작하여 화분까지 선을 그으세요. 줄기는 하나만 그으세요."

개념의 형성·자연학습: 식물에 관해 지금까지 공부한 개념들을 복습한다(각 부위의 기능, 그리고 성장하는 데 필요한 것 등).

개념의 형성(크기, 생명이 있는 것과 없는 것): 어떤 꽃이 더 크고 작은지를 물어 본다(모두 높이가 같다). 어떤 것이 크고 작은지 구분할 수 있도록 크기가 다른 한 쌍의 물건을 제시해 준다.

과제 71	시각-운동 협응: 보조선 없이 수직선 긋기(VM – 41)

지시 사항: "왼쪽 첫 번째 칸에서 수직선으로 이어진 두 개의 점을 볼 수 있습니다. 다른 칸에서는 선이 이어져 있지 않는 두 점만 있습니다. 점을 수직선으로 이어 보세요. 위의 점에서 아래의 점까지 정확하게 연결하세요."

과제 72	시각-운동 협응: 보조선 없이 수직선 긋기(VM – 42)

선을 수평선으로 긋는 것 외에는 과제 71과 같다.

과제 73 – 74	시각-운동 협응: 보조선 없이 사선 긋기(VM – 43, 44)

지시 사항: 선이 기울어진 것(사선) 외에는 과제 71과 같다. 위에서 아래의 점으로 사선을 긋는다.

과제 75	지각 항상성: 형의 항상성(PC – 19)

지시 사항: "여기에 두 개의 직사각형이 있습니다. 하나는 큰 것입니다. 큰 사각형에 빨간색 표시를 하세요. 차이가 무엇인지 아세요? 그래요. 다른 것보다 높이가 더 높습

니다. 자, 다음 그림을 보세요. 역시 직사각형입니다. 큰 것은 빨간색으로 표시를 하세요. 둘 다 높이는 똑같습니다. 그러면 차이가 무엇일까요? 그래요, 폭이 더 넓지요.” 이와 같은 요령으로 나머지 과제도 계속한다.

개념의 형성(생물과 무생물): 어떤 것이 생명력이 있고, 어떤 것은 생명력이 없는지를 물어 본다.

과제 76	지각 항상성: 크기의 항상성(PC - 20)

지시 사항: 과제 75와 같다.

개념의 형성(크기): 아동이 큰 것과 작은 것에 표시를 했을 때, 높이, 넓이, 길이의 세 측면이 다르다는 것을 알게 한다.

개념의 형성(기하학적 도형): 여러 가지 색을 사용하여 집의 그림에서 찾을 수 있는 모든 사각형에 색을 칠하게 한다(벽을 포함해서 24개가 있다. 삼각형을 찾아서 색을 칠하게 한다(2개).

산수: 집에 있는 창문의 수를 세어서 숫자로 적어 보게 한다.

과제 77	지각 항상성: 크기의 항상성(PC - 21)

지시 사항: “쌍선 위에 긴 연필 세 자루와 짧은 연필 한 자루가 있습니다. 빨간색 크레용으로 긴 연필에 표시를 하고, 짧은 연필에는 녹색으로 표시를 하세요. 쌍선 밑에는 작은 원 세 개와 큰 원 한 개가 있습니다. 작은 원에는 녹색으로, 큰 원에는 빨간색으로 표시를 하세요.”

개념의 형성(크기): 각 연필이 어떻게 다른지 물어 본다(하나는 짧고, 하나는 길다).

산수: 연필을 통해 “3 더하기 1은 4이다”를 복습한다. 원 그림을 사용하여 “1 더하기 3은 4이다”라는 것을 보여준다.

과제 78	지각 항상성: 크기의 항상성(PC - 22)

지시 사항: “쌍선 위에 정사각형이 있습니다(가리킨다). 쌍선 아래쪽에는 여러 개의 정사각형이 있습니다. 어떤 것은 위쪽 정사각형과 크기가 같고 어떤 것은 크기가 작습

니다(가리킨다). 그리고 어떤 것은 중간 정도의 크기도 있습니다(가리킨다). 쌍선 위의 정사각형에 표시를 하고, 같은 크기의 정사각형을 모두 찾아 표시하세요."

과제 79	공간위치 지각: 세부 위치의 변화(PS - 5)

지시 사항: "울타리 위에 앉아 있는 네 마리의 고양이를 보세요. 모두 꼬리를 위로 향하고 있습니다. 세 마리는 꼬리의 방향이 같고, 나머지 한 마리는 반대로 하고 있군요. 꼬리의 방향을 달리하고 있는 고양이에 ×표를 하세요."

개념의 형성 · 언어: 「같다」와 「다르다」의 개념을 복습한다. 「생물」과 「무생물」 그리고 「온순한」과 「거친」의 개념도 공부한다. 고양이나 다른 애완동물에 관해 이야기한다.

셈하기 · 산수: 오른쪽으로 꼬리를 향한 고양이(3마리), 반대쪽으로 향한 고양이(1마리), 그리고 모두 합한 수를 세도록 한다. "3 더하기 1은 4이다"와 같이 시범을 보여준다.

과제 80	공간위치 지각: 세부 위치의 변화(PS - 6)

지시 사항: "깃발을 흔들고 있는 세 명의 소년이 있습니다. 두 명은 같은 손으로 깃발을 들고 있고, 다른 소년은 반대쪽 손으로 들고 있습니다. 반대로 들고 있는 소년을 찾아서 ×표를 하세요."

개념의 형성 · 언어: 「같은」과 「다른」, 「생물(산 것)」과 「무생물(죽은 것)」의 개념을 복습한다. 깃발에 대해서 이야기해 보고 모든 나라는 자기 나라의 국기를 가지고 있다는 사실도 말해주고, 우리나라 태극기를 보여준다.

중급단계의 훈련과제별 지도방법(과제 1~과제 112)

주의사항: ① 시지각 훈련 프로그램의 각 과제마다 붙어 있는 별표(☆)가 반드시 아동의 우측 하단에 오도록 과제를 놓고 실시해야 함. ② 크레용은 아동의 능력수준에 따라 색연필이나 유색 사인펜, 볼펜 등으로 바꾸어 사용할 수도 있음.

과제 1	공간 위치: (반전과 회전) 전체의 형태(PS – 7)

과제 1, 3, 14, 17, 23, 27은 각 행의 첫 번째 형태와 비교하여 위치가 같은 방향이나 다른 방향으로 놓여 있는 물체를 찾는 내용으로 되어 있다.

예비 훈련: 아동이 「같다」와 「다르다」의 개념을 이해하고 있는지 확인한다. 같은 모양의 물건을 여러 쌍 들어서 같은 것과 다른 것을 구별해 보도록 한다. 똑같은 물건을 각각 다른 위치로 돌려서 들고, 아동에게 같은 방향으로 놓여 있는지 또는 다른 방향으로 놓여 있는지 물어 본다.

지시 사항: "먼저 첫 번째 줄을 보세요. 물동이가 보입니까? 왼쪽의 것과 똑같은 방향으로 위치한 물동이가 있는지 보세요. 찾았으면 크레용으로 ○표시를 하세요." 다른 두 줄의 이름을 말해 보도록 하면서 위와 같은 방법으로 지시를 한다.

교정 훈련: 별의 그림에서 문제가 생기면 왼쪽에 있는 별의 위치가 어떻게 해야 똑바로 되는지 보여준다. 우측에서는 하나의 별의 위치가 좌측과 같다. 만약 아동이 물통이나 피라미드 또는 공간에서 다른 위치에 있는 형태에 어려움을 느낀다면, 왼쪽의 첫 번째 그림과 동일한 형태를 오려내도록 해서 각 그림 위에 붙여 보도록 한다. 이렇게 하여 아동은 어떤 것이 같고, 다른지를 쉽게 알 수 있다. 그러고 난 후 오려내지 않고서 훈련을 반복한다.

개념의 형성(기하학적 도형)·언어: 아동에게 피라미드(삼각뿔) 형태를 보여주고 가지고 놀도록 한다. 사면이 삼각형이라는 것을 말해 준다. 두 번째 줄에 있는 것이 피라미드인지 물어 본다. 그림에서 볼 때 두 개의 면만이 보이는 이유를 설명해 준다. 피라미드라는 고대의 건물에 대하여 들어 보았는지 물어보고, 이집트의 피라미드 그림을 보여 준다. 피라미드의 목적을 설명하고 이야기를 나누어 본다.

| 과제 2 | 시각-운동 협응: 보조선 따라 그리기(VM - 45) |

과제 2, 4, 18, 24, 29에서는 아동이 두 보조선 가운데를 따라서 그리는 것이다. 중급 단계에서는 두 보조선 가운데를 따라 거의 정확하게 그릴 수 있어야 한다. 또한 휘어진 것과 각이 진 것을 구분할 수 있어야 하며, 크레용으로 예각을 그릴 수 있어야 한다.

지시 사항: "소년을 보세요. 구부러진 길을 따라 가서, 또 길 끝에 있는 지팡이 모양의 사탕을 먹고자 합니다. 길 중간을 따라 선을 그을 수 있는지 보세요."

개념의 형성·언어: 다른 형태의 사탕 이름을 말해 보도록 한다. 여러 종류의 음식 이름을 말하도록 한다. 그리고 고기, 과일, 야채 등의 예를 들어준다.

발음의 구별:「고기, 과일, 음식」 등의 초성과 종성을 구분해 보도록 한다. 교사는 학교가 속한 지역에서 통용되는 음성학적 접근방법에 따라서 구별할 수 있는 발음을 선택하여야 한다.

대근육 운동협응·시각화: 교실, 체육관, 운동장에서 구부러진 길을 그려 놓고 또는 상상해 보도록 하고, 굽은 길을 따라 뛰어가 보도록 한다.

| 과제 3 | 공간 위치: (반전과 회전) 전체의 형태(PS - 8) |

예비 훈련:「같다」,「다르다」의 개념을 반복 학습한다(중급과제 1 참조).

지시 사항: "먼저 첫 번째 줄을 보세요. 왼쪽의 삼각형에 1이라고 적혀 있습니다(가리킨다). 자세히 보면 왼쪽의 삼각형과 같은 방향으로 놓인 삼각형이 하나 있습니다. 찾았으면 크레용으로 1이라고 쓰세요. 계속하여 각 줄에 있는 왼쪽 숫자를 같은 위치로 놓여 있는 오른쪽 삼각형 안에 적어 넣으세요."

교정 훈련: 아동이 어렵게 느낀다면 과제에 있는 삼각형과 동일한 모양의 삼각형을 잘라서 아동에게 준다. 그리고 각 삼각형에 맞추어 보면서 정확히 위치를 잡아 보도록 한다.

순서 수: 첫 번째에서 네 번째까지의 순서 수를 반복 학습하거나 가르친다. 그리고 각 줄에서 왼쪽 삼각형과 동일한 방향으로 놓여 있는 것을 말해 보도록 한다(첫 번째, 두 번째, 세 번째, 네 번째).

과제 4	시각-운동 협응: 보조선 그리기(VM - 46)

지시 사항: "소년이 언덕 위에 있는 꼬리연을 잡기 위해서 언덕 위로 올라가고 또 내려갑니다. 그리고 다시 올라가야 합니다. 길 가운데로 똑바로 달려가는 모습을 그릴 수 있는지 보고, 경사가 심한 길에서 멈추지 말고 달려가는 길을 색연필로 그려 보세요."

개념의 형성·언어: 꼬리연에 얽힌 경험을 이야기해 보도록 한다. 바람을 따라 연을 날리면서 어떻게 공중에 띄울 수 있는지 이야기해 본다. 실제로 연을 보여준다.

대근육 운동협응·시각화: 과제 2에서와 같이 굽은 길을 따라 뛰어가 보도록 하고 나서, 이 과제와 같이 급한 경사를 가진 길을 뛰어가 보도록 한다.

과제 5	지각 항상성: 형의 항상성(PC - 23)

과제 5, 6, 15, 16, 20, 21, 26, 38, 39에서는 여러 가지 배경, 크기, 위치에서 형태를 지각하는 내용으로 되어 있다.

지시 사항: "여러 종류의 꽃이 꽂혀 있는 꽃꽂이 그림이 있습니다. 자세히 보면 동그란 원이 많이 있습니다. 꽃줄기와 잎, 열매도 있습니다. 원이 얼마나 많이 있는지 보고 동그라미를 따라 선을 그려 보세요. 가능하면 여러 가지 색을 사용하여 그리세요."
위의 그림이 실제의 꽃을 나타내는 그림이 아니라 꽃을 연상할 수 있도록 꽃과 같은 형태를 보여준 것이라고 하면서 여러 가지 꽃꽂이 모양을 보여준다.

언어·자연학습: 식물의 성장에 대하여 이야기한다. 꽃의 각 부위 이름과 꽃잎, 줄기, 열매 등의 기능에 관하여 공부한다(초급과제 2, 44, 70 참조).

발음의 구분·쓰기: 「줄기」, 「나뭇잎」 등의 초성과 종성을 구별해 보도록 한다. 글자를 구성하는 자음, 모음의 이름을 알려주고 아동에게 써 보도록 한다.

미술: 손으로 꽃을 그려 보도록 한다.

과제 6	지각 항상성: 형의 항상성(PC - 24)

지시 사항: "위쪽에 있는 도형의 이름을 아세요? 이 도형에는 몇 개의 각이 있습니까? 세어 보세요. 그래요, 6개입니다. 다른 책을 공부하는 중에 6개의 면을 가진 도형을

본 적이 있습니까?(초급과제 28을 보여준다) 무엇이라고 불렀는지 아세요? "6개의 각을 가지고 있다"라는 뜻의 단어였습니다. 그래요, 육각형입니다. 빨간색 크레용으로 육각형의 선을 따라 그려 보세요. 자, 이젠 선 아랫부분을 보세요. 손가락으로 짚어 보세요. 파란색 크레용으로 사각형의 선을 따라 그어 보세요."(이하 지시 방법 같음)

교정 훈련: 아동이 두 번째 사각형을 찾는 데 힘들어하면 그것을 가리키고서 다이아몬드(마름모) 형태가 아니라고 설명한다. 사각형과 다이아몬드 형태를 손으로 들어 본다. 사각형을 돌려서 보여주고, 직각으로 되어 있기 때문에 어떤 방향으로 돌려도 문제가 되지 않는다는 것을 알려준다. 다이아몬드의 형태도 똑같이 설명한다. 그러나 도형은 돌리면 기울어진 면이 있다는 것을 말해 준다. 또한 「접는 자」로도 설명을 해 줄 수 있다(초급과제 55, 64 참조).

지시 사항(위에서 계속하여): "삼각형이 어떻게 생겼는지 기억하세요? 삼각형을 찾아서 녹색 크레용으로 윤곽선(테두리)을 따라 그려 보세요. 자, 이제 하나가 남았습니다. 보세요, 변이 몇 개 있습니까? 그래요, 5개입니다. 오각형이라고 합니다. 6개의 변이 있는 도형을 무엇이라고 불렀는지 기억하세요? 예, 육각형입니다. 육각형은 변이 6개이고, 오각형은 5개입니다."

보충 훈련: 필요하다면 도형을 오려내어 형태를 식별할 수 있도록 도와준다. 다양한 크기의 육각형, 사각형, 삼각형, 마름모형, 오각형을 오려내어서 나누어 준다. 각 형태를 섞어서 형태별로 구분하게 한 후 각각의 이름을 말해 보도록 한다. 각 도형은 넣 개의 변이 있는지 만져본다.

과제 7	공간 관계: 두 사물간의 상호위치(SR-1)

예비 훈련: 과제 7, 8은 실물을 가지고 예비 훈련을 하는 것이다. 그림을 오려내서 하지 마세요. 지시를 하기 전에 「앞」, 「옆」, 「뒤」가 무엇을 의미하는지 두 개의 사물을 가지고 설명해 준다. 지시를 할 때 두 사물의 관련성에 따라 각 사물의 위치를 바로 놓도록 두 개의 사물을 아동에게 준다. 예를 들면, "큰 블럭 앞에 작은 블럭을 놓으세요"와 같이 지시한다. 한 사물이 다른 사물의 앞에 있을 때는 사물이 약간 가리워진다고 설명한다. 아동들이 사물의 위치에 관하여 이야기해 보도록 한다.

지시 사항: "그림을 자세히 보세요. 선 왼쪽에 있는 그림은 꽃병과 시계입니다(가리킨다). 이 그림은 시계 앞에 꽃병이 있고, 다른 그림은 시계 옆에, 그리고 시계 뒤에 꽃

병이 있습니다. 시계 옆에 꽃병이 있는 그림, 뒤에 있는 그림, 그리고 앞에 있는 그림을 가리켜 보세요. 좋아요. 선 오른쪽에는 시계와 컵 그림이 있습니다. 그러면 왼쪽 그림과 똑같은 위치로 놓여 있는 그림을 오른쪽 그림 중에서 찾아 서로 줄로 이어 보세요.

이 그림을 보세요(가리킨다). 꽃병이 어디에 있지요? 그래요, 시계 뒤에 있습니다. 시계 뒤에 컵이 있는 오른쪽 그림과 연결하세요. 잘했습니다. 제일 아래쪽 그림에는 꽃병이 어디에 있습니까? 그래요, 시계 옆에 있습니다. 시계 옆에 컵이 있는 오른쪽 그림과 연결하세요."

개념의 형성(시간): 시계가 몇 시를 가리키고 있는지 물어 본다. 몇 시인지 말하는 방법을 가르친다. 「때때로」, 「항상」의 개념을 다음과 같은 질문을 통하여 알게 해 준다. "시계에는 항상 바늘이 있습니까?" "시계에는 항상 자명종이 있습니까?" "시계에는 항상 13이라는 숫자가 있습니까?"

과제 8	공간 관계: 두 사물간의 상호위치(SR - 2)

지시사항: 과제 7과 같으나, 꽃병, 시계, 컵을 전화, 라디오, 촛불로 바꾼다.

과제 9	도형-소지 지각: 교차선(FG - 9)

과제 9, 12, 13에서는 아동이 따라 그리는 선을 가능한 한 깔끔하게 되도록 해야 한다. 깔끔하게 그리지 못하는 아동은 계속하여 훈련을 해야 한다. 깔끔하게 그리지 못하는 것은 도형-소지 지각이 부족한 것이 아니라 시각-운동 협응훈련을 더 받아야 한다는 것을 의미한다.

지시 사항: "여기에 세 개의 길이 있습니다. 자동차가 두 대 보입니까?(가리킨다) 두 대의 차를 빨간색으로 표시하세요. 손가락으로 한쪽 차를 짚고 다른 쪽의 차에 도달할 때까지 따라가세요. 좋습니다. 빨간색 크레용으로 길을 따라 자동차를 서로 이어 보세요. 크레용을 떼지 말고 선을 따라 끝까지 그려 보세요. 나무 두 그루가 있지요? 초록색으로 표시하세요. 자동차에서와 같은 방법으로 손가락과 크레용을 사용하여 이어 보세요. 집 두 채도 노랑색으로 칠하고, 같은 방법으로 하세요."

과제 10	공간 관계: 유사점과 차이점(SR - 3)

과제 10은 과제 11, 19에서 나오는 미로(迷路)게임을 위한 준비이다.

지시 사항: "여기에 소 외양간의 내부가 그려져 있는 그림이 있습니다(지적한다). 외

양간에 소가 몇 마리 있습니다. 검정 소와 송아지가 한 마리씩 있습니다. 검정 소를 찾아서 표시하세요. 송아지도 찾아서 표시하세요. 잘했어요. 아래쪽 그림의 외양간은 텅 비어 있습니다. 소가 한 마리도 없어요. 소를 그려 넣을 수 있는지 보세요. 갈색 크레용으로 위쪽 그림과 같이 흰색 소가 있어야 하는 부분에 표시를 하세요(송아지가 있는 부분에는 두 개의 표시가 되도록 한다). 자, 이제 검은색 크레용으로 검정 소가 있어야 될 부분에 표시를 하세요. 이제 외양간이 가득 찼습니까?"

개념의 형성 · 언어: 여기서는 농장과 낙농에 관한 이야기를 이끌어 낸다. 농장과 낙농이 발달한 지역의 기후특성을 이야기한다. 소는 풀을 먹고 살며, 풀이 자라기 위해서는 물이 있어야 하고, 물이 없이는 생명체가 살아갈 수 없다는 사실을 설명해 준다. 그러므로 강과 호수를 깨끗하고 청결하게 유지하는 것은 아주 중요하다. 식물은 성장하면서 땅속에 물을 머금고 있다. 만약 식물이 없으면 물은 토양과 같이 휩쓸려 내려가 버려서 새로운 식물이 자랄 수 없게 된다는 사실도 쉽게 말해 준다.

유사어: 어린 소가 송아지라는 사실을 알려주고, 어린 개(강아지)와 어린 말(망아지)을 무엇이라고 부르는지 물어본다.

셈하기 · 산수 · 숫자 쓰기: 흰 소의 수(9)와 검정 소의 수(1)를 세도록 하고 어미소의 수(10)를 세어 보도록 한다. "9 더하기 1은 10"이라고 알려주고 아동에게 다음과 같이 적어보게 한다.

$$
\begin{array}{r}
9 \\
+1 \\
\hline
10
\end{array}
$$

과제 11	공간 관계: 목적지에 도달하는 가장 빠른 길(SR - 4)

예비 훈련: 시행착오를 하지 않고 지름길을 찾는 방법을 이해하는 것이 중요하다. 훈련을 하기 전에 그림을 투명한 아스테이지에 그려서 시범을 보인다. 만약 투명한 판이 없으면 칠판에다 시범해 보인다. 크레용을 사용하기 전에 손가락으로 정확한 길을 그어 보도록 한다. 만약 아동이 어려워하면 도와서 하도록 한다.

지시 사항: "이런 그림을 미로라고 부릅니다. 위쪽 입구에서 출발하여 아래쪽 출구로 나옵니다(가리킨다). '입구'라고 쓰여진 곳에 크레용을 갖다 놓으세요. 선 밖으로 나가지 말고 입구에서 출구까지 지름길을 찾아 선을 그으세요."

언어: 「들어가는 곳」과 「나오는 곳」을 의미하는 단어를 아는지 물어 본다. 「입구」와 「출구」라는 단어를 알게 한다.

과제 12	도형-소지 지각: 교차선(FG - 10)

지시 사항: "집 밖으로 구경을 가고 싶은 친구가 가운데 있는 이 집에 살고 있습니다. 초록색 크레용으로 이 집에서 이 공원까지 길을 따라 그어 보세요. 이제는 집에서 불자동차가 있는 이 소방서까지 빨간색 크레용으로 길을 따라 그어 보세요. 크레용을 떼지 말고 한 번에 그어 보세요. 이제는 파란색 크레용으로 집에서 이 시내까지 가장 빠른 길을 찾아서 그려 보세요. 집에서 배가 있는 항구까지 가장 빠른 길을 찾아서 손가락으로 그어 보세요. 잘했습니다. 노란색 크레용으로 길을 따라 그어 보세요."

개념의 형성·언어: 아동에게 다양한 그림을 제시하고 이야기하도록 한다. 예를 들면, 상점이 있는 그림에서는 아동이 큰 도시인지 작은 마을인지에 관하여 이야기할 것이다. 경우에 따라서 차이점이 무엇인지 또는 무엇이 있는지에 관하여 물어 본다. 항구가 있는 그림에서는 「부두」라는 단어를 소개하고 여러 종류의 배에 관하여 이야기한다. 아동이 이야기할 소재가 있는 그림이나 영화를 보여준다. 배의 각 부위 이름에 관하여 이야기하고, 배가 어떻게 하여 앞으로 나아가는지에 관하여 이야기한다. 공원으로 소풍을 갈 때 가지고 가는 물품이 무엇인지 물어본다. 소방관은 어떻게 우리를 도와주는지에 관하여 이야기한다.

시각화: 아동에게 각각의 길을 교대로 시각화하여 보도록 하고, 처음부터 끝까지 바르게 가는 방법을 상상해 보도록 한다. 이 놀이는 눈을 감고서 한다.

기억·언어: 아동이 어느 길을 먼저 갔는지 물어 본다. 계속하여 두 번째, 세 번째, 네 번째의 길도 물어 본다.

발음의 구별·쓰기: 「나무」, 「의자」, 「시가지」의 단어를 바르게 발음해 보도록 한다. 아동에게 각 단어를 불러주고 손가락으로 공중에 써 보도록 한 다음 연필로 연습장에 써 보도록 한다.

과제 13	도형-소지 지각: 교차선(FG - 11)

지시 사항: "여기에 자동차 3대가 있습니다. 위쪽에 있는 자동차에 빨간색으로 표시하세요. 이 차에 타고 있는 사람은 여기 핫도그를 파는 곳으로 가려고 합니다(가리킨

다). 빨간색 크레용으로 핫도그 가게까지 선을 그어 보세요. 크레용을 떼지 말고 그어 보세요. 중간에 있는 자동차에 녹색으로 표시하세요. 이 차에 타고 있는 사람은 보트가 있는 호수로 가려고 합니다. 어느 길을 따라가야 하는지 알 수 있도록 녹색 크레용으로 길을 따라 그어 보세요. 아래쪽 자동차에는 갈색으로 표시하세요. 이 차에 타고 있는 사람은 시내로 가려고 합니다(가리킨다). 갈색 크레용으로 길을 따라 그어 보세요."

개념의 형성·언어: 여행 중 자동차 속에 있는 사람들이 창 밖으로 보는 것에 대해 이야기해 보도록 한다. 「부두」라는 단어를 알게 한다. 선창과 부두의 차이점을 설명한다(중급과제 12). 「빠르다」와 「느리나」의 개념을 인식시켜 주기 위하여 자동차와 배의 속도를 비교해 본다.

발음의 구별: 파란색, 녹색, 빨간색으로 각 자동차를 칠해 보도록 한다. 「파랑」의 초성을 구별할 수 있도록 동일한 음으로 시작하는 단어를 말하게 한다(파랑새, 판소리 등). 다른 색도 반복하여 시킨다. 「보트」, 「공장」, 「자동차」, 「물」과 같은 단어의 초성을 구별할 수 있는지 물어 본다. 각 단어의 초성을 구성하는 ㅂ, ㄱ, ㅈ, ㅁ과 같은 자음의 이름을 소개하고 이미 배운 자음을 반복 연습한다.

과제 14	공간 위치: (반전과 회전) 전체의 형태(PS-9)

지시 사항: "맨 위의 첫째 줄에 있는 그림들을 보세요 왼쪽 상자에 구두가 한 켤레 보이지요? 그러면 오른쪽에 있는 여러 개의 구두 가운데서 왼쪽 상자 안에 이는 구두와 같은 위치로 되어 있는 구두를 찾아서 크레용으로 표시하세요."

교정 훈련: 만약 아동이 어려워하면 사람이 걸어갈 때 걸어가는 방향으로 발가락이 위치한다는 것을 보여준다. 그러고 나서 운동화가 어느 방향으로 놓여 있는지 물어 보고, 같은 방향으로 놓여 있는 신발을 찾아보도록 한다, 인형을 가지고 구체적으로 시범을 보여줄 수도 있다. 두 번째 줄의 찻잔을 가지고 훈련할 때는 찻잔의 손잡이가 오른쪽 손이 있는 곳과 같은 방향에 있다는 것을 알려주고, 같은 방향에 놓여 있는 찻잔을 찾아보도록 한다. 아동에게 손잡이를 그려 보도록 함으로써 이해를 시킬 수도 있다. 왼쪽의 벌이 향하고 있는 방향을 알려주고 아동은 그 방향을 가리키도록 한다.

개념의 형성·언어·자연학습: 여러 그림을 같은 위치로 바르게 놓을 수 있도록 학습시킨다.

분류: 운동화는 입는 옷의 일종이며, 컵은 식기류의 일종이다. 망치는 연장의 일종이며, 벌은 곤충의 일종이다. 아동에게 여러 가지 사물과 그 사물이 속한 범주를 생각해 보도록 한다. 벌의 생활과 어떻게 하여 꿀을 만드는지 생각해 보도록 한다. 이것은 앞에서 꽃과 꽃잎 그리고 생태학에 관하여 언급한 것과 연계성이 있을 것이다(초급과제 2, 44, 70, 중급과제 5, 10). 벌은 꿀을 만들기 위해 꽃을 필요로 하며, 꽃은 꽃가루 작용을 위해 벌이 필요하다는 것을 설명해 준다. 사람은 꿀을 얻는 대신에 벌을 위해 벌통을 만들어 준다.

발음의 구별·쓰기: 컵과 찻잔의 초성과 종성을 구별해 보도록 한다. 자음과 모음이 쓰여 있는 카드를 보여주고 단어를 형성하기 위해서 각각의 음이 어떻게 결합하는지 보여 준다. 단어를 구성하고 있는 각각의 자모음을 아동에게 준 뒤 써 보도록 한다.

과제 15	지각 항상성: 형의 항상성(PC – 25)

이 훈련과제는 다양한 위치로 놓여 있는 사각형과 삼각형을 구별하도록 하는 것이다.

지시 사항: "이 위쪽 상자에 삼각형이 있습니다(가리킨다). 삼각형을 손가락으로 짚어 보세요. 잘했습니다. 테두리 선(윤곽선)을 따라 그려 보세요. 아래쪽에 여러 개의 사각형과 삼각형이 있습니다. 삼각형을 모두 찾아서 테두리 선(외곽선)을 그리세요. 같은 방향으로 놓여 있는 것이 아니므로 주의하여 보세요. 거꾸로 된 삼각형에도 테두리 선을 따라 그려 보세요."

교정 훈련: 아동이 어려워하면 삼각형에는 세 개의 꼭지점(각)과 변을 가지고 있다는 점에서 다른 도형과 다르다는 것을 말해 준다. 그래도 여전히 어려워하면 다른 아동이 삼각형을 찾을 수 있도록 서로 도와주게 한다.

개념의 형성(기하학적 도형): 마름모(다이아몬드)의 개념을 반복 학습한다(초급과제 55, 64). 다이아몬드는 단순히 정사각형이 기울어진 것만은 아니다. 왜냐하면 마름모형의 각이 모두 직각이 아니기 때문이다. 「접는 자」로 삼각형과 사각형을 만들어서 어떻게 다른지 보여준다.

셈하기·숫자 쓰기: 사각형(7개), 마름모(4개), 삼각형(10개)을 세어 보도록 하고, 숫자를 쓰도록 한다.

과제 16	지각 항상성: 형의 항상성(PC - 26)

삼각형과 사각형 간의 구별이 아닌 정사각형과 직사각형을 구별하는 것이기 때문에 과제 15보다 정확한 관찰이 필요하다. 만약 아동이 정사각형과 직사각형의 차이를 잘 모르면 각각의 선분을 재어 비교해 보도록 한다. 정사각형은 4변의 길이가 같고, 직사각형은 마주보는 선분의 길이가 같다. 실내에서 정사각형과 직사각형으로 되어 있는 사물을 지적해 보도록 한다.

지시 사항: "제일 위쪽에 정사각형이 있습니다. 4변의 길이가 같으므로 정사각형입니다(보여준다). 어느 쪽으로 놓더라도 똑같게 보입니다. 아래쪽에 여러 종류의 사각형이 있습니다. 어떤 것은 정사각형입니다. 정사각형이 아닌 것은 2변은 짧고 나머지 2변은 깁니다. 이것을 직사각형이라고 합니다. 위쪽에 있는 것과 동일한 정사각형이 몇 개나 되는지 찾아보고 표시하세요 자, 이제 색칠하세요. 정사각형에만 색칠을 하세요. 직사각형에는 칠하지 마세요."

교정 훈련: 직사각형과 정사각형을 구별하는 데 어려움을 느끼는 아동에게는 오려낸 도형을 주고서 분류해 보도록 한다.

보충 훈련: 정사각형, 폭이 넓은 직사각형, 폭이 좁은 직사각형의 세 종류가 있다는 것을 말해준다. 정사각형에는 빨간색으로, 폭이 넓은 직사각형에는 초록색으로, 그리고 폭이 좁은 직사각형에는 파란색을 칠하도록 한다.

셈하기 · 숫자 쓰기: 정사각형의 수를 모두 세어 보고(7개) 그 숫자를 써 보게 한다.

과제 17	공간 위치: (반전과 회전) 전체의 형태(PS - 10)

지시 사항: "첫 번째 줄을 봅시다. 제일 왼쪽에(쌍선 앞) 천막 하나가 있지요(손가락으로 가리킨다). 같은 줄에는 여러 개의 천막이 있으나 같은 위치로 놓여 있는 것은 오직 하나밖에 없습니다. 찾아서 크레용으로 표시하세요." 아동에게 사물의 이름(우산, 거북, 사과)을 말해 주면서 나머지 줄도 똑같이 하도록 지시한다. 이 훈련은 도형의 방향을 미리 말하거나 구체물을 가지고 시범해 보여주면서 실시하면 더 쉬워진다. 우산의 손잡이 방향에 주의하라고 말한다. 마지막 줄에서는 같은 위치로 놓여 있는 사과를 두 개 찾을 수 있다고 알려준다.

개념의 형성 · 단어: 아동들에게 천막과 우산의 용도에 관해 말해 보도록 한다. "부엌에서 우산을 사용합니까? 침대에서는 왜 사용하지 않을까요?"와 같은 엉뚱한 질문을 해 본다. 그리고 다음과 같은 이야기가 의미가 통하는지 물어 본다. "하루는 산책을 하러 갔습니다. 무엇인가 먹기 위하여 그는 우산을 가지고 갔습니다. 의미가 통합니까, 통하지 않습니까?"

천막에 관한 이야기는 여러 인디언들의 다양한 생활패턴을 관찰할 수 있는 기회를 제공해 준다. 우산에 관한 이야기는 여러 형태의 날씨를, 그리고 거북에 관한 이야기는 여러 종류의 파충류를 관찰할 수 있는 기회를 제공해 준다.

순서 수: 첫째부터 넷째까지의 순서 수를 반복 학습한다(중급과제 3). 열째까지 계속하여 말한다. 어떤 그림이 왼쪽과 같은지 말해 보도록 한다(세 번째 천막, 여섯 번째 우산, 세 번째 거북, 그리고 첫 번째와 세 번째 사과).

발음의 구별: 「아」로 시작되는 낱말(아가, 아빠), 「우」로 시작되는 낱말(우산, 우유)을 발음하도록 하여 「아」와 「우」가 다르다는 것을 알게 한다.

과제 18	시각-운동 협응: 보조선 따라 그리기(VM – 47)

앞에서 실시한 유사한 유형의 훈련보다 복잡하기 때문에 크레용이나 사인펜을 주의해서 다루도록 한다.

지시 사항: "이 소년과 소녀는 길 끝에 있는 미끄럼틀까지 가려고 합니다. 미끄럼틀까지 가는 길을 크레용을 사용하여 그어 보세요. 누가 먼저 미끄럼틀에 도착할까요? 갑자기 급하게 굽어진 길을 조심하세요."

개념의 형성 · 언어: 운동장에 있는 놀이기구에 익숙하지 않은 아동도 있다. 여러 종류의 놀이기구가 그려진 사진을 보여주고 이야기해 본다.

발음의 구별: 「소년」과 「소녀」라는 단어의 초성(ㅅ)을 발음하게 한 후, 적절하다고 생각하는 문자를 가르친다.

쓰기: 아동에게 1, 2, 3 등의 기본적인 숫자를 써 보도록 하거나 「ㄱ」, 「ㄴ」 등의 문자 쓰는 법을 가르친다.

과제 19	공간 관계: 목적지까지 가장 빠른 길(SR – 5)

지시 사항: "위쪽에 있는 그림을 보세요. 왼쪽에 있는 소녀는 오른쪽에 있는 소녀와 같이 놀려고 합니다. 왼쪽의 소녀가 집들 사이를 어떻게 걸어서 오른쪽에 있는 소녀에

게 가는지 선을 그어 보세요. 자, 이제 아래쪽의 그림을 보세요. 날씨가 더워서 왼쪽에 있는 소년은 분수대에 가서 물을 마시려고 합니다(가리킨다). 길을 잘 찾아가도록 조심하세요. 나무나 집 또는 울타리를 뛰어넘어 갈 수는 없습니다."

개념의 형성 · 언어: 공원의 개념에 관하여 이야기해 보고 사람들은 공원에 왜 가는지 이야기해 본다(쉰다, 나무나 꽃을 본다, 놀이를 한다).

발음의 구별 · 쓰기: 「소녀」, 「공원」, 「분수」, 「나무」의 초성과 종성을 구별해 보도록 한다. 몇 가지 문자를 복습해 보기나 씨 보도록 한다.

과제 20	지각 항상성: 형의 항상성(PC – 27)

지시 사항: "맨 위쪽 상자 속에 들어 있는 도형을 보세요. 크레용으로 테두리(외곽선)를 따라 그리세요. 이것을 직사각형이라고 합니다. 여기에 여러 가지 직사각형들이 있습니다. 상자 속에 들어 있는 것보다 폭이 넓거나 좁은 것 그리고 긴 것이 있지만, 모두가 직사각형입니다. 직사각형을 모두 찾아서 테두리 선을 따라서 그어보세요." 아동이 직사각형을 잘 모르면 초급과제 7과 14, 또는 중급과제 16을 복습하도록 한다. 그러고 나서 아동에게 원과 삼각형을 차례로 찾아보도록 한다.

과제 21	지각 항상성: 형의 항상성(PC – 28)

원과 타원을 칠판 위에 그리거나 여기에 제시된 도형을 잘라내서 그 차이를 보여준다. 타원에는 넓고 좁은 것 등의 여러 형태가 있다는 것을 알려준다.

지시 사항: "맨 위쪽에 타원이 있습니다. 원과 같이 보이지만 달걀 모양에 가깝습니다. 원은 어느 쪽에서 보더라도 그 형태가 똑같지만 타원은 그렇지 않습니다(보여준다). 쌍선 아래쪽에는 여러 가지 형태가 있습니다. 타원을 찾아서 테두리 선을 따라 그리세요." 그러고 나서 아동에게 원, 삼각형, 직사각형을 찾아서 각기 다른 색으로 테두리를 따라 그리도록 한다.

과제 22	도형-소지 지각: 교차선(FG – 12)

예비 훈련: 이번 훈련과제는 아동에게 정확히 알려 주어야만 이해를 한다. 계단을 이용하여 무엇을 해야 하는지 자세하게 말해주어야 한다. 한 아동이 완벽하게 수행하도록 하고 나서 그 시범을 다른 아동에게 보여준다.

　　지시 사항: "계단 꼭대기에 있는 보물함을 열기 위하여 계단을 오르고 있는 소년의 그림입니다. 계단이 보이지요? 계단이 다른 선과 겹쳐 있어서 잘 보이지 않습니다. 계단의 높이와 넓이는 모두 같습니다. 크레용으로 여기서부터(첫 번째 계단을 가리킨다) 시작하세요. 그리고 보물함이 있는 계단까지 선을 그어 보세요. 모든 계단의 크기는 똑같다는 것을 기억하세요."

　　개념의 형성·언어: 위, 아래, 꼭대기, 바닥, 바로 아래의 개념을 학습한다. 보물함에 관하여 재미있는 이야기를 해 본다.

　　기수와 순서 수: 몇 번째 계단에 보물함이 있는지 물어 본다(여덟 번째). 아동에게 아래에서부터 위까지 각 계단을 세어 보도록 한다.

과제 23	공간 위치: (반전과 회전) 전체의 형태(PS－11)

　　지시 사항: "먼저 첫 번째 줄을 보세요. 쌍선 왼쪽의 그림은 편지봉투가 세워진 것과 같은 형태입니다. 같은 줄에서 같은 방향으로 놓여 있는 편지봉투를 찾아서 크레용으로 표시하세요." 필요하다면 실물 봉투를 보여준다. 아동에게 각 형태를 이야기하면서 나머지 줄도 똑같이 지시한다. 필요하다면 각 형태를 오려내어 보여준다.

　　개념의 형성: 「가운데」, 「중앙선」, 「절반」, 「반원」의 개념을 복습하거나 공부한다. 네 번째 줄의 도형에서 1/4이 무엇인지 말해준다.

　　순서 수: 각 줄의 제일 왼쪽 도형과 똑같은 형태가 몇 번째 있는지 물어 본다(네 번째, 네 번째, 세 번째, 네 번째).

과제 24	시각-운동 협응: 보조선 따라 그리기(VM－48)

　　지시 사항: "장난감 비행기가 곡선을 그리며 날아가고 있지요? 아동이 장난감 비행기를 잡으려면 똑같은 길을 따라가야 합니다. 먼저 손가락으로 길을 따라가며 짚어 보세요. 자, 이제 크레용으로 길을 따라 그려 보세요. 길 중앙을 따라서 가야 한다는 것을 명심하세요."

　　개념의 형성·언어: 곡예비행의 개념에 대해 이야기한다. 아동에게 팔을 옆으로 펴서 여러 가지 형태의 곡예비행을 해 보도록 한다. 비행기의 여러 부위 이름을 말해 본다(날개, 프로펠러, 엔진, 관제실 등). 관련되는 사진이나 슬라이드를 보여준다.

쓰기: 「오」와 「우」의 문자를 써 보도록 한다.

과제 25	공간관계 지각: 도형의 완성(SR - 6)

이번 훈련은 색칠을 하는 것인데, 공간위치 지각뿐만 아니라 공간관계 지각에 대한 훈련도 된다.

지시 사항: "먼저 위쪽 그림을 볼까요? 왼쪽에 있는 원 안에는 한 부분이 색칠이 되어 있으나, 오른쪽에 있는 원 안에는 아무런 표시가 없는 흰 원입니다(가리킨다). 왼쪽과 똑같게 되도록 오른쪽에도 색칠해 보세요. 자, 이제 두 번째 줄을 보세요. 반원이 두 개 있지요? 왼쪽과 똑같이 만들 수 있는지 보세요. 세 번째 줄을 보세요. 복잡하게 칠해진 원입니다. 왼쪽과 똑같게 되도록 오른쪽에도 색칠해 보세요."

개념의 형성: 반원과 1/4(반의 반) 원의 개념을 공부해 본다.

과제 26	지각 항상성: 형의 항상성(PC - 29)

지시 사항: "여러 개의 원과 타원이 있습니다. 빨간색 크레용으로 원을 찾아서 모두 테두리 선을 따라 그리세요. 자, 이제 파란색 크레용으로 타원을 찾아서 모두 그리세요." 교사는 주의깊게 아동의 행동을 관찰해야 하며, 만약 아동이 틀릴 때는 즉시 교정해 주어야 한다.

과세 2/	공간 위치: (반전과 회전) 전체의 형태(PS - 12)

여기서는 각 줄에서 방향이 틀리는 것을 알아내는 것이다.

지시 사항: "먼저 첫째 줄을 보세요. 다섯 개의 나뭇잎이 있습니다. 그 중에 하나는 바람이 불어서 위치가 거꾸로 되어 있습니다. 다른 것 하나를 찾아서 크레용으로 표시하세요." 다른 줄도 똑같이 지시한다.

교정 훈련: 만약 아동이 어려워하면 줄기가 바닥을 향한 나뭇잎, 꼬리가 위로 향한 연, 그리고 뒤집어진 나무와 화분을 찾아보도록 한다.

개념의 형성ㆍ언어ㆍ자연학습: 식물의 여러 부위가 행하는 기능을 공부한다(초급과제 2, 44, 70, 중급과제 5). 나무의 각 부위(뿌리, 가지, 잎 등)에 관하여 이야기하고, 가을이 되면 잎이 지는 나무(낙엽수)와 그렇지 않은 나무(상록수)가 있다는 것에 관하여도 이야기해 본다. 연에 관해 공부하고(중급과제 4), 바람에 의해 높이 날아가는 방법도 이야기해 본다.

발음의 구별·쓰기: 「나뭇잎」, 「가지」, 「식물」 등의 초성과 종성을 구별해 보도록 하고, 각 단어의 첫 번째 문자를 써 보도록 한다.

순서 수: 아동에게 각 줄에서 몇 번째 그림이 정답인지 물어 본다(네 번째, 세 번째, 네 번째, 두 번째).

과제 28	공간 위치: 도형의 세부 위치(PS-13)

과제 28, 30, 31, 41, 17, 83은 한 형태에서 세부 위치에 대한 차이를 지각하는 것이다. 어느 정도 공간관계 지각을 내포하고 있으나 공간의 위치지각 훈련에 포함되는 것이다. 왜냐하면 훈련과제가 아주 간단하며, 아동은 자신의 신체와 관련하여 세부 위치를 지각함으로써 문제를 해결할 수 있기 때문이다.

지시 사항: "먼저 첫 번째 줄에서 제일 왼쪽 그림을 보세요(가리킨다). 원의 안쪽에 있는 선의 방향을 말해 보세요. 그래요. 위, 아래를 향하고 있습니다. 삼각형은 어디에 있지요? 그래요. 양 옆에 있습니다. 같은 것을 오른쪽 그림에서 찾을 수 있습니까? 두 그림은 약간 다르지만, 하나는 똑같습니다. 크레용으로 같은 것에 ○으로 표시하세요. 두 번째 줄을 보세요. 왼쪽과 똑같은 것에 표시하세요."

언어·형태의 분석: 중요한 것은 아동이 도형의 세부 위치의 차이를 비교해 보도록 도와주는 것이다. 이렇게 함으로써 표현언어와 인지기능이 향상된다. 예를 들면, 첫 번째 오른쪽 세 그림 가운데 하나는 원 안의 두 선이 오른쪽으로 약간 기울어져 있고, 또 하나는 원 안의 두 선이 수평으로 그려져 있다는 것을 알도록 도와준다. 두 번째 줄에서, 첫 번째 형태는 점이 삼각형의 꼭대기에 있으며, 두 번째 형태는 두 개의 점이 우측에 있다는 것 등을 알려준다. 이 훈련은 쉬운 것이 아니기 때문에 교사는 천천히 그리고 주의깊게 실시해야 한다.

과제 29	시각-운동 협응: 보조선 따라 그리기(VM-49)

지시 사항: "친구가 좋아하는 꽃을 가지기 위하여 구부러진 길을 따라 가려고 하고 있지요? 길 중앙을 따라 연필로 바르게 그릴 수 있는지 보세요. 급하게 꺾어지는 길에서는 확실하게 꺾어서 그리세요."

쓰기: 급한 곡선과 각이 있는 이번 훈련은 「3」과 「5」와 같은 숫자나 「오」와 「우」 등의 문자를 연습할 수 있도록 유도한다.

과제 30	공간 위치: 도형의 세부 위치(PS - 14)

지시 사항: "음악책에서 볼 수 있는 것과 같은 악보 그림이 여러 개 있습니다. 맨 위쪽에 있는 상자를 보세요. 첫 번째 음표에 빨간색을 칠하세요. 자, 이제 아래쪽 전체를 보세요. 빨간색으로 칠한 것과 똑같은 것을 찾아서 빨간색으로 칠하세요." 같은 방법으로 초록색, 파랑색, 노랑색으로 각 형태에 칠을 하도록 한다.

언어·패턴의 분석: 위, 아래, 좌측, 우측으로 향하고 있는 각 형태의 음표를 찾아서 학습한다.

과제 31	공간 위치: 도형의 세부 위치(PS - 15)

지시 사항: "맨 위쪽 상자 안에 둥근 피자파이가 한 부분이 잘려나간 모양을 하고 있습니다. 그리고 동그란 장식도 얹혀 있군요(가리킨다). 그림들 모두를 보세요. 먼저 잘려나간 부분이 같은 위치로 된 그림을 찾으세요. 그 다음 동그란 장식이 같은 위치로 된 그림을 찾으세요. 좋습니다. 똑같은 위치에 있는 잘려나간 부분에는 빨간색으로, 동그란 장식에는 파랑색으로 칠하세요. 잘했습니다. 맨 위쪽 상자에 있는 것과 동일하게 색칠이 된 피자파이가 몇 개가 있습니까?(5개)"

언어·패턴의 분석: 과제 28과 같이 각 도형의 세부위치에 대한 유사점과 차이점을 말해 보도록 한다.

과제 32	공간관계 지각: 도형의 완성(SR - 7)

지시 사항: "맨 위쪽에 있는 두 개의 도형을 보세요. 왼쪽 정사각형에는 사선이 있습니다(가리킨다). 오른쪽에는 사선이 그려져 있지 않지만 시작과 끝을 표시하는 두 개의 표시선이 있습니다. 왼쪽과 똑같게 되도록 오른쪽을 완성시켜 보세요. 잘했습니다. 나머지도 똑같이 해 보세요." 만약 아동이 지시하는 것을 이해하지 못하고 어려워하면 칠판 위에 그려서 시범으로 보여준다.

과제 33	도형-소지 지각: 교차선(FG - 13)

지시 사항: "여러 개의 훌라후프를 돌리고 있는 마술사가 두 명 있습니다. 모든 훌라후프에 여러 가지 색 크레용을 사용하여 테두리를 따라 그리세요. 훌라후프 외에 동그

란 형태가 또 있습니까? 그래요, 단추가 있지요. 단추에도 크레용으로 따라 그리세요.”

언어: 아동에게 서커스에 관한 이야기를 읽어 주고 서커스나 마술사에 관하여 알고 있는 것을 말해 보도록 한다.

셈하기 · 숫자 쓰기: 훌라후프의 수(6개)와 단추의 수(4개)를 세도록 하고, 그 숫자를 써 보도록 한다.

발음의 구별 · 쓰기: 훌라후프, 단추와 같은 단어의 초성과 종성을 구분해 보도록 하고, 문자를 써 보도록 한다.

과제 34	도형-소지 지각: 교차선(FG-14)

지시 사항: “선반 위에 다섯 개의 유리잔이 있습니다. 여러 가지 색으로 테두리 선을 따라 그려 보는 것입니다. 왼쪽의 유리잔이 보입니까?(가리킨다) 빨간색으로 테두리 선을 따라 그리세요. 나머지 유리잔에는 각각 다른 색으로 그리세요.”

교정 훈련: 만약 아동이 어려워하면 색종이로 그림과 똑같게 모형을 오려내어 직접 그림 위에 겹쳐 보도록 한다. 그렇게 함으로써 아동은 어떻게 그림이 교차하는지 알게 된다.

개념의 형성 · 언어: 유리를 만드는 것을 이야기해 보고, 사진이나 영화를 보여준다.

숫자 쓰기: 유리잔 안에 1~5까지의 숫자를 써 보도록 한다.

과제 35	도형-소지 지각: 교차선(FG-15)

지시 사항: “꽃병 4개와 꽃꽂이 쟁반 1개가 있습니다. 왼쪽에 꽃병이 보이지요. 빨간색으로 테두리 선을 그어 보세요. 여러 가지 색으로 다른 꽃병에도 선을 따라 그려 보세요.” 필요하다면 과제 34와 같이 도와준다.

개념의 형성 · 언어: 「투명하다」와 「불투명하다」라는 낱말의 개념을 말해준다. 투명한 물체와 불투명한 물체의 이름을 말해 보도록 한다. 그리고 방 안에 있는 물건을 예로 들어 본다. “창문은 왜 유리로 만들었을까요?”와 같은 질문을 해 본다.

| 과제 36 | 시각-운동 협응: 보조선 따라 그리기(VM – 50) |

과제 36, 48, 60, 61, 62에서는 아동이 점선을 따라 그리는 것이다. 따라 그리는 과정은 보조선 없이 그리는 것과 유사하지만, 이 훈련은 다소 어렵고 빠른 속도로 그려야 한다.

지시 사항: "그림에서 소년과 연을 보세요. 중간에 점선이 있습니다. 소년이 연을 잡기 위해 연 있는 곳까지 뛰어가야 할 길입니다. 점선을 따라서 바르게 그릴 수 있는지 보세요. 앞, 뒤로 그리지 말고 앞쪽으로만 따라서 똑바로 그리세요."

미술 활동: 두꺼운 종이로 연을 오려내거나, 연을 그리게 하고서 색칠하도록 한다.

| 과제 37 | 도형-소지 지각: 숨겨진 도형 찾기(FG – 16) |

지시 사항: "광대의 그림입니다. 위쪽 상자 안에 도형이 하나 들어 있습니다(가리킨다). 도형 테두리 선을 따라 그려 보세요. 자, 다시 광대를 보세요. 자세히 보면 상자 속에 들어 있는 모양과 똑같은 도형을 여러 개 찾을 수 있을 거예요. 모두 테두리 선을 따라 그려 보세요."

교정 훈련: 아동이 어려워하면 상자에 있는 것과 동일한 도형을 오려서 준다. 그리고 그것으로 그림에 있는 똑같은 모형에 얹어 놓고 맞추어 보도록 한다.

개념의 형성·언어: 광대가 웃기게 보이는 것이 무엇인지 말해 본다(색칠한 얼굴, 옷, 머플러, 큰 발 등). 중급과제 33에서의 서커스에 관한 이야기를 복습해 보고 그림이나 영화를 보여준다.

미술 활동: 아동에게 광대나 광대의 얼굴을 그리게 한다.

발음의 구별·쓰기: 「광대」, 「단추」와 같은 단어의 발음을 구별해 보도록 하고, 문자도 써 보도록 한다.

| 과제 38 | 지각 항상성: 형의 항상성(PC – 30) |

지시 사항: "맨 위쪽 상자 속에 정사각형이 하나 들어 있습니다. 보다시피 4변의 길이가 같습니다. 아래쪽에는 크고 작은 정사각형과 직사각형이 많이 있습니다. 정사각형만 모두 찾아서 테두리 선을 따라 그리세요."

교정 훈련: 만약 아동이 어려워하면 큰 정사각형과 작은 정사각형을 지적해준다.

셈하기 · 숫자 쓰기: 정사각형의 숫자를 세어 보도록 하고(상자 안에 들어 있는 것과 합치면 8개), 종이 위에 쓰게 한다.

과제 39	지각 항상성: 형의 항상성(PC – 31)

지시 사항: "맨 위쪽 상자 속에 색을 칠한 집 모양이 하나 들어 있습니다. 아래쪽에는 색을 칠하지 않은 여러 모양들이 많이 있습니다. 큰 것, 작은 것, 그리고 위치가 바뀐 것도 있습니다. 위쪽 상자 안에 있는 모양과 똑같은 것이 몇 개 있는지 찾아보세요. 예, 맞아요. 4개가 있군요. 모두 테두리 선을 따라 그리세요."

교정 훈련: 아동이 어려워하면 큰 것과 작은 것을 지적해 준다.

개념의 형성(기하학적 도형): 정사각형, 원, 그리고 삼각형을 찾아서 색깔별로 칠하게 한다. 이 과제 중앙에 5개의 변을 가진 도형을 무엇이라고 부르는지 물어본다(중급과제 6). 아동에게 변의 수를 세어 보도록 하고, 오각형은 5개의 변을 가진 도형이라는 것을 상기시켜 준다. 그러고 나서 상자 속에 있는 도형은 변이 몇 개인지 물어본다. 그것도 역시 오각형이라고 알려준다. 칠판 위에 여러 종류의 오각형을 그려 본다. 마지막으로 육각형을 기억하고 있는지 물어 본다(중급과제 6). 왼쪽 구석에 있는 육각형을 찾아보도록 한다.

과제 40	도형-소지 지각: 숨은 그림 찾기(FG – 17)

예비 훈련: 투명한 아스테이지를 가지고 실시하면 도움이 된다.

지시 사항: "아래쪽에 다람쥐 그림이 있습니다. 크레용으로 테두리(윤곽) 선을 그려 보세요. 나무를 보세요. 다람쥐가 여러 마리 있습니다. 보이나요? 잘 숨어 있네요. 찾아서 테두리선을 따라 그려 보세요(4마리)."

교정 훈련: 만약 아동이 어려워하면 과제 39와 같이 도와준다.

언어 · 자연학습: 다람쥐에 관해 아는 것이 무엇인지 물어 본다. 어떻게 살아가는지 이야기해 본다. 다람쥐가 새의 일종인지 물어 본다. 새와 다른 동물을 구분해본다. 과제 27에서 학습한 나무에 관한 공부를 계속해 본다.

| 과제 41 | 공간 위치: 도형의 세부 위치(PS - 16) |

지시 사항: "맨 위쪽 상자 속에 공이 얹혀져 있는 직사각형이 있습니다. 공과 함께 놓여 있는 사각형이 많지만 공이 항상 사각형의 위에 있지는 않습니다. 어떤 것은 공이 직사각형 옆이나 아래에 있군요. 위쪽 상자 안에 있는 것과 똑같이 공이 직사각형 위에 얹혀 있는 것이 몇 개나 되는지 찾아보세요."

개념의 형성·언어: 위, 아래, 왼쪽, 오른쪽, 측면의 개념을 학습시킨다. 먼저 구체물을 가지고 예시하는 것이 필요하다. 각각의 그림에서 공이 직사각형의 어느 위치에 놓여 있는지 말해 보도록 한다.

| 과제 42 | 도형-소지 지각: 숨은 그림 찾기(FG - 18) |

지시 사항: "이 과제는 놓여 있는 위치가 똑같은 도형을 찾아내는 놀이입니다. 맨 위쪽 상자 안에 삼각형이 들어 있습니다. 삼각형 테두리 선을 따라 크레용으로 그리세요. 탑이 그려져 있는 그림을 자세히 보면 상자 안에 들어 있는 것과 똑같은 위치에 놓여 있는 삼각형을 찾을 수 있을 것입니다. 1개가 있지요. 그 삼각형 선을 그리세요." 모양은 같지만 위치가 다르게 놓여 있는 다른 삼각형은 그리지 않도록 한다.

교정 훈련: 아동이 어려워하면 앞에서와 같이 오려낸 도형을 사용하게 한다.

셈하기: 아동이 훈련을 마쳤을 때, 삼각형의 수를 모두 세어 보게 한다(7개). 이들 삼각형은 테두리를 따라 그릴 필요는 없다.

| 과제 43 | 도형-소지 지각: 숨은 그림 찾기(FG - 19) |

지시 사항: "맨 위쪽 상자 속에 6개의 변을 가진 도형이 들어 있습니다(가리킨다). 변의 수를 세어 보세요. 도형의 이름을 기억하고 있나요? 그래요, 육각형입니다. 먼저 선을 그려 보세요. 자, 이제 큰 연에 있는 그림을 보세요. 상자 속에 들어 있는 것과 동일한 육각형이 보입니까? 기울어진 것도 있지만(칠판이나 오려낸 모형을 사용하여 예시를 한다), 모양은 똑같습니다. 모두 찾아서 선을 그리세요. 좋아하는 색을 사용하세요. 몇 개나 있지요?(5개)"

| 과제 44 | 지각 항상성: 형의 항상성(PC - 32) |

이번 훈련은 색칠 된 부분의 변화에도 불구하고 도형의 일부로 지각하는 것과 공간에서의 위치 변화를 지각하는 것이다.

지시 사항: "위쪽 왼편에 있는 원을 보세요. 색칠 되어 있는 부분이 보입니까?(가리 킨다) 자, 이제 오른편의 원을 보세요. 왼편 원과 똑같은 위치에 있는 것은 아니지만 색 칠된 부분이 보입니까? 우리도 이곳에 색칠을 해 봅시다." 나머지 두 도형도 똑같은 지 시를 한다.

개념의 형성·단어: 「반대쪽」이라는 단어와 개념을 학습한다. 동일한 부위가 각 도형 의 반대쪽에 위치하고 있다는 것을 알려준다.

과제 45	도형-소지 지각: 숨은 그림 찾기(FG-20)

지시 사항: "맨 위쪽 상자 속에 삼각형이 들어 있습니다. 삼각형의 테두리 선을 그리 세요. 자, 이제 아래쪽 그림들을 자세히 보면 상자 속에 들어 있는 것과 똑같은 삼각형 을 더 찾을 수가 있습니다. 찾아서 선을 따라 그리세요. 몇 개는 거꾸로 된 것도 있습 니다. 놓여 있는 위치(방향)가 다른 삼각형을 잘 보고 놓치지 마세요."

셈하기·산수: 작은 삼각형(7개)과 큰 삼각형(4개)을 세어 보도록 하고 "7 더하기 4 는 11"이라는 것을 알도록 한다(7+4=11).

과제 46	도형-소지 지각: 숨은 그림 찾기(FG-21)

지시 사항: "여기서는 바다에 사는 생물을 찾는 놀이입니다. 그림 아래쪽에 바다에 사는 3종류의 생물이 있습니다. 불가사리, 물고기, 해마입니다(가리킨다). 빨간색으로 불 가사리의 선을 따라 그리세요. 자, 이제 바다에서 불가사리를 찾아서 선을 따라 그리세 요. 잘했어요. 물고기는 녹색으로 그리세요. 해마도 갈색으로 똑같이 해 보세요(각 생물 이 2마리씩 있다)."

개념의 형성·언어·자연학습: 이번 훈련은 바다에 관한 이야기와 병행할 수 있다. 교사는 여러 종류의 바다생물을 준비한다. 불가사리는 물고기는 아니며, 해마는 척추와 눈이 있다는 것을 알려준다.

과제 47	도형-소지 지각: 숨은 그림 찾기(FG-22)

지시 사항: "위에 있는 그림은 수풀 사이에 숨어 있는 호랑이의 그림입니다. 얼룩무 늬 때문에 알아보기가 쉽지 않군요. 동물원에 데려가기 위해 잡는 것 같이 흉내를 내 보세요. 호랑이를 찾아서 도망가지 못하도록 상자를 그려 넣으세요. 잡았습니까? 좋아 요. 아래쪽의 그림에는 비가 올 때의 전신주 모양입니다. 전신주를 찾아서 선을 따라

그리세요.”

개념의 형성·언어: 여러 동물과 관련하여「위장(보호색)」의 개념을 공부한다(초급과제 52, 68). 호랑이의 일상생활과 전신주의 기능에 관하여 이야기해 본다.

과제 48	시각-운동 협응: 점선 따라 그리기(VM-51)

지시 사항: “아이스크림을 먹기 위해 뛰어가는 아동이 있습니다. 점선을 따라서 뛰어가야 합니다. 점선을 따라 바르게 그릴 수 있는지 보세요. 크레용을 중간에서 멈추거나 뒤로 가지 마세요. 크레용을 정지하거나 뒤쪽으로 가며 그리지 마세요. 한 방향으로 계속해서 가세요.”

쓰기: 아동에게 2, 3, 5, ㄴ, ㅇ 등의 굽은 길과 비슷한 숫자나 글자를 써 보게 한다.

과제 49	지각 항상성: 형의 항상성과 도식 그리기(PC-33)

이번 훈련에서는 투시도를 알도록 한다.

지시 사항: “장난감이 들어 있는 3개의 상자가 있습니다. 각 상자 속에는 기차, 자동차, 보트가 들어 있습니다. 오른쪽에는 장난감을 넣을 빈 상자만 있습니다. 어떤 장난감을 어느 상자에 넣어야 되는지 말해 보세요. 빈 상자에 장난감을 넣으려고 합니다. 기차는 어떤 상자에 들어가야 하는지 알겠어요? 기차가 들어 있는 상자와 기차가 들어가야 할 빈 상자를 서로 잇는 선을 그으세요. 잘했습니다. 자동차가 들어가야 할 상자를 잇는 선을 그으세요. 다음은 보트가 들어가야 할 상자와 선을 그으세요.”

교정 훈련: 만약 아동이 어려워하면 모형을 오려내어 그림과 맞추어 보도록 한다.

개념의 형성·언어: 운송에 관하여 이야기한다(초급과제 33, 53과 중급과제 12). 그림에 나와 있는 운송수단은 어떻게 동력을 얻는지 물어보고(석탄, 가솔린, 바람), 같은 수단으로 동력을 얻는 기계에 관해 말한다(난로, 오토바이, 글라이더 등). 각종 운송수단이 움직일 때 어떤 차이가 있는지 물어보고(철로, 도로, 호수, 강, 바다), 동일한 방법으로 움직이는 것을 물어본다(지하철, 트럭, 보트). 각 운송수단이 사용되는 이유를 이야기한다. 영화나 그림을 보여준다. 아동에게 각 운송수단과 관련된 경험을 말하도록 해 본다.

발음의 구별·쓰기: 기차, 보트, 도로, 철길 등의 발음을 구별하도록 하고, 문자로 써 보도록 한다.

<table><tr><td>과제 50</td><td>지각 항상성: 도형-소지의 변별(PC – 34)</td></tr></table>

아동이 훈련을 마치면 틀린 것을 즉시 지적하고 고치도록 도와준다. 과제 51, 58도 동일하게 한다.

예비 훈련: 중급과제 16, 38 또는 초급과제 6, 7을 아동에게 다시 보여주고 정사각형의 개념을 알고 있는지 확인한다.

지시 사항: "이 그림은 여러 가지 도형들이 섞여 있습니다. 그 중 어떤 것은 정사각형입니다. 크고 작은 것, 똑바로 놓여 있는 것, 기울어져 있는 것, 색칠되어 있는 것도 있습니다. 정사각형을 모두 찾아서 테두리 선을 따라 그리세요. 정사각형이 모두 8개 있습니다."

개념의 형성(기하학적 도형): 접는 자를 사용하여 직각의 개념을 알게 해준다. 정사각형과 직사각형의 각은 항상 직각이 된다는 것을 알려준다. 마름모(다이아몬드)의 개념을 복습한다(중급과제 15). 왼쪽 구석에 있는 도형을 사용하여 육각형의 개념을 복습한다(중급과제 6, 43).

<table><tr><td>과제 51</td><td>지각 항상성: 도형-소지의 변별(PC – 35)</td></tr></table>

지시 사항: 여러 가지 도형과 모양이 섞여 있는 가운데서 8개의 원을 찾아 테두리 선을 따라 그리도록 한다(지시요령은 과제 50과 같음).

<table><tr><td>과제 52, 53</td><td>공간관계 지각: 점 잇기(SR – 8, 9)</td></tr></table>

지시 사항: "왼쪽 위를 보세요. 4개의 점이 있습니다. 어떤 점과 점은 선으로 이어져 있습니다(가리킨다). 바로 아래쪽을 보세요. 4개의 점만 있지요? 바로 위의 그림과 같이 되도록 점과 점을 이을 수 있는지 보세요. 자, 이제 오른쪽을 보세요. 위쪽 그림과 같이 되도록 아래쪽에 있는 그림에서 점을 이어 보세요."

교정 훈련: 대부분의 아동은 이 단계에서 왼쪽, 오른쪽, 위, 아래를 구분할 수 있을 것이다. 만약 어려워하면 이번 훈련과 다음에 나오는 유사한 훈련을 계속한다.

개념의 형성: 처음, 중간, 끝의 개념을 소개하고 공부해 본다. 아동에게 선분의 처음, 중간, 끝을 짚어 보도록 한다. 선을 따라서 걷게 하면서 그들의 위치를 말한다.

과제 54	도형-소지 지각: 겹친 도형, 시각 폐쇄(FG – 23)

예비 훈련: 과제 54, 55, 57, 58, 59, 63은 어렵기 때문에 도형을 종이로 오려내어 실시하는 것이 좋다. 오려낸 도형을 과제 위에 바르게 올려 놓는 것뿐만 아니라 교사가 지시하는 위치에 도형을 정렬하도록 한다.

지시 사항: "아래쪽에 정사각형, 원, 삼각형의 3가지 형태가 있습니다. 삼각형을 짚어 보세요. '빨강'이라는 글자가 있으니 빨간색으로 테두리 선을 따라 그리세요. 사각형에는 '파랑'이라는 글자가 있으니 파랑색으로 외곽선을 그리세요. 원에는 초록색 크레용으로 그리세요. 자, 이제 위쪽을 보세요. 삼각형이 보이나요? 빨간색으로 삼각형 테두리 선을 따라 그리세요. 사각형도 있지만 가려져 있군요. 사각형의 보이는 부분에만 파랑색으로 테두리 선을 따라 그리세요. 원에도 역시 보이는 부분에만 초록색 크레용으로 그리세요."

개념의 형성: 위쪽, 아래쪽, 위, 가운데, 아래의 개념을 복습한다.

소근육운동 협응·도형의 지각: 삼각형, 사각형, 원의 도형을 오려내어 색을 칠한 후 과제 그림에 있는 도형 위에 얹어 놓고 풀로 붙이는 눈-손의 협응훈련을 시킨다.

과제 55	도형-소지 지각: 겹친 도형, 시각 폐쇄(FG – 24)

예비 훈련: 부분적으로 보이지 않는 도형은 다른 도형의 밑에 가려져 있고, 완전하게 다 보이는 도형은 가장 위에 있다는 것을 알게 한다(중급과제 54).

지시 사항: "아래쪽에 사각형이 3개 있습니다. 큰 사각형에는 '빨강', 가운데 사각형에는 '파랑', 세 번째 사각형에는 '초록'이라고 쓰여 있습니다. 크레용으로 각 도형의 테두리 선을 따라 그리세요. 자, 이제 위의 그림을 보세요. 가장 큰 사각형에는 빨간색으로 선을 따라 그리고, 다른 도형도 계속하여 과제 54와 같이 해 봅시다."

과제 56	지각 항상성: 도형-소지의 변별(PC – 36)

지시 사항: "여기에 여러 가지 도형이 섞여 있는 그림이 있습니다. 이 가운데 삼각형이 여러 개 있습니다. 크고 작은 것, 그리고 색칠되어 있는 것도 있습니다. 삼각형을 모

두 찾아서 크레용으로 테두리 선을 따라 그리세요.”

셈하기 · 숫자 쓰기: 삼각형의 수(8개)를 세어보고 숫자 8을 쓰도록 한다.

과제 57	도형-소지 지각: 겹친 도형, 시각 폐쇄(FG - 25)

지시 사항: “아래쪽에 4개의 도형이 있습니다. 제일 왼쪽 도형은 타원입니다. ‘노랑’이라고 써 있으니 노랑색으로 테두리 선을 따라 그리세요(나머지 3개의 도형도 똑같이 지시한다). 자, 이제 위쪽을 보세요. 타원이 보입니까? 아래에 있는 타원과 똑같은 도형입니다. 노랑색으로 테두리 선을 따라 그리세요. 잘했어요. 이제는 삼각형이 보입니까? 일부가 타원의 뒤에 가려져 있습니다. 삼각형의 보이는 부분만 선을 따라 그리세요. 초록색 크레용을 사용하세요. 이제 사각형을 찾아보세요. 보이는 부분만 파랑색으로 그리세요. 원도 찾아서 빨간색으로 그리세요.”

개념의 형성(기하학적 도형) **· 언어 · 기억력**: 다양한 도형(색칠한)을 잘라내어 아동에게 준다. 아동에게 하나, 둘, 셋 또는 그 이상의 도형을 가지고 상호연관하여 각 형태를 정렬시키도록 한다. 예를 들면, 먼저 아동에게 “사각형 위에 원을 얹어 놓으세요.” 그리고 “큰 빨간색 사각형을 찾아서 중간 크기의 노란색 사각형 아래에 놓으세요”라고 한다. 점점 복잡하게 지시를 한다. 학습의 효율적인 운영에 따라 여러 주일이 걸릴 수도 있다. 이러한 과정에서 어느 정도 익숙해지면 아동 상호간에 문제를 주고받을 수도 있다. 상당히 익숙해지면 부정의 표현을 사용할 수도 있다. 예를 들면, “큰 초록색 반원을 삼각형 이외 여러분이 좋아하는 도형 위에 올려 놓으세요”라고 한다. 기억력을 촉진시키기 위하여 여러 개의 도형을 사용하여 지시할 수 있다. 예를 들면, “삼각형은 제일 위에, 가운데는 작은 원을, 그 큰 사각형을 제일 밑에 놓으세요”라고 한다.

과제 58	도형-소지 지각: 겹친 도형(FG - 26)

지시 사항: “나뭇가지에 많은 잎이 달려 있는 그림입니다. 잎을 찾아서 외곽선을 그리세요. 줄기나 가지는 그대로 두세요. 잎은 모두 몇 개나 있지요?(16개)”

개념의 형성: 겹쳐져 있는 나뭇잎을 찾아서 초록색으로 테두리 선을 따라 그리도록 한다. 그리고 다른 나뭇잎 밑에 가려져 있는 나뭇잎을 찾아 그리게 한다.

셈하기 · 숫자 쓰기 · 산수: 아동에게 나뭇잎의 수를 세도록 하면서 각 나뭇잎 위에 숫자를 쓰도록 한다. 만약 나뭇잎에 색칠이 되어 있거나 나뭇잎이 너무 작으면 옆에 쓰게 한다. 나뭇잎 일부를 가리면서(염소가 먹었기 때문에 없어졌다고 말하면서) 숫자를 세도록 한다. 이러한 연습은 숫자를 세는 속도를 빠르게 하는 데 사용될 수 있다.

시각화·기억력: 교사는 나뭇잎에 일정한 표시를 하고 아동에게 보여준 후, 과제 도형 위에 똑같이 표시하도록 한다.

발음의 구별: 「줄기」, 「나뭇잎」, 「초록색」, 「꼭대기」와 같은 단어의 발음을 구별해 보도록 한다. 일부 아동에게는 모음을 구분해 보도록 할 수도 있다.

과제 59	도형-소지 지각: 겹친 도형(FG-27)

지시 사항: "여기에 4장의 신문지가 있습니다. 펼쳐져 있고(신문지를 가지고 시범을 보인다), 어떤 신문지는 조금 펼쳐져 있습니다. 신문지마다 각기 다른색으로 테두리 선을 따라 그려 보세요. 크레용을 중간에서 떼지 말고 끝까지 선을 그어보세요." 아동에게 4장의 신문지를 찾아서 각각 다른 색을 사용하여 선을 따라 그리도록 한다.

개념의 형성·언어: 신문에 관하여 이야기한다(시사정보, 교양 오락, 이야기 등을 제공한다).

미술 활동(공예): 간단한 종이접기 놀이를 하게 한다.

과제 60	시각-운동 협응: 점선 따라 그리기(VM-52)

이 과제는 점선 사이를 그리는 미로 과제가 아니고, 점선을 따라서 그려야 한다는 것을 알게 한다. 선이 갑자기 급하게 꺾이는 곳에서는 필요하면 크레용을 떼어도 좋다.

지시 사항: "아래에 있는 토끼는 바구니에 있는 과일을 먹기 위하여 뛰어가려고 합니다. 아주 먼 길을 뛰어가야 합니다. 선을 벗어나거나 중간에서 멈추지 말고 똑바로 선을 따라 그려 보세요."

개념의 형성·동작훈련: 실물을 사용하여 「가운데」, 「중간」, 「가까운」, 「떨어진」 등 공간위치의 의미를 알게 한다. 아동에게 토끼와 같이 뛰도록 하거나 음악에 맞춰 깡충 깡충 뛰면서 두 개의 의자 사이를 돌아다니도록 한다. 아동으로 하여금 뛰면서 어디로 가고 있는지 말을 하도록 한다.

언어·자연학습: "토끼는 알을 낳습니까?" "고양이는 알을 낳을까요?" 그러면 "알을 낳는 동물은 무엇일까요?" 등의 질문을 해 본다. 새와 고양이를 비교하여 어떻게 출생하는지에 관하여 이야기한다.

과제 61	시각-운동 협응: 점선 따라 그리기(VM-53)

지시 사항: 과제 60과 동일하다. 단지 그림에 맞도록 이야기의 내용을 변화시킨다.

과제 62	시각-운동 협응: 점선 따라 그리기(VM-54)

지시 사항: 과제 60과 동일하다. 단지 그림에 맞도록 이야기의 내용을 변화시킨다. 아동에게 점선을 따라 그리게 한 후 색칠을 하도록 한다.

개념의 형성·언어: 걸리버 여행기에 관하여 이야기해 준다. 아동이 거인을 만날 때 어떤 기분을 느낄지에 관하여 이야기한다. 그림에서는 다정하게 보이지만 실제로 만나면 아주 놀랄 것이다. 「더 크다」, 「더 작다」, 「~보다 키가 더 크다」, 「~보다 키다 더 작다」의 개념을 학습한다. 아동이 크고 작음을 식별할 수 있도록 한 쌍의 사물을 보여 준다. 만약 차이가 키에 관한 것이라면 「~보다 크다」, 「~보다 작다」라는 단어를 말해 준다(초급과제 66). 아동 두 명을 나란히 서게 하고 아동으로 하여금 키의 크고 작음을 구별하도록 한다.

과제 63	도형-소지 지각: 겹친 도형, 시각 폐쇄(FG-28)

지시 사항: "이 과제 아래쪽에 여러 가지 도형이 있습니다. 여러 가지 색으로 도형마다 다른 크레용으로 테두리 선을 따라 그리세요. 위쪽을 보세요. 4개의 도형이 서로 포개어져(겹쳐져) 있습니다. 아래쪽의 도형과 같은 도형을 찾아 같은 색으로 그리세요." (필요하면 칠판 위에 색분필로 예시를 하여준다)

교정 훈련: 만약 아동이 어려워하면 위쪽 그림에 없는 도형은 아래쪽에서 지워버리도록 한다.

과제 64	도형-소지 지각: 도형 완성, 시각 폐쇄(FG-29)

과제 64, 65, 72, 81, 82, 84에서는 아동이 그림을 그릴 필요는 없고 그림에서 없어진 부분을 찾아내도록 하는 것이다.

지시 사항: "여기서는 그림을 완성하는 놀이입니다. 첫째 칸 제일 왼쪽 상자 속에 작

은 연이 하나 들어 있습니다. 나중에는 크기가 큰 연을 가지고 하겠으나 지금은 작은 연을 사용하겠어요. 자, 이제 상자 옆의 그림을 보세요. 선이 하나 없지요(왼쪽과 비교하여 가리킨다). 선을 그려 넣을 수 있는지 보세요. 상자 속에 있는 연과 동일하게 그려 보세요. 자, 이제 그 옆의 것을 보세요. 역시 선이 하나 빠져 있지요. 상자 안에 있는 연과 같게 그리고, 나머지 모든 연도 상자의 연과 똑같게 되도록 빠진 곳을 그려 넣으세요.”

셈하기·산수: 아동에게 행의 수, 각 행에 있는 연의 수를 세도록 한다. 3개의 행이 있으며, 각 행에 4개의 연, 그래서 총 12개의 연이 있다.

과제 65	도형-소지 지각: 도형 완성, 시각 폐쇄(FG - 30)

지시 사항: “왼쪽에 큰 연이 하나 있습니다. 오른쪽에는 연이 있으나 어떤 선은 빠져 있습니다. 빠진 선을 그릴 수 있는지 보세요. 왼쪽 연과 똑같게 되도록 빠진 선을 모두 그려 넣으세요.”

개념의 형성·언어: 연에 관한 이야기를 해 본다(초급과제 20, 중급과제 4). 연의 종류에 관하여 이야기한다. 사진이나 슬라이드를 보여주며 연에 관련된 풍속을 이야기한다.

개념의 형성(한 쌍): 한 쌍이나 한 짝의 개념을 학습한다(초급과제 14, 32). 신발, 양말, 장난감 같은 짝으로 된 사물을 소개한다.

과제 66	지각 항상성: 형의 항상성 - 실물 크기와 비교(PC - 37)

과제 66, 67은 아동의 심상(心象)을 필요로 한다. 아동은 사물의 크기를 그림에 표현된 대로 비교하는 것이 아니라 실제의 크기로 비교를 한다.

지시 사항: “여기서는 어떤 것이 더 크고, 더 작은지를 찾아내는 놀이입니다. 맨 위의 두 그림을 보세요. 무엇이지요? 그래요, 생쥐와 말입니다. 그림에서 볼 때는 크기가 비슷해 보이지요? 실제로는 어떤 것이 더 클까요? 말이 훨씬 더 큽니다. 말에 빨간색으로 표시를 하세요. 실제로 쥐는 말보다 훨씬 작습니다. 쥐는 녹색으로 표시를 하세요. 다음 그림을 보세요. 무엇이지요? 그래요, 의자와 집입니다. 실제로 큰 것에는 빨간색으로 작은 것에는 녹색으로 표시를 하세요.”
나머지 그림도 똑같이 지시한다.

개념의 형성·언어: 그림에 있는 것이 무엇인지 말하도록 한다. "맨 위에 쥐와 말이 있습니다"와 같이 완전한 문장으로 답을 하도록 시킨다. 생물과 무생물의 차이를 이야기해 보고, 각 그림을 생물과 무생물로 구분하도록 한다. 다른 사물의 이름을 대거나 그림을 보여주고서 적절하게 구분하도록 한다(초급과제 68). 어떤 그림이 의복을 나타내는지 물어보고 동일한 집단에 속하는 사물을 말하게 한다.

발음의 구별·쓰기: 「양말」과 「말」의 발음을 따라해 보도록 한다. 크게 쓴 두 개의 문자를 오려내어 「마」와 「르」을 아동에게 구분해 보도록 한다. 두 문자를 합치면 「말」이라는 글자가 되므로 글자를 발음해 보도록 한다(지+ㅂ=집, 저+ㄴ=전, 주+ㅣ=쥐 등).

과제 67	지각 항상성: 크기의 항상성 – 실물 크기와 비교(PC – 38)

지시 사항: 과제 66과 동일하다. 단지 사물에 맞게 그 표현을 달리한다.

과제 68	시각-운동 협응: 보조선 없이 직선 긋기(VM – 55)

과제 68, 69, 78, 79, 80, 95, 97, 107, 108은 보조선 없이 빠진 선을 똑바로 긋는 훈련을 하는 것이다.

지시 사항: "여기에 4명의 소년이 일렬로 서 있습니다. 제일 왼쪽 소년을 보세요. 소년 그림이 완전합니까? 완전합니다. 그 옆에 있는 소년을 보세요. 무엇인가 그림에 빠져 있지요? 팔이 없네요. 팔을 어디에 그려 넣어야 할지 손가락으로 짚어보세요. 왼쪽 소년과 똑같게 되도록 그릴 수 있는지 볼까요? 다음 소년을 보세요. 어느 부분이 없지요? 빠져 있는 부분을 찾아 그려 넣으세요."
나머지도 위와 같이 계속한다.

신체의 지각: 아동에게 그림에 나타난 신체부위의 이름을 말하도록 한다.

과제 69	시각-운동 협응: 보조선 없이 직선 긋기(VM – 56)

어떤 아동은 그림으로 된 사물을 지각하는 데 장애가 있을 수 있기 때문에 어느 쪽으로 사다리를 오르는지 보여준다.

지시 사항: "제일 왼쪽 사다리와 바로 옆에 있는 사다리를 비교해 보세요. 왼쪽의 것과 다릅니다. 없는 부분이 있지요. 사다리가 넘어지기 전에 그려 넣는 것이 좋을 것 같

군요. 우선 손가락으로 그려 보세요. 자, 이제 크레용으로 그려 보세요.” 나머지 부분도
계속하여 빠진 곳을 찾아 그려 넣도록 지시한다.

개념의 형성·언어: 사다리의 용도에 관하여 이야기한다.

과제 70	지각 항상성: 크기의 항상성(PC – 39)

지시 사항: “맨 위에 정사각형이 있습니다(가리킨다). 아래쪽에는 여러 가지 크기의
정사각형이 있습니다. 큰 것, 중간 크기의 것, 작은 것들이 있습니다. 먼저 위쪽 정사각
형에 빨간색으로 선을 따라 그리세요. 이제는 위쪽 정사각형과 크기가 똑같은 것을 아
래쪽에서 찾아 모두 빨간색으로 그리세요.”

과제 71	지각 항상성: 크기의 항상성(PC – 40)

지시 사항: “여기에 다이아몬드 형태(마름모)가 있습니다(가리킨다). 아래쪽에 여러
가지 크기의 다이아몬드가 있습니다. 큰 것, 중간 크기의 것, 작은 것들이 있습니다. 위
쪽 다이아몬드와 크기가 같은 것을 찾아 모두 같은 색으로 그려 보세요.”

과제 72	도형-소지 지각: 도형 완성, 시각 폐쇄(FG – 31)

지시 사항: “위쪽 인형을 보세요. 얼굴, 팔, 다리, 머리카락이 있습니다(가리킨다). 자,
이제 선 아래쪽 왼편 인형을 보세요(가리킨다). 빠진 곳이 있지요? 없는 부위를 그려
보세요. 다른 인형을 보세요. 모두가 한 부분이 빠져 있어요. 위쪽 인형과 똑같게 되도
록 빠진 곳을 찾아 모두 그려 넣으세요.”

개념의 형성·언어·신체의 지각: 생물과 무생물의 차이를 이야기한다(중급과제 66).
“인형은 살아 있습니까? 실제 사람과 어떻게 다른가요?”라고 물어본다. 아동에게 각
인형의 없는 부위를 말하도록 한다.

과제 73	공간관계 지각: 계열적인 연속물의 완성(SR – 10)

과제 73, 90은 공간 배열에 의해 계열적인 연속물을 추론하는 놀이이다.

지시 사항: “이것은 구슬꿰기 놀이입니다. 첫 번째 줄을 보세요. 어떤 모양의 구슬이
꿰어 있지요? 그래요, 동그란 것과 사각형 그리고 다시 동그란 것과 사각형이 꿰어 있
습니다. 이 다음에는 어떤 모양의 구슬을 꿰어야 할까요? 그래요. 동그란 구슬을 꿰어
야 합니다. 동그란 구슬 하나를 그려 넣으세요.”

다른 과제도 같은 방법으로 지시한다.

교정 훈련: 아동이 어려워하면 각 행에 몇 가지의 구슬 모양이 있는지 물어보고 모양별로 색을 칠하게 하면 전체적인 유형을 즉각적으로 지각하는 데 자극제의 역할을 한다. 아동이 여전히 어려워하면 실제 구슬로 실시하도록 한다.

발음의 구별·단어의 형성·쓰기: 낱말잇기 놀이를 하면서 구슬꿰기와 유사하게 이어진다는 것을 알게 한다(사과-과자-자동차…).

순서 수: 아동에게 각 줄에서 없어진 구슬이 몇 번째 것인지 말하도록 한다(다섯 번째, 여섯 번째, 여섯 번째, 여섯 번째).

기억력: 아동에게 일련의 연속적인 행동을 하도록 시킨다. 예를 들면, "먼저, 일어서세요. 다음은 문 쪽으로 걸어가세요. 세 번째는 원래의 위치로 돌아오세요"와 같이 지시한다. 아동이 익숙해지면 일련의 과정을 점점 더 복잡하게 해 나간다.

과제 74	지각 항상성: 크기의 항상성(PC – 41)

지시 사항: "맨 위에 다이아몬드 하나가 있습니다(가리킨다). 아래쪽에는 크기가 다른 여러 가지 다이아몬드가 있습니다. 큰 것, 중간 크기의 것, 작은 것들이 있습니다. 선 위의 다이아몬드 크기와 똑같은 크기를 아래쪽에서 찾아 모두 그려 보세요."(제일 작은 크기)

교정 훈련: 과제 74, 75, 76에 어려움을 느끼는 아동에게는 각 형태를 오려내어 동일한 크기의 다이아몬드에 맞추어 보도록 한다.

과제 75	지각 항상성: 크기의 항상성(PC – 42)

지시 사항: "여기에 여러 개의 원이 있습니다. 큰 것, 작은 것, 중간 크기의 것이 있지요. 큰 원은 몇 개나 있는지 보고 빨간색으로 칠하세요. 작은 원은 녹색으로 칠하세요. 자, 이제 중간 크기의 원은 파란색으로 칠하세요."

순서 수: 차례 수를 알도록 하기 위해 각 행에서 큰 것, 작은 것, 중간 크기의 것이 몇 번째 있는지 말하도록 한다.

| 과제 76 | 지각 항상성: 크기의 항상성(PC – 43) |

지시 사항: "선 위쪽에 3개의 직사각형 막대기가 있습니다. 짧은 것, 중간 크기의 것, 긴 것이 있습니다. 짧은 것에는 1이라는 숫자가 적혀 있습니다. 선 아래쪽에서 짧은 막대기를 모두 찾아서 1이라고 써 넣으세요. 중간 크기의 것은 2라고 써 있군요. 선 아래쪽에서 찾아서 2라고 써 넣으세요. 자, 이젠 긴 것에는 3이라고 써 넣으세요."

교정 훈련: 숫자를 쓰지 못하는 아동은 여러 색의 크레용으로 표시를 하고, 같은 크기에 같은 색으로 칠하게 한다.

| 과제 77 | 공간위치 지각: 정확한 위치(PS – 17) |

지시 사항: "첫 번째 행(칸)을 보세요. 모두가 같은데 하나만 약간 다르군요. 다른 것을 찾아서 표시할 수 있겠어요? 그렇습니다. 두 번째 행을 보세요. 다른 것을 찾을 수 있습니까? 좋아요. 다른 것 하나를 찾아서 표시해 보세요."(계속해서 나머지 행도 똑같이 실시한다)

개념의 형성 · 언어: 왼쪽, 오른쪽, 위, 아래, 위쪽, 아래쪽 그리고 옆의 개념을 복습한다. 아동에게 위치가 다른 그림의 차이를 말해 보도록 한다.

발음의 구별: 「새」, 「공」, 「탁자」의 발음을 들려준다. 문자를 가르쳐 준다. 문자를 오려내서 보여주고 「속」이라는 글자는 어떻게 구성되는지 만들어 본다.

| 과제 78 | 시각-운동 협응: 보조선 없이 직선 긋기(VM – 57) |

지시 사항: "여기에 울타리를 세우고 있습니다. 선을 그려 넣어서 완성을 시킬 수 있는지 보세요. 시작과 끝을 나타내는 표시가 보이지요. 크레용으로 그릴 때 멈추지 말고 똑바로 그으세요(수직선 긋기)."

보충 훈련: 옆으로 돌리면 사다리 형태가 되어 약간 복잡한 훈련이 되기도 한다. 이렇게 하여 수평선을 그리게 할 수도 있다.

| 과제 79 | 시각-운동 협응: 보조선 없이 수직선 긋기(VM – 58) |

지시 사항: "하늘에 있는 구름을 보세요. 구름에서 한 그루의 꽃에 비가 내리고 있습니다. 옆에 있는 꽃에도 비가 똑바로 내리게 할 수 있는지 보세요. 크레용으로 구름에

서 꽃잎까지 똑바로 수직선을 그려 넣으세요."

개념의 형성: 날씨의 개념, 특히 구름이 형성되는 과정에 관하여 이야기한다. 물이 기화하여 구름을 형성하고, 비나 눈의 형태로 떨어져서 강과 호수를 만들고, 땅을 축축하게 하는 일련의 과정에 관하여 말한다.

언어·자연학습: 식물에 관한 공부를 계속한다(중급과제 5, 27). 그림에서는 비가 꽃잎에만 떨어지지만 아동에게 이 빗물이 어디로 갈 것으로 생각하는지 물어본다. 물을 뿌리는 장치가 있으면 직접 보여준다. 식물은 뿌리에 의하여 토양으로부터 어떻게 수분을 흡수하는지 쉽게 말해 준다.

과제 80	시각-운동 협응: 보조선 없이 수평선 긋기(VM - 59)

지시 사항: "제일 위쪽에 있는 기차를 보세요. 기차가 가는 길을 따라 선이 그어져 있습니다. 아래에는 기차 선로가 없습니다. 선로를 그려 넣을 수 있는지 보세요. 그려 넣을 때 중간에서 멈추거나 뒤로 그리지 마세요. 위쪽과 똑같이 그려 보세요." 나머지 두 개의 줄은 기차와 선로를 자동차와 도로로 바꾸어서 똑같이 지시한다.

개념의 형성·언어: 운송수단의 개념을 복습한다(중급과제 49). 다른 점과 같은 점을 강조한다. 기차는 선로 위를 달린다. 기차는 차량을 길게 달고 많은 승객을 운송하거나 커다란 짐을 나를 때 경제적이다. 기차는 도로로 달리는 운송수단보다 많은 양을 수송한다. 선로를 건너는 것은 위험하다. 때로는 지역사회를 양분하기도 한다. 자동차는 대개 집이나 상점을 가는 데 유용하다. 영화나 그림뿐만 아니라 장난감 자동차나 기차를 가지고 노는 놀이를 통해 이해를 쉽게 해 준다.

과제 81	도형-소지 지각: 도형 완성, 시각 폐쇄(FG - 32)

지시 사항: "왼쪽에 큰 자물쇠가 하나 있습니다. 오른쪽에는 완전하지 않은 자물쇠가 있습니다. 빠진 부분을 그려 넣을 수 있는지 보고 왼쪽과 똑같이 되도록 그리세요."

소근육운동 협응(속도): 가능한 한 빨리 그리면서 아동에게 여러 번 반복하도록 한다. 아스테이트 판을 올려 놓고 연습하게 하거나 여러 가지 색을 사용하여 그리게 한다.

개념의 형성·언어: 잠그거나 열 때 자물쇠는 어떻게 작용하는지 알아보도록 한다. 여러 가지 잠그는 장치에 관해 이야기해 보고, 「보호」, 「안전」의 개념에 관해서도 공부해 본다.

| 과제 82 | 도형-소지 지각: 도형 완성, 시각 폐쇄(FG – 33) |

지시 사항: "선 위쪽에 커피포트가 있습니다. 뚜껑, 손잡이, 주둥이가 있습니다(가리킨다). 선 아래쪽에 있는 커피포트는 위의 것과 똑같지 않고 한 부분이 빠져 있습니다. 빠진 부분을 그려 넣으세요. 좋습니다. 위의 것과 똑같게 되도록 어느 부분이 빠졌는지 잘 보고 그려 넣어야 합니다."

소근육운동 협응(속도): 과제 81과 같이 가능한 한 빨리 그리는 연습을 반복하게 한다.

개념의 형성 · 언어: 커피포트의 여러 부위 이름을 말하게 한다(뚜껑, 손잡이, 주둥이). 커피포트의 용도에 관해 물어본다(차나 커피와 같은 뜨거운 물을 끓이거나 만들 때 사용).

발음의 구별 · 쓰기: 커피, 녹차 등 차 종류와 다방 등 이 과제와 관련되는 내용의 기본적인 단어를 듣고 따라 말해보게 한다.

사회화: 아동들 상호간 컵에 물을 따라줄 때 협력의 중요성을 강조한다.

| 과제 83 | 공간위치 지각: 세부 위치(PS – 18) |

지시 사항: "첫 번째 행을 보세요. 왼쪽의 것과 다른 형태가 하나 있습니다. 찾아서 표시하세요. 좋습니다. 어떻게 다르지요? 그래요, 모든 도형은 정사각형 안에 있는 왼쪽 삼각형에 색칠되어 있는데, 이것은 오른쪽 삼각형에 색칠이 되어 있습니다. 자, 이제 두 번째 행을 보세요. 이번에는 왼쪽과 똑같은 모양이 1개밖에 없습니다. 찾아서 표시를 하세요. 어느 쪽 부분에 색칠이 되어 있는지 하나씩 말해 보세요. 마지막 행을 보세요. 왼쪽의 형태와 다른 것을 찾아보세요. 2개가 있습니다. 표시를 하세요. 어느 부분에 색칠이 되어 있는지 말해 보세요(우측 상단, 우측 상단, 좌측 상단, 좌측 하단)."

교정 훈련: 도형을 오려내어 색칠 된 부분의 위치가 같은 도형과 맞추어 보도록 한다.

| 과제 84 | 도형-소지 지각: 도형 완성, 시각 폐쇄(FG – 34) |

지시 사항: "선 아래쪽에 있는 전화기들을 보세요. 선 위쪽에 있는 전화기와 다르지

요. 빠진 부분이 있습니다. 어느 부분이 빠졌는지 말해 보세요. 그래요. 전화선이 없습니다. 다이얼이 없습니다. 그려 넣어 보세요." 나머지도 똑같은 방법으로 지시한다.

교정 훈련: 일부의 아동은 빠진 부분을 그리는 데 어려워할지도 모른다. 이럴 경우는 빠진 부분의 이름만 말하도록 한다.

개념의 형성·언어: 수화기, 다이얼, 전화선, 전화기 등의 각 부분 이름을 확실히 알도록 주지시킨다. 과제 그림이나 장난감 전화기, 실제 전화기로 각 부분 이름을 알게 한다. 전화 통화 놀이를 한다. 아동에게 일정한 주제를 주고 서로 전화를 하도록 한다(예를 들면, 초대하거나 물건을 빌리는 등의 화제). 전화를 할 때 정확한 문장을 사용하여 통화하도록 도와준다.

기억력: 큰 소리로 따라하도록 아동에게 전화번호를 불러준다. 만약 어려워하면 번호를 조금 불러주고 점점 번호와 수를 증가시킨다.

과제 85	지각 항상성: 크기의 항상성(PC – 44)

지시 사항: "선 위에 1, 2, 3, 4라고 쓰여진 크기가 다른 4개의 정사각형이 있습니다. 가장 작은 것에 1이라는 숫자가 써 있습니다. 선 아래에 있는 정사각형 가운데 크기가 같은 것을 찾아 모두 1이라고 써 넣으세요."
나머지 정사각형도 동일한 방법으로 지시한다.

교정 훈련: 만약 숫자를 쓰지 못하는 아동이 있으면 숫자 대신 색으로 표시를 하게 한다.

과제 86	도형-소지 지각: 부분의 결합(FG – 35)

지시 사항: "선 아래를 보세요. 전화기가 있습니다. 선 위에는 전화기를 구성하는 부품이 있습니다. 각 부품을 여러 가지 색으로 테두리 선을 따라 그려 보세요. 자, 이제 선 아래를 보세요. 부품과 똑같은 것이 보이면 같은 색으로 그려 보세요."

개념의 형성·언어: 전화기를 구성하는 부품의 이름을 복습한다. 좀더 복잡한 화제를 가지고 중급과제 84에서 한 전화놀이를 반복한다.

공예: 만약 아동이 할 수 있다면 각 부위를 오려내어 결합한 후, 종이 위에 풀로 붙

이게 한다.

과제 87	지각 항상성: 크기의 항상성(PC – 45)

예비 훈련: 어떤 원은 다른 원과 교차되어 있기 때문에 고무밴드로 만든 원을 직접 보여준다. 원 위에 원이 있는 것을 오려내어 보여 줄 수도 있다.

지시 사항: "3가지 크기의 원이 있습니다. 큰 것, 작은 것, 중간 크기의 것입니다. 우선 빨간 크레용으로 큰 원의 선을 따라 그리세요. 갈색 크레용으로 중간 크기의 원을 그리세요. 가장 작은 원을 파란색으로 그리세요."

셈하기 · 숫자 쓰기: 큰 원의 수(2개), 중간 크기 원의 수(10개), 작은 원의 수(11개)를 세어 보고 숫자를 쓰게 한다.

과제 88	도형-소지 지각: 부분의 조립(FG – 36)

지시 사항: "선 위에 장난감 손수레가 있습니다. 선 아래에는 손수레의 부분들이 있습니다. 큰 직사각형이 보입니까? 초록색이라는 글자가 써 있습니다. 초록색 크레용으로 선을 따라 그리세요. 좋아요. 손수레 그림을 자세히 보세요. 초록색으로 그린 것과 똑같은 큰 사각형이 보입니까? 찾았으면 초록색으로 똑같게 되도록 선을 따라 그리세요. 자, 이제 선 아래에 있는 2개의 원을 보세요. 파랑색이라고 쓰여 있으니 파란색으로 외곽선을 그리세요. 손수레에서 2개의 원을 찾아서 파랑색으로 외곽선을 그리세요."
　손잡이에 있는 부분도 똑같은 방법으로 적당한 색을 사용하여 외곽선을 그리도록 지시한다.

소근육운동 협응 · 도형의 결합: 아동에게 각 부분을 오려내어 조립하게 한다. 아동이 어려워하면 그림 위에 각 부분을 올려 놓는 연습을 하게 한다. 그러고 나서 그림의 도움 없이 조립을 하게 한다. 나무와 못을 사용하여 간단한 손수레 정도는 만들 수 있다는 것을 알게 한다.

과제 89	도형-소지 지각: 부분의 조립(FG – 37)

지시 사항: "큰 네모상자 안에 전기스탠드가 있습니다. 전기스탠드의 받침대(가리킨다)에 초록색이라고 쓰여 있으니 초록색 크레용으로 선을 따라 그리세요." 색깔별로 각 부분의 선을 따라 그리게 한다. "자, 이제 네모상자 바깥을 보세요. 전기스탠드의 각 부분들이 떨어져 있습니다. 상자 속에 있는 전기스탠드에 칠한 색과 동일한 색으로 각 부

분을 그리세요.”

교정 훈련: 만약 아동이 어려워하면 다음과 같이 지시한다. “초록색으로 그린 것과 동일한 타원이 보입니까? 초록색으로 선을 따라 그리세요. 잘했습니다. 노랑색으로 그린 것과 동일한 것이 보입니까? 역시 노랑색으로 그리세요. 빨간색으로 그린 것과 동일한 것은 빨간색으로 그리세요. 자, 이제 한 가지가 남았는데, 어떤 색으로 그릴까요? 그래요, 파랑색입니다.”

개념의 형성·언어: 전기스탠드의 각 부분 명칭을 아는지 확인한다. 가능하면 실제 전기스탠드를 가지고 어떻게 조립하는지 보여준다. 어떻게 하여 전기가 만들어지고 집까지 들어오는지 이야기한다.

발음의 구별: 전기스탠드, 전등과 같은 단어의 구성과 발음을 가르친다.

과제 90	공간관계 지각: 시간적인 순서의 완성(SR - 11)

여기서는 일련의 그림을 보고 시간적인 순서를 추론하는 것이다. 아동은 행동의 시간적인 순서를 지각하는 것뿐만 아니라 논리적인 사고와 표현언어를 사용해야 한다.

예비 훈련: 가능하면 슬라이드를 사용하여 행동의 순서를 시범으로 보여준다.

지시 사항: “아침에 침대에서 일어나고 있는 아동의 그림 4가지가 있습니다. 어떤 동작을 하고 있는지를 알도록 순서대로 놓을 수 있는지 보세요. 어떤 동작을 가장 먼저 하지요? 그림을 짚어보고 ‘1’이라고 쓰세요. 다음은 어떤 동작을 합니까? ‘2’라고 쓰세요.” 계속하여 같은 방법으로 지시한다.

개념의 형성: 전, 후, 순서대로, 마지막, 시작, 끝의 개념을 복습한다.

순서대로 말하기·언어: 일련의 그림을 오려내어 아동으로 하여금 동작 순서대로 놓게 하고, 그림에 관한 이야기를 하게 한다.

순서 수: 아동을 일렬로 세우고 다음과 같이 물어 본다. “맨 앞에 누가 있지요? 마지막에는 누가 있나요? 두 번째는 누가 있지요?” 아동으로 하여금 세 번째부터 마지막까지 숫자를 부여하게 한다.

| 과제 91 | 공간관계 지각: 계열의 기억(SR - 12) |

지시 요령: 쌍선으로 된 수직선을 따라 페이지를 접게 한다(시범을 보여준다). 도형이 보이지 않게 접은 대로 책상 위에 올려 놓게 한다. 칠판에 5개의 도형을 순서대로 그린 후 그것을 아동이 기억하게 한다. 기억한 대로 종이에 그리고 난 후 종이를 펼치게 한다. 원 도형의 순서와 자신이 그린 도형이 그 차례가 일치하는지 확인한다.

교정 훈련: 처음에는 2개, 다음에는 3개, 4개로 기억하여 그릴 도형의 수를 점차 늘려 가면서 한다. 잘하지 못하는 아동에게는 도형의 모형을 주고서 교사가 부르는 순서대로 짚어 보게 한다. 예를 들면, 처음에는 원을 찾게 하고, 다음은 원과 사각형, 그리고 원, 사각형, 십자가 등의 순서로 시킨다.

발음의 구별·읽기: 문자카드를 아동에게 주고 아동이 잘 아는 낱말을 순서대로 부른다. 아동은 부르는 낱말을 집어서 순서대로 놓게 하고 읽어 보게 한다.

| 과제 92, 93 | 공간관계 지각: 계열의 기억(SR - 13, 14) |

과제 91과 동일하나 도형을 점차 복잡하게 만들어 가는 것이 다르다.

지시 사항: 과제 91과 동일하며, 교정훈련도 같다.

언어: 어떤 방법으로 각 모형을 순서대로 변화시킬지 말해 보게 한다.

| 과제 94 | 지각 항상성: 크기의 항상성(PC - 46) |

지시 사항: "선 위에 1, 2, 3, 4라고 쓰여진 크기가 다른 4개의 삼각형이 있습니다. 가장 작은 삼각형에 1이라는 숫자가 써 있습니다. 동일한 크기의 삼각형을 아래에서 모두 찾아 '1'이라고 써 보세요." 나머지 삼각형도 동일한 방법으로 지시한다.

교정 훈련: 숫자를 쓰지 못하는 아동에게는 특정한 기호를 사용하여 실시한다.

| 과제 95 | 시각-운동 협응: 보조선 없이 수평선 긋기(VM - 60) |

지시 사항: "위쪽을 보면 활주로 위에 정지하고 있는 비행기가 있습니다. 활주로를 표시하는 선이 있습니다. 두 번째 비행기에는 활주로가 없습니다. 위의 그림과 동일하게 활주로를 그려 넣으세요. 그릴 때는 중간에서 멈추거나 반대 방향으로 그리지 마세요. 한 번에 하나의 선을 긋고 첫 번째 비행기와 동일한 길이의 활주로를 그리도록 하세

요.”

  개념의 형성·언어: 비행기는 어떻게 이·착륙을 하는지 이야기해 본다. 관제탑의 지휘에 의하여 공항이 운영되는 원리를 쉽게 설명한다. 비행기와 공항에 관한 책을 읽어 준다.

  동작 훈련: 비행기가 움직이는 것과 같이 손을 펴서 방을 돌아다니게 한다. 바닥에 몸을 근접하게 하거나 반쯤 굽힌 상태, 그리고 똑바로 편 상태의 여러 가지 자세로 움직이게 한다.

과제 96	공간관계 지각: 부분의 결합(SR – 15)

  과제 96, 102, 106은 부분을 결합하여 전체를 만들어 보는 것이다. 또한 형에 대한 지적 조작훈련도 함께 이루어진다.

  지시 사항: “선 아래에 작은 집이 있습니다. 선 위에도 유사한 집이 있으나 상당히 크고 두 부분으로 나뉘어 있습니다. 선 위의 두 조각을 잘라내어 집의 형태가 되도록 결합할 수 있는지 보세요. 결합을 하면 크기가 조금 큰 것을 제외하고 아래의 그림과 동일한 모습이 되어야 합니다.” 종이 위에 풀로 붙여도 상관없다.

  교정 훈련: 만약 아동이 2개의 조각을 잘라내지 못하면 잘라서 아동에게 준다. 적절하게 배열을 한 후에 정확하게 결합을 하게 한다.

  개념의 형성·언어: 집안에 있는 여러 개의 방에 관해 이야기하고, 방에 적합한 가구에 관해 이야기한다.

  발음의 구별·쓰기: 침대, 이불, 책상과 같은 단어의 문자와 발음을 가르쳐 준다.

  공예: 대개의 아동은 두꺼운 종이를 가지고 집을 만드는 놀이를 즐긴다. 집을 만들고 나서 벽을 세우고 마지막에 풀로 붙이게 한다. 지붕은 아주 두꺼운 종이로 만든다. 그런 후에 창문, 대문 등에 색칠을 하게 한다.

과제 97	시각-운동 협응: 보조선 없이 수직선 긋기(VM – 61)

  지시 사항: “위쪽에 역기가 있습니다. 역기는 2개의 쇠공과 중간에 버팀대가 있습니

다(가리킨다). 밑에 있는 역기는 중간에 버팀대가 없습니다. 위에 있는 그림과 같이 되도록 버팀대를 똑바로 그려 넣어 보세요. 줄을 그을 때 시작점과 끝점이 보일 것입니다(가리킨다). 쇠공을 넘어가지 않도록 조심해서 선을 그으세요.”

개념의 형성·언어: 역기에 관하여 이야기한다.

과제 98	도형-소지 지각: 같은 것과 미세한 차이(FG – 38)

지시 사항: “첫 번째 행을 자세히 보세요. 줄넘기 줄을 잡고 있는 소녀들이 있습니다. 그림 중에서 1개는 약간 다르군요. 줄넘기 줄을 자세히 비교해 보세요. 다른 것과 조금 다른 것이 하나 있지요? 찾아서 ×표를 하세요. 자, 이제 두 번째 행을 보세요. 한 가지 그림이 완전히 다른 모양으로 되어 있군요. 찾아서 ×표를 하세요. 어떻게 다른지 말해 보세요.” 나머지 행도 똑같이 지시를 한다.

개념의 형성·언어: 고양이와 관련하여 「얼룩무늬」라는 단어를 공부한다. 고양이 이외의 어떤 동물이 얼룩무늬를 가지고 있는지 물어본다. 「위장(보호색)」의 개념에 관해 복습한다(중급과제 47). 네 번째 행의 땅콩에서 한 가지는 왜 다른지 이야기한다(땅콩알이 1개밖에 안 들어 있기 때문이다). 땅콩은 열매의 일종이라고 설명한다. 땅콩의 성장과 용도에 관해 이야기해 본다.

과제 99	도형-소지 지각: 같은 것과 미세한 차이(FG – 39)

지시 사항: “위쪽 상자 안에 여자 모습이 있습니다. 네모 상자 밖에 있는 여러 그림 가운데 2개만 상자 속의 그림과 똑같습니다. 찾아서 크레용으로 ○표 하세요.”

개념의 형성·언어: 「옆 모습」의 뜻을 말해주고 아동으로 하여금 교실 앞에 나와 서서 머리를 옆으로 돌리도록 한다.

과제 100, 101	도형-소지 지각: 도형과 소지의 역전(FG – 40, 41)

이번 훈련은 지적인 조작에 도움이 되기 때문에 매우 중요하다. 먼저 과제 100을 보도록 한다.

지시 사항: “많은 장식이 달린 크리스마스 트리가 있습니다. 장식품에 색칠이 되어 있습니다. 자, 이제 옆의 과제 101을 보세요. 똑같은 크리스마스 트리가 있으나 장식품에는 색깔이 칠해져 있지 않습니다. 녹색 크레용으로 나무에만 색칠을 하고 장식은 색

칠하지 말고, 그대로 두세요.”

개념의 형성·언어: 크리스마스나 추석과 같은 즐거운 명절에 관하여 이야기한다. 그림이나 영화를 보여준다. 위의 내용과 관련이 있는 단어나 간단한 문장을 써 보게 한다.

과제 102	공간관계 지각: 부분의 결합, 균형(SR - 16)

지시 사항: “선 아래에 작은 나무가 있습니다. 선 위에도 비슷한 나무가 있으나 두 부분으로 나뉘어 있으며 좀더 큰 나무입니다. 선 위에 있는 두 부분을 오려서 선 아래 있는 나무와 똑같게 되도록 결합시켜 보세요. 선 아래 나무보다 크기는 조금 더 크지만 형태는 똑같습니다.”

교정 훈련: 필요하면 과제 96의 지시사항과 같이 수정한다.

보충 훈련: 여러 가지 도형과 사물(원, 사각형, 나뭇잎, 인형 등)이 그려진 그림을 아동에게 준다. 그림은 아동이 가운데를 자를 수 있도록 선이 그려져 있거나 잘려져 있어야 한다. 두 부분을 맞추어 풀로 붙이는 놀이를 시킨다.

과제 103	지각 항상성: 크기의 항상성(PC - 47)

지시 사항: “선 위에 4개의 타원이 있습니다. 가장 작은 타원에 1이라는 숫자가 쓰여 있고, 옆에는 2, 그리고 3, 4가 쓰여져 있습니다. 1이라고 쓰여진 타원의 크기와 똑같은 타원이 선 아래에 몇 개나 있는지 모두 찾아보세요. 그리고 1이라고 쓰세요.” 2, 3, 4라고 쓰여진 타원과 동일한 크기의 타원도 차례로 찾아서 동일한 방법으로 하도록 지시한다.

교정 훈련: 숫자를 쓰지 못하는 아동이 있을 경우는 숫자 대신 기호를 사용하여 여러 가지 색으로 표시하게 한다.

과제 104, 105	도형-소지 지각: 도형과 소지의 역전(FG - 42, 43)

과제 104와 105는 동시에 실시되는 과제이다. 아동에게 과제 104를 먼저 보도록 한다.

지시 사항: “빗자루를 들고 있는 눈사람과 그 옆에 나무가 있습니다. 어떤 것은 색칠이 되어 있고, 어떤 것은 하얗게 그대로 남아 있습니다. 자, 이제 다음 과제 105를 보세

요. 같은 그림이지만 전혀 색칠이 되어 있지 않습니다. 과제 104에 색칠이 안 된 흰 부분을 찾아서 과제 105에 색칠을 하세요(빗자루의 손잡이, 모자의 챙, 눈사람 얼굴에 있는 눈, 코, 입에 색칠을 한다).”

교정 훈련: 아동이 어려워하면 과제 104에서 회색 부분을 오려내어 과제 105 위에 놓도록 한다. 그 후 나머지 부분에 색칠을 하게 한다.

개념의 형성·언어: 계절의 개념을 복습한다(초급과제 39). 어떤 계절의 그림인지 물어 본다.

과제 106	공간관계 지각: 각 부분의 결합(SR-17)

지시 사항: “선 아래에 작은 전기스탠드를 보세요. 자, 이제 선 위를 보세요. 아래에 있는 전기스탠드보다 훨씬 크지만 두 부분으로 나누어져 있습니다. 선 위에 두 부분을 오려내어 결합하여 보세요. 결합을 하면 아래와 모양은 같지만 큰 전기스탠드가 될 것입니다.”

교정 훈련: 필요하면 과제 96의 지시사항과 같이 변화를 시켜 본다.

과제 107	시각-운동 협응: 보조선 없이 수평선 긋기(VM-62)

지시 사항: “왼쪽 상단에 볼링 공이 있습니다. 공을 굴려서 핀을 쓰러뜨리는 놀이입니다. 그 아래에도 여러 개의 볼링 공과 핀이 있으나 선은 없습니다. 선을 똑바로 그을 수 있는지 보세요. 공이 있는 출발지점을 표시한 곳에서 시작하여 핀까지 똑바르게 그으세요.”

개념의 형성·언어: 볼링 게임에 관해 이야기한다. 볼링 공에 있는 구멍은 손가락을 집어 넣는 것이라고 설명한다. 볼링 공이 아닌 다른 공은 이런 방법으로 굴리는 것이 아니기 때문에 구멍이 있을 필요가 없다. 공을 사용하는 게임은 어떤 것이 있는지 물어 본다(축구, 농구, 배구 등).

운동협응·산수: 핀과 공을 구할 수 있으면 볼링 놀이를 흉내낸다. 산수 문제에서 뺄셈의 개념을 학습한다. “10개의 핀이 있습니다. 6개가 쓰러졌습니다. 4개가 남았군요. 10에서 6을 빼니까 4개가 남았습니다.”(10-6=4와 같은 부호는 사용하지 않음)

과제 108	시각-운동 협응: 보조선 없이 사선 긋기(VM − 63)

사선의 개념을 복습한다.

예비 훈련: 대부분의 아동은 긴 사선을 긋는 데 어려워한다. 시작하기 전에 색실을 주고서 선을 그려 넣을 부분에 색실을 바르게 올려 놓도록 한다.

지시 사항: "목이 말라서 비가 내리기를 기다리는 오리가 있습니다. 구름에서 오리의 입 부리까지 비가 내리는 모양을 바르게 그려 넣을 수 있는지 보세요. 구름을 보면 시작하는 표시가 있습니다(보여준다). 사선으로 그어야 하며, 사선은 서로 나란하게 그려야 합니다(필요하면 평행이라는 단어에 관해 설명한다). 선 아래에는 비가 오기를 기다리는 꽃이 있습니다. 비가 오는 모습을 그려 넣을 수 있는지 보세요. 사선을 그으세요. 구름 아래에 시작점이 있지요 선을 그을 때 멈추거나 반대방향으로 긋지 마세요."

개념의 형성 · 언어: 날씨에 관한 이야기를 해 보고, 생명체에 있어서 물의 소중함에 관해 이야기한다(중급과제 79).

과제 109	시각-운동 협응: 곡선 그리기(VM − 64)

과제 109, 111, 112에서 그리는 곡선은 균형이 잡혀야 한다.

지시 사항: "두 소녀가 배구를 하고 있습니다. 공이 네트를 넘어서 상대방의 손까지 가는 과정을 둥근 곡선으로 그리세요."

개념의 형성 · 언어: 공 놀이에 관해서 앞에서 이야기한 것을 연장해서 해 본다(중급과제 107). 배구나 아동이 익숙한 다른 공 놀이를 완전한 문장을 사용하여 묘사하도록 한다.

발음의 구별: 「네트」, 「치다」와 같은 단어의 문자와 발음을 가르친다.

동작 훈련: 장비와 공간, 그리고 아동의 능력이 허용하는 한 많은 공 놀이를 한다.

과제 110	지각 항상성: 크기 항상성 – 도형의 크기 비교(PC − 48)

지시 사항: "성장하고 있는 새의 그림이 있습니다. 처음에는 아주 작지만 점점 자라

고 있습니다. 가장 작은 새의 그림에 1이라고 쓰고 다음은 2, 제일 큰 것에는 3이라고 씁니다."

교정 훈련: 숫자를 쓰지 못하는 아동에게는 각각 다른 색으로 표시를 하게 한다. 만약 크기를 구별하지 못하는 아동이 있으면 입 부리에서 꼬리까지의 길이를 재서 확인하게 한다.

개념의 형성·언어·자연학습: 알을 낳고 부화를 하는 과정을 복습한다(중급과제 60). 대부분이 동물은 완전한 형태로 내어나기 때문에 부화할 때까지 일정 기간 알 속에 있을 필요가 없다는 사실을 설명한다. 어떤 병아리가 제일 크고, 다음 크기의 병아리는 어느 것인지 물어 본다(가리킨다). 아동의 크기에 대해서도 이야기한다. 지금은 몇 살이고 다음 해에는 몇 살이 되는지 등을 물어 본다. 「요일」을 복습한다. 오늘은 무슨 요일이고, 어제는 무슨 요일이었으며, 내일은 무슨 요일인지 물어본다.

과제 111, 112	시각-운동 협응: 곡선 그리기(VM – 65, 66)

지시 사항: "첫째 행의 맨 왼쪽에 줄넘기 줄을 돌리고 있는 소년이 있습니다. 다른 소년은 아직 줄넘기 줄이 없군요. 모든 소년에게도 줄넘기 줄을 그려 넣어 보세요. 선을 그을 때 멈추거나 반대방향으로 그리지 마세요."

과제 112도 똑같이 지시를 한다. 단지 줄넘기 줄을 아래로 내리고 있는 것이 다르다.

개념의 형성·동직훈련: 줄넘기 술을 사용하여 다양한 놀이를 하게 하고, 「위」와 「아래」의 개념을 복습한다.

상급단계의 훈련과제별 지도방법(과제 1~과제 128)

주의사항: ① 시지각 훈련 프로그램의 각 과제마다 붙어 있는 별표(☆)가 반드시 아동의 우측 하단
에 오도록 과제를 놓고 실시해야 함.
② 크레용은 아동의 능력수준에 따라 색연필이나 유색 사인펜, 볼펜 등으로 바꾸어 사용
할 수도 있음.

과제 1	공간관계 지각: 유사점과 차이점(SR – 18)

블럭(나무토막)으로 구성된 사물이 그려져 있다. 아동에게 쌍선 왼쪽에 있는 사물과
동일하게 그려진 것을 찾도록 하는 것이다. 교사는 아동의 수준에 맞도록 공간관계와
방향을 표시하는 낱말을 소개하도록 한다.

평면에서 입체로의 전환: 그림에서 표시된 것과 같은 블럭을 각 아동이 책상 위에 올
려 놓는다. 쌍선 왼쪽과 동일한 그림을 찾아 ○표 하도록 하고, 블럭으로 똑같이 만들
어 보도록 한다. 이 훈련은 공간에 있는 각 부분의 상호관련성을 지각하는 데 도움을
줄 뿐 아니라, 그림을 보고 작업을 하는 기초적인 훈련도 가능하게 한다. 블럭이 충분
치 않으면 한 아동이 시범을 보여 줄 수도 있다.

지시 사항: "첫 번째 줄의 쌍선 왼쪽을 보세요(가리킨다). 두 개의 블럭으로 만들어진
안락의자와 같은 것이 있지요? 블럭 하나는 길고 똑바로 서 있으며(가리킨다), 다른 하
나는 짧고 옆으로 누워 있지요? 똑바로 세워져 있는 것은 오른쪽에 있지요? 자, 이제
쌍선 오른쪽에서 왼쪽과 같은 형태를 찾아보세요. 손가락으로 짚어 보세요. 이것이 맞지
요?(가리킨다) 여러분이 찾은 것이 바로 이것인가요? 좋아요. 크레용으로 표시를 하세
요. 자, 이제 블럭으로 만들 수 있는지 볼까요? 기억할 것은 긴 블럭은 똑바로 세우고,
짧은 블럭은 왼쪽에다 눕혀야 됩니다. 잘했습니다. 자, 이제 두 번째 줄을 보세요. 쌍선
왼쪽에 탁자 형태의 그림이 있습니다. 탁자 다리 하나가 곧게 서 있습니다. 탁자의 받
침대라고 합니다. 눕혀 있는 블럭은 어디에 있지요? 그래요. 받침대 위에 있습니다. '똑
바로 서 있는'이라는 말과 같은 낱말을 알고 있습니까? '수직'이라고 합니다. '옆으로
누워 있는'과 같은 의미의 단어를 알고 있습니까? '수평'이라고 부릅니다. 짧은 수직
블럭 위에 긴 수평 블럭이 놓여 있습니다. 자, 이제 똑같은 모양을 한 그림을 찾아보세
요. 찾았으면 크레용으로 표시를 하세요. 그림과 같이 두 개의 블럭으로 탁자를 만들어
봅시다."

나머지 줄도 같은 요령으로 지시한다. 세 번째 줄은 세 개의 블럭으로 구성되어 있

고, 네 번째 줄은 다섯 개의 작은 블럭으로 구성되어 있다.

개념의 형성·언어: 여기에 묘사된 사물 가운데 가구(안락의자, 탁자, 책상)는 어떤 것인지 물어본다. 그러고 나서 편안함과 안락함을 위하여 집에서 사용하는 큰 가구와 쉽게 움직일 수 있는 가구에 관하여 이야기한다. 세면기는 고정되어 있기 때문에 가구로 취급하지 않고 부착물이라고 부른다. 그림을 통하여 「가구」의 개념을 알게 할 수 있다. 이동에게 각 방에 필요한 가구를 물어 본다. '침대, 탁자, 책상, 의자'와 같은 사물의 이름을 암송하게 하고, 기차가 가구에 속하지 않는 이유를 물어 본다. 아동이 말을 할 때는 완전한 문장을 사용하도록 한다.

철자 쓰기: 이 단계에서 대부분의 아동은 간단한 문자를 배우고 있을 것이다. 책상, 의자, 탁자, 침대 등의 글자를 써 보게 한다. 쓰지 못하는 아동에게는 단어의 처음과 마지막 문자만을 써 보게 한다. 커다랗게 쓴 문자를 아동에게 주고 관찰하게 하면 문자를 인지하고 쓰는 데 도움이 된다.

과제 2	공간관계 지각: 유사점과 차이점(SR - 19)

예비 훈련: 처음에는 투명한 아스테이트 판을 과제 그림 위에 올려 놓고 하도록 한다. 이 그림은 네거리를 나타내고 있다. 타원형은 자동차이며 사각형은 집을 표시한다. 교사가 집과 자동차에 색칠을 할 때는 아동에게 알려주고 똑같이 따라하게 한다. 주의할 것은 교사가 칠한 색깔과 같은 색으로 칠해야 한다는 것이다. 가능하면 모든 아동이 볼 수 있도록 게시판이나 칠판 위에서 시범을 보인다.

지시 사항: "그림을 보세요. 무엇인지 알아맞혀 보세요. 그래요, 네거리의 모습입니다. 여기가 네거리이고, 이쪽은 집입니다(가리킨다). 그리고 여기에 자동차들이 정차하고 있습니다(가리킨다). 여러분이 가지고 있는 그림과 똑같은 그림을 선생님도 가지고 있습니다. 차에 색칠을 하겠으니 잘 보세요. 여러분도 똑같은 색으로 칠해 보세요. 선생님이 사용하는 크레용과 같은 색을 사용하세요. 선생님과 똑같이 색칠을 해야 합니다. 자, 이제 색칠한 것을 지우고 자동차마다 색깔을 다르게 하여 칠해 봅시다. 선생님이 칠한 것과 동일하게 색칠을 하세요. 다음은 빨간색으로 칠한 자동차가 녹색으로 칠한 집으로 가는 방향을 그려 봅시다." 이러한 방법으로 각 색깔의 자동차가 각각의 집으로 가는 길을 그려 보도록 지시한다. 능숙한 아동에게는 "네거리의 오른쪽으로 돌아가세요. 그리고 교통질서를 지키면서 가도록 해요"와 같이 지시를 한다.

변형: 아주 나이 어린 아동의 경우는 커다란 도형을 준비하고서 집 대신 블럭을 사용

하고, 모형 자동차를 사용하도록 한다. 자동차가 가는 선을 긋는 대신에 모형 자동차를 움직이게 한다.

개념의 형성(나침반의 방향): 네거리에 동, 서, 남, 북의 방향표를 붙이고, 중앙에는 '중앙로'라고 붙인다. 아동에게 앞에서 설명한 입체물을 사용하여 "동쪽에 있는 빨간 자동차를 중앙로로 이동하세요." "북쪽 도로의 서쪽에 위치한 중앙의 자동차를 동쪽 도로의 서쪽에 있는 마지막 집으로 이동하세요" 등과 같이 지시한다. 또는 "만약 서쪽 거리에 있는 자동차가 북쪽 거리에 있는 집으로 가려면 어느 쪽으로 차를 돌려야 할까요? 왼쪽일까요, 오른쪽일까요?"와 같이 물어 본다. 교사는 교실 바닥에 교차로를 그려서 나침반의 방향을 아동에게 가르칠 수도 있다. 아동이 자동차가 되어 "동쪽으로 가세요, 서쪽으로 가세요, 왼쪽으로 돌아가세요, 남쪽으로 가세요"와 같은 지시를 따르게 한다.

개념의 형성·언어: 교통과 자동차의 개념을 소개한다. 여러 종류의 자동차의 용도에 관해 이야기한다(트럭은 화물을 운반하고, 버스는 승객을 운반한다 등).

발음의 구별: 버스, 트럭이라는 단어의 발음을 구별하게 하고 오려낸 문자를 순서대로 배열하게 한다. 그리고 단어를 써 보게 한다. 익숙한 아동에게는 자동차, 덤프 트럭 등의 복잡한 단어를 사용한다. 「버스」라는 단어를 가르쳤으면 「택시」, 「자전거」 등의 단어를 가르쳐서 어휘력을 향상시키도록 한다.

과제 3	도형-소지 지각: 교차선(FG-44)

여기서는 눈과 손의 협응능력을 기른다.

예비 훈련: 색연필을 사용하기 전에 손가락으로 길을 따라가도록 한다. 그리고 나서 투명 아스테이지 판을 얹어 놓고 반복훈련을 한다. 선을 따라 정확하게 그리도록 한다.

지시 사항: "굴곡이 많은 두 개의 길이 겹쳐져 있습니다. 길이 서로 교차되어 있지요. 하나는 여기서부터 시작합니다(가리킨다). 녹색으로 길 끝까지 그리세요. 색연필을 중간에서 멈추거나 떼지 말고 길 끝까지 계속해서 그려 보세요. 자, 이제 다른 쪽에서 시작하는 길이 보입니까? 빨간색으로 떼지 말고 끝까지 바로 그려 보세요."

개념의 형성(방향)·균형(거울모습): 이 훈련은 균형 개념을 공부하는 기회를 제공한다. 그림모양이 양측으로 균형이 잡혀 있다고 말해준다. 오른쪽의 절반은 왼쪽과 동일하다는 점을 지적한다. 트레이싱 페이퍼 위에 절반을 그려서 접어 보면 같다는 것을 알수 있다.

공예: 위와 같은 훈련은 아동의 공예 연습에도 도움이 된다.

읽기·쓰기: 빨간색, 초록색이라는 단어의 결합 원리(문자의 결합)를 가르쳐 주고 아동에게 쓰게 한다.

과제 4	지각 항상성: 형의 항상성(PC - 49)

지시 사항: "사각형이 무엇인지 기억하세요? 여러분은 전에 사각형을 그려 보았습니다. 교실을 한번 둘러 보세요. 사각형 모양의 물건이 있습니까? 그래요, 탁자가 사각형 모양이군요. 책 표지는 어때요? 그것도 역시 사각형입니다. 자, 이제 이 과제를 보고 사각형을 모두 찾아서 외곽선을 따라 그리세요."

개념의 형성(기하학적 도형)·언어: 여기서는 기하학적 도형 이름을 복습할 수 있는 기회를 제공한다. 아동이 모르면「사다리꼴」을 설명한다. "2개의 사다리꼴이 있습니다. 길이는 다르지만 두 변은 평행입니다. 평행이 아닌 두 개의 변은 길이가 같습니다." 교사는 아동에게 다른 종류의 사다리꼴을 소개한다. 다른 종류의 삼각형도 공부한다.

능숙한 아동을 위한 변형: 오려낸 도형 위에 도형 이름을 써서 과제 위의 관련 도형에다 붙이게 한다. 사각형을 찾는 방법을 알게 하고, 사다리꼴을 사각형으로 만드는 방법을 알려준다.

셈하기·쓰기: 도형의 숫자를 세어 보게 하고(9개), 1부터 9까지 숫자를 도형 안에 써 넣도록 한다.

과제 5	시각 - 운동 협응: 보조선 따라 그리기(VM - 67)

지시 사항: "보트가 보입니까? 보트에 타고 있는 사람은 부두까지 가려고 합니다. 둑을 넘어가지 않도록 조심해야 합니다. 색연필로 부두가 있는 데까지 중앙 수로를 따라 가세요. 양 옆에 닿지 않도록 조심하세요."

개념의 형성·언어: 부두, 보트, 수로 등의 단어를 설명한다. 그림을 보여 주면서 부두와 동의어인「항구」라는 단어를 공부한다. 아동이 이러한 단어에 익숙해지면「구불구불한」이라는 단어의 개념을 소개한다. 방향을 여러 번 변화하면서 흐른다는 의미를 가지고 있다. 강물과 바닷물(짜다)의 차이를 물어 본다. 강은 비나 눈을 통하여 물을 공급하고 항상 바다로 흐른다는 것을 설명한다. 따라서 강물은 짠맛이 없다.

사회 학습: 에스키모인에 대하여 이야기하고, 그들이 타고 다니는 카누와 카약이라는 나룻배와 살고 있는 기후에 맞게 그들의 삶이 결정된다는 것을 설명한다.

공예: 에스키모인이 사는 환경을 대표하는 사물의 모습을 점토를 사용하여 만들어 보게 한다.

과제 6	공간관계 지각: 유사점과 차이점(SR - 20)

지시 사항: "쌍선 위쪽에 3개의 사각형이 있습니다. 사각형의 내부에는 유형이 다른 도형이 들어 있습니다. 빨간색으로 제일 왼쪽의 사각형에 표시를 하세요. 쌍선 아래쪽에 있는 사각형들을 자세히 보세요. 빨간색으로 표시한 것과 같은 도형이 있습니다. 모두 찾아 같은 것에 빨간색으로 표시하세요. 쌍선 위에 있는 가운데(두 번째) 사각형을 보세요. 파랑색으로 표시하세요. 선 아래에서 같은 것을 찾아서 파란색으로 표시하세요. 이번에는 세 번째 사각형을 보세요. 갈색으로 표시를 하고, 선 아래에서 같은 것을 찾아 갈색으로 표시를 하세요. 잘했습니다."

유형의 분석 · 언어: 중요한 것은 아동이 각 유형의 차이를 지각하고 차이점을 언어로 표현할 수 있어야 한다는 것이다. 우선 교사는 아동에게 다음과 같이 질문을 한다. "4개의 모서리에 선이 있는 사각형은 어느 것이지요?" "2개의 모서리에만 선이 있는 사각형은 어느 것이지요?" "변에만 선이 있는 사각형은 어느 것이지요?" "좌측 상단 구석에 있는 것은 어느 것이지요?" 교사가 가리키는 사각형에서 선이나 원의 위치를 말해 보게 한다. 명심할 것은 문장을 완전하게 표현해야 한다는 것이다.

순서 수: 쌍선 아래에 있는 사각형의 숫자를 세어 보게 하고 어느 것이 빨강이고(두 번째, 네 번째, 아홉 번째), 어느 것이 파랑이며(세 번째, 여섯 번째, 일곱 번째), 어느 것이 갈색인지(첫 번째, 다섯 번째, 여덟 번째) 말하도록 한다.

과제 7	공간관계 지각: 유사점과 차이점(SR - 21)

지시 사항: "위쪽 첫 번째 줄을 보세요. 쌍선 좌측을 보고 우측도 보세요. 좌측과 같은 모양이 하나 있습니다. 찾아서 크레용으로 표시를 하세요." 나머지 행도 같이 한다.

유형의 분석·언어: 여기서는 방향을 말하게 하는 훈련을 하는 것이다. 예를 들면, 1행에서는 T자형의 막대가 어디에 있는지 물어본다(처음의 두 개는 우측, 다음은 위쪽, 마지막은 좌측). 또한 작은 원은 큰 원의 어느 부위를 교차하고 있는지도 물어본다. 만약 아동이 방향을 표시하지 못하면 교사가 대신하여 다음과 같이 이야기한다. "T자형의 막대가 왼쪽에 있는 것은 어떤 것이지요?" 등과 같이 한다. 2, 3, 4행에서는 원의 위치를 묘사하게 한다.

과제 8	지각 항상성: 형의 항상성(PC - 50)

여기서는 정삼각형을 구별하는 것이다.

지시 사항: "쌍선 위에 집이 3채 있습니다 우측에 있는 집의 지붕은 모양이 좋습니다. 3변의 길이가 같습니다(가리킨다). 다른 집의 지붕은 같지가 않습니다(가리킨다). 두 길이가 같은 지붕이 몇 개나 있는지 모두 찾아서 외곽선을 그리세요. 지붕의 두 길이가 같지 않아서 모양이 좋지 않은 것은 외곽선을 그리지 마세요."

교정 훈련: 지각장애를 가진 아동은 이 훈련이 어려울지도 모른다. 이런 아동에게는 정삼각형을 사각형 위에 붙이게 한다. 그리고 나서 여러 종류의 삼각형 가운데서 정삼각형을 골라내도록 한다. 지시 사항에서 외곽선을 그은 삼각형을 구별하기 위해 정삼각형과 같은 것을 올려 놓도록 한다. 교사는 오려낸 삼각형을 과제 16에서도 사용할 수 있게 보관하도록 한다.

개념의 형성·언어: 좌, 우, 가운데를 설명하기 위하여 쌍선 위의 그림을 사용한다.

과제 9	공간관계 지각: 도형 전체의 회전(PS - 19)

이 과제는 지적 조작 훈련을 제공하기 때문에 특히 중요하다.

지시 사항: "먼저 1행을 보세요. 쌍선 좌측에 1, 2라고 쓰여진 삼각형이 결합하여 큰 삼각형을 구성하고 있습니다(가리킨다). 쌍선 우측에서 같은 모양을 찾아서 숫자를 써넣으세요." 나머지 두 행도 똑같이 지시한다.

교정 훈련: 만약 아동이 어려워하면 똑같이 오려낸 삼각형을 아동에게 준다. 왼쪽 삼각형 위에 올려 놓게 하고 우측으로 밀어 보도록 하면 똑같은 형태의 삼각형을 찾을 수 있다.

개념의 형성(기하학적 도형): 3행에서는 마름모의 개념을 알 수 있게 해준다(사면의 길이가 같고, 한쪽은 예각, 다른 쪽은 둔각이며, 마주보는 각의 크기가 같다). 아동은 다음과 같은 방법으로 배울 수 있다. 두 개의 마주보는 각 사이에 선이 그려져 있고, 동일한 삼각형이 있으며, 각각 양각이 접해 있고, 4개의 동일한 삼각형이 있으면 마름모꼴이다.

수준 높은 지적 활동: 다음의 과제는 지적 수준이 높은 아동에게 적합하다. 아동에게 3행에 있는 좌측의 마름모가 시계방향으로 돌아갈 때 우측의 도형에 적합하게 4개의 삼각형에 숫자를 쓰게 하고 나서, 시계 반대 방향으로 돌아갈 때도 숫자를 쓰게 한다. 오려낸 도형으로 직접 시범을 보여주는 것도 필요하다.

과제 10	도형-소지 지각: 교차선(FG - 45)

여기서는 눈과 손의 협응 능력을 길러준다. 구불구불한 선이 각이 지고 뾰족뾰족한 선과 교차하고 있다.

예비 훈련: 아동에게 손으로 선을 따라 그려 보게 한다.

지시 사항: "굴곡과 각이 많이 진 길이 2개 있습니다. 서로 교차하고 있습니다. 하나는 여기서부터 시작합니다(가리킨다). 노랑색으로 끝까지 따라 그려 보세요. 중간에서 멈추거나 떼지 말고 그리세요." 다른 길도 다른 색으로 같은 방법으로 지시한다.

개념의 형성: 이 훈련은 과제 3보다 어렵다. 균형과 거울모습의 대칭 개념을 복습한다.

과제 11	시각-운동 협응: 보조선 따라 그리기(VM - 68)

점선을 따라가야 한다는 것을 아동에게 주지시킨다.

예비 훈련: 아동에게 손가락으로 길을 따라 가도록 한다.

지시 사항: "좌측 상단의 소년은 집으로부터 멀리 떨어져 있습니다. 호수, 언덕, 풀밭, 숲, 다리, 자갈밭, 덤불, 절벽을 통과하여 집까지 걸어가야 합니다(가리킨다). 집까지 안전하게 도착하기 위하여 길을 따라서 바르게 그릴 수 있는지 보세요. 점선을 벗어나거나 정지하지 마세요. 반대로 가지 마세요."

공간의 개념·언어: 아동이 앞으로 가는 경로를 설명하도록 한다. "소년은 호수 옆을 걷고 있습니다. 길은 나무 근처에서 굽어져 있습니다. 가파른 언덕을 올라가야 합니다. 언덕을 올라가서, 내려오고, 초원을 가로질러 돌아와서는, 숲과 나무 사이를 지나가야 합니다. 다음은 다리를 건너고, 자갈밭과 덤블을 통과하여 절벽의 가장자리까지 갑니다. 이제 절벽을 내려가야 합니다. 사다리가 있군요. 조심해야 되겠어요. 이제 다시 숲 사이를 뛰어서 집에 도착합니다."

개념의 형성: 「초원」, 「숲」, 「자갈밭」 그리고 「도보로 걷다」와 같은 단어와 개념을 설명한다. 공간개념은 책상과 의자로 장애물을 만들어서 아동에게 위로, 아래로, 좌로, 돌아서 가게 하고, 각 장애물과의 관련성을 크게 말하도록 함으로써 가르칠 수도 있다.

쓰기·철자법·읽기: 충분히 발달된 아동에게는 "철수가 다리를 건너갑니다", "철수가 덤불 사이를 지나가고 있습니다"와 같은 완전한 문장을 써 보게 한다. 여타의 아동에게는 「호수」, 「덤불」과 같은 단어만 읽고 쓰게 한다.

개념의 형성·언어·쓰기: 도시나 시골에서 아동이 걸어서 멀리 가 본 경험(소풍 등)에 대해서 자신의 경험에 관해 간단한 문장으로 글을 지어 보게 한다.

과제 12	공간관계 지각: 유사점과 차이점(SR – 22)

과제 12, 13은 시각화와 지적훈련을 위한 것이다.

예비 훈련: 교실에서 사용하는 의자 2개로 과제 그림과 같이 위치를 변화시키면서 시범을 보여주면 아동에게 도움이 된다. 아스테이트 판을 1행 그림 위에 올려 놓고 적당한 색으로 그리게 한다. 이렇게 그린 아스테이트 판을 쌍선 아래에 맞추어 보고 일치하는 그림에 표시한다.

지시 사항: "좌측 상단에 있는 그림을 보세요. 의자가 서로 등을 맞대고 있습니다. 그림에 빨간색으로 표시를 하세요. 쌍선 아래에도 빨간색으로 표시를 한 그림과 동일한 그림이 있습니다. 동일한 그림을 찾아서 빨간색으로 표시를 하세요. 잘했습니다. 1행에서 중간에 있는 그림을 보세요. 파랑색으로 표시를 하세요. 동일한 그림을 쌍선 아래에서 찾아서 파랑색으로 표시를 하세요." 나머지도 같은 방법으로 지시를 한다.

사회성의 인식·언어: 다음과 같은 것을 아동에게 물어본다. "등과 등을 서로 마주 대고 앉을 때는 언제일까요?(기차에서의 좌석, 공원의 벤치 등)", "서로 마주보고 앉을 때는 언제일까요? 탁자에서 상담할 때, 기차에서 등)", "동일한 방향을 하고 앉을 때는 언제일까요?(교실, 극장, 버스에서 등)". 얼굴을 서로 마주 보면서 상대방이 등을 돌리면 어떤 기분인지를 이야기해 본다. 반대로 친근감을 가질 때는 얼굴을 서로 마주보거나 나란히 앉아서 이야기한다는 것도 알게 한다.

개념의 형성(시간의 흐름) **· 언어:** 식사를 할 때는 서로 마주보고 앉아야 한다고 알려 준다. 하루의 첫 번째 먹는 음식(아침밥; 조식), 두 번째 먹은 음식(점심밥; 중식), 마지막으로 먹는 음식(저녁밥; 석식)의 이름을 말해 보게 한다. 아동에게 학교에서 일어나는 중요한 일을 순서대로 말해 보게 한다. 주일뿐만 아니라 아침, 점심, 저녁, 한밤중의 개념을 알게 한다.

읽기 · 쓰기: 아침밥, 점심밥, 저녁밥, 간식 등의 식사에 관한 단어를 가르쳐 준다. 위의 단어 중 하나를 포함하는 문장을 만들어 보게 하고 각 단어를 바르게 쓴다.

동작교육 · 사회화: 탬버린을 치면서 의자 빼앗기 놀이를 한다.

과제 13	공간관계 지각: 유사점과 차이점(SR – 23)

지시 사항: 과제 12와 같으나 「두 개의 의자」를 「의자와 책상」으로 바꾸어 한다.

개념의 형성 · 언어: 과제 그림에 있는 가구의 사용에 관해 이야기한다. 공부할 때는 책상과 연관하여 의자는 어디에 있어야 하는지 물어 본다. 과제 그림에서 적당한 위치에 있는 것이 없다는 것을 찾아낼 것이다. 여러 가지 가구가 어느 방에 있는지 물어 본다. "침대는 부엌에 있습니까?" "냉장고는 화장실에 있습니까?"와 같은 넌센스 퀴즈를 내어 본다.

읽기 · 철자법 · 쓰기: 여러 가지 가구의 이름을 배워서 써 보게 하고 자기 방을 묘사하는 간단한 문장을 써 보게 한다.

과제 14	공간관계 지각: 역전과 반전 – 전체의 모습(PS – 20)

지시 사항: "좌측 상단을 보세요. 왼쪽에 타원형이 보이지요? 우측에서 동일한 위치로 놓여 있는 것을 찾아서 표시를 하세요. 자, 이제 두 번째 행을 보세요. 왼쪽에 있는 것은 원속에 작은 원이 하나 더 있습니다. 작은 원의 위치를 말해 보세요. 그래요, 왼쪽 위쪽에 있습니다. 두 번째 것은 어느 위치에 있지요? 그래요, 오른쪽 아래에 있습니

다.”

나머지 행도 동일한 방법으로 계속한다. 아동에게 첫 번째 상자의 그림과 같은 위치에 작은 원이 있는 상자에 표시를 하게 한다.

나머지 「아이스크림 콘」, 「원」의 행에서도 계속한다. 아동이 마지막 줄을 시도하기 전에 선생님은 아동이 「이」라는 글자를 형성하는 동그라미와 막대의 관계를 정확하게 설명할 수 있게 한다. 아동들은 「이」를 쓰는 과정을 말하면서 써야 한다: 「동그라미, 오른쪽에 막대기. 동그라미 오른쪽에 막대기」 그러고 나서 그들은 마지막 줄에서 잘못된 「이」자를 모두 지적할 수 있다.

순서 수: 각 행에서 좌측에 있는 도형과 동일한 도형은 몇 번째 것인지 말해 보도록 한다.

과제 15	시각-운동 협응: 보조선 없이 직선 긋기(VM - 69)

지시 사항: “여기에 집이 여러 채 있습니다. 좌측 상단에 있는 집은 굴뚝과 T. V. 안테나가 있습니다만 다른 집에는 없습니다. 옆집에도 손가락으로 굴뚝과 T. V. 안테나를 그려 보세요. 좋아요. 자, 이제 굴뚝이 어디에 있는지 말해 보세요.”(아동이 다음과 같이 말할 수 있도록 도와준다. “굴뚝은 지붕 위, 안테나 좌측, 우측 창문 위에 있습니다.” 안테나의 경우는 “굴뚝의 우측, 오른쪽 벽 위에 있습니다.” 출입문의 경우는 “창문의 사이에 있습니다” 등과 같이 하도록 도와준다) 그러고 나서 다음과 같이 계속한다. “그 다음 집에도 굴뚝을 그려 넣어 보세요. 지붕까지 두꺼운 직선을 아래로 긋고 나서 멈추세요. 자, 이제 안테나를 그려 보세요. 지붕 구석에 가는 선을 아래로 긋고 나서 수평으로 그리세요. 좋아요. 계속해서 나머지 집에도 굴뚝과 안테나를 그리세요.” 계속한다.

과제 16	지각 항상성: 형의 항상성(PC - 51)

예비 훈련: 지시를 하기 전에 정삼각형(6개)을 구분할 수 있도록 과제 8을 다시 보여준다. 능숙한 아동의 경우는 삼각형의 종류를 구별할 수 있다. 각을 잴 수 있도록 각도기의 사용법을 소개하도록 한다.

지시 사항: “집과 조화를 잘 이루는 지붕의 형태를 찾아내는 과제 8의 훈련을 기억하나요. 정삼각형이라고 하였는데 기억하나요? 세 변의 길이가 동일한 삼각형입니다. 여기에 있는 삼각형 가운데는 정삼각형이 여러 개 있습니다. 찾을 수 있는지 보세요. 여러분을 돕기 위하여 오려낸 정삼각형이 여기 있습니다. 여러 가지 삼각형들 위에 올려 놓고 각 변이 똑같은지 보세요. 동일한 것이 6개 있습니다. 찾았으면 외곽선을 그리세요.

잘했어요. 자, 자세히 보면 여러분이 표시한 것보다 크기는 작지만 정삼각형이 하나 더 있습니다. 찾았으면 그것도 외곽선을 그리세요.”

과제 17	도형-소지 지각: 교차선(FG – 46)

지시 사항: “여기에 교차하고 있는 길이 4개 있습니다. 우측 상단에 오리가 있지요? 이 오리가 아래쪽에 있는 오리에게로 걸어가려고 합니다. 빨간색으로 오리가 가는 길을 그려 보세요. 중간에서 멈추지 말고 끝까지 그리세요.”

다른 색을 사용하여 그 외 동물도 동일하게 지시한다.

개념의 형성 · 산수: 「한 쌍」의 개념을 복습한다. 두 마리의 고양이, 개, 토끼, 오리, 쥐는 모두 합하여 다섯 쌍이 된다고 설명한다. 장갑, 운동화, 양말 등과 같이 쌍을 이루는 물건을 말해 보도록 시킨다. 그리고 나서 두 개씩 묶어서 열까지 세어 보도록 한다. 또한 1부터 9까지 두 개씩 묶어서 세어 보게 한다.

언어: 애완동물에 관하여 이야기할 수 있는 기회를 가지게 한다. 「구불구불하다」라는 단어의 개념도 공부한다.

발음의 구별 · 쓰기: 애완동물, 고양이, 강아지의 단어를 배워서 써 보게 하고 간단한 문장을 만들어 보게 한다.

기억력: 그림을 보지 않고 5마리의 동물을 기억해서 말하고 쓰게 한다.

과제 18, 19	공간관계 지각: 유사점과 차이점(SR – 24, 25)

예비 훈련: 공간관계를 지각하는 데 장애가 있는 아동은 철사를 구부려서 과제 그림과 동일한 모형을 만든 다음 똑같은 것을 찾게 한다.

지시 사항: “페이지 상단에 모양이 다른 것이 4개 있습니다(가리킨다). 단어를 읽어 보세요. 그래요, 빨간색, 파랑색, 고동색, 초록색입니다. 빨간색으로 좌측 상단에 표시를 하세요. 빨간색으로 표시한 것을 자세히 보면 상단에 있는 다른 도형과 조금씩 다릅니다. 쌍선의 아래에서 빨간색으로 표시한 모양과 동일한 것이 있는지 보고 빨간색으로 표시를 하세요. 페이지 상단의 두 번째 그림을 보세요(가리킨다). 파랑색으로 표시를 하세요. 동일한 것을 찾아서 파랑색으로 표시를 하세요.” 나머지 모양도 다른 색을 사용하여 동일하게 지시한다.

유형의 분석·언어: 아동에게 도형의 특징과 차이점을 말해 보도록 도와주는 것이 중요하다. 그렇게 할 때, 시각자극과 함께 낱말을 정확하게 구사하는지 알 수 있다. 예를 들면, 과제 18에서는 빨간색으로 표시된 모양은 막대의 위쪽 끝에 오른쪽을 향한 타원이 있고, 아래쪽 끝에는 왼쪽을 향한 타원이 있다. 파랑색으로 표시된 것은 위쪽 끝에 좌측을 향한 타원이 있고, 아래쪽에는 짧은 수평선 끝에 타원이 있다. 과제 19는 다소 더 어려운 훈련과제이다. 각 도형의 특징을 지적하여 준다. 예를 들면, 빨간색 도형은 양선이 한곳에서만 교차하고 있기 때문에 다른 도형과 차이가 있다. 파랑색 도형은 두 곳에서 교차하고 있다. 고동색 도형은 중간에 삼각형이 있고, 초록색 도형은 아주 작은 삼각형이 있다.

과제 20	공간위치 지각: 그림 전체의 회전(PS-21)

지시 사항: "먼저 좌측 상단의 그림을 보세요. 사각형 한 쌍이 서로 교차하고 있습니다. 위쪽 사각형은 아래쪽 사각형보다 우측에 있습니다. 자, 이제 우측에 있는 사각형들 가운데 동일한 것을 찾아 보세요. 찾았으면 빨간색으로 표시를 하세요."
나머지 3개의 행도 동일한 방법으로 지시한다.

순서 수: "1행을 다시 보세요. 첫 번째 모양과 똑같은 모양은 몇 번째 것입니까? 맞아요. 세 번째입니다." 나머지 행도 같은 방법으로 차례에 대한 공부를 한다.

산수: 과제 17에서 2개씩 한 쌍으로 짝지어 숫자를 세는 방법을 상기시킨다. 2, 4, 6, …과 같은 방법으로 20까지 세어 보게 한다. 1, 3, 5, …와 같이 홀수로 세어 보게 한다.

기억력: 과제 그림을 보고 나서 덮은 후 각 행에 무엇이 그려져 있었는지 기억에 의해 말해 보게 한다.

언어: 과제 그림에 있는 모습을 보고 여러 가지 위치에 관해 이야기하게 한다.

동작훈련: 두 명의 아동을 쌍으로 서 있게 하고 한 아동이 팔을 움직일 때, 다른 아동도 똑같이 따라하도록 한다. 역할을 바꾸어서 해 본다. 4행에 있는 자세와 관련하여 각 아동이 감정을 묘사하게 한다. 아동에게 무거운 물건을 들거나 슬픈 감정을 표현하는 방법으로 어깨를 축 늘어뜨리고 방을 걸어다니게 한다. 그러고 나서 갑자기 좋은 소식을 듣거나 즐거운 감정을 나타낼 때를 표현해 보게 한다.

| 과제 21 | 지각 항상성: 형의 항상성과 입체도, 도형-소지(PC - 52) |

여기서는 조감도(입체)가 소개된다.

지시 사항: "여러분은 지금 탐정이 되어서 정사각형을 찾는 일을 해야 합니다(탐정의 의미를 아동에게 설명한다). 누군가가 각 사물에 적어도 한 개 이상의 정사각형을 감추어 놓았습니다. 찾아서 외곽선을 그려 보세요. 좋아요. 몇 개나 찾았습니까?(9개)"

기억력: 모두 마친 후 과제 그림에 있는 사물을 기억해서 열거하여 보게 한다.

언어·읽기·철자법·쓰기: 탐정이 하는 일에 관해 이야기한다. 상자에는 어떤 선물이 들어 있을지 상상해 보게 한다. 적절한 핵심 단어를 읽고 쓰게 하며, 중요한 단어를 포함하는 간단한 문장을 쓰게 한다.

| 과제 22 | 시각-운동 협응: 보조선 없이 수평선 긋기(VM - 70) |

과제 22, 23, 28은 시작점과 끝점을 잇는 수평선을 그리는 것이다. 페이지를 돌려서 하지 않도록 한다.

지시 사항: "사다리가 벽에 걸쳐 있습니다. 위쪽에 두 개만이 그려져 있습니다(가리킨다). 나머지도 그려 넣어 보세요. 시작점과 끝점이 보이지요. 양쪽에 있는 경계선을 넘지 말고 그려 보세요."

순서 수: 아동에게 순서 수를 사용하여 계단의 수를 1부터 16까지 큰소리로 말하게 한다. 또한 여러 가지 색을 사용하여 지시하는 계단에 표시를 하게 한다. 예를 들면, "첫 번째 사다리의 첫 번째 계단에 표시를 하세요. 두 번째 사다리의 일곱 번째 계단에 표시하세요. 세 번째 사다리의 13번째 계단에 표시를 하세요"와 같이 계속한다.

기억력: 한 번에 여러 개의 계단을 불러 주고서 표시를 하게 함으로써 기억력 훈련을 시킬 수 있다. 예를 들면, 첫 번째 사다리의 첫 번째와 두 번째 계단, 두 번째 사다리의 세 번째와 네 번째 계단, 그리고 세 번째 사다리의 여섯 번째와 일곱 번째 계단에 표시하라고 지시한다. 표시하기 전에 교사의 지시를 반복하여 말해보게 한다.

언어·시각화: "사다리 위에 무엇이 있을 것 같아요?" "여러분은 사다리를 무엇에 사용할 것입니까?"와 같은 질문을 한다. 사다리에 관한 이야기나 문장을 칠판에 쓰고 아동이 따라 쓰게 한다.

| 과제 23 | 시각-운동 협응: 보조선 없이 수평선 긋기(VM-71) |

지시 사항: "여러분은 지금 사격장에 와 있습니다. 사격대회에서 우승을 하고 싶어합니다. 총알이 가는 선을 그려 보세요. 이쪽 공기총 앞에서(가리킨다) 이쪽 새부리까지 (가리킨다) 수평선을 똑바르게 그려 보세요."

개념의 형성·언어: 사격장과 사격대회에 관하여 이야기한다. 가능하면 사진을 보여 준다.

| 과제 24 | 도형-소지 지각: 교차선(FG-47) |

지시 사항: "여기에 구불구불한 선이 여러 개 엇갈려 있습니다. 한쪽 끝에는 작은 글씨로, 다른 쪽 끝에는 큰 글씨로 숫자가 써 있습니다. 위쪽에 큰 글씨로 ①이라고 써 있는 선이 보입니까? 그 선의 끝에는 작은 글씨로 ①이라고 써 있습니다(필요하면 숫자를 가리킨다). 손가락을 ①이라는 숫자에 대고 선을 따라 그려 보세요. 빨간색으로 선을 따라 그려 보세요. 중간에서 멈추지 말도록 하세요. ②라는 숫자가 있는 선이 보이지요? 손가락을 대고 그려 보세요. 초록색으로 선을 따라 처음부터 끝까지 그려 보세요." 나머지 숫자도 같은 방법으로 지시한다.

산수: 1부터 8까지의 수 개념을 복습한다.

| 과제 25 | 공간관계 지각: 유사점과 차이점(SR-26) |

예비 훈련: 훈련을 하기 전에 성냥으로 그림과 같이 만들어 보거나 크레용으로 따라서 그려보게 함으로써 도형을 분석 및 종합하여 보게 한다.

지시 사항: 과제 18, 19와 동일하게 한다.

유형의 분석·언어: 도형의 유사점과 차이점을 말하여 보도록 아동을 도와준다. 2개의 사각형, 한쪽 끝에 변이 없는 삼각형, 그리고 다른 쪽 끝에 선이 하나 추가되어 있다는 점을 강조한다. 아동이 색칠을 하거나 성냥개비를 정렬시킬 때 꼬리에 추가되는 성냥개비의 위치를 설명하게 한다. 예를 들면, "빨간색 그림에서는 좌측 하단에, 파랑색 그림에서는 우측 하단에 있습니다"와 같이 하게 한다.

| 과제 26 | 시각-운동 협응: 보조선 없이 선 긋기(VM - 72) |

여기서는 앞에서 훈련한 2개의 점을 연결하는 것을 강조하는 것이다.

지시 사항: "모든 네모상자 안에 3개의 점이 있습니다. 좌측 상단에는 각 점이 서로 연결되어 삼각형을 구성하고 있습니다(가리킨다). 점들을 연결하여 삼각형을 만들어 보세요. 각 점에서 정확히 시작하여 정확히 멈추세요. 주의하면서 바르게 실시하세요."

개념의 형성(기하학적 도형): 정삼각형의 개념을 복습한다. 정삼각형이라는 것을 확인하기 위하여 3변을 재어 볼 수도 있다.

산수: 곱셈의 개념을 소개하거나 복습한다. 아동에게 다음과 같이 말한다. "각 줄에는 몇 개의 삼각형이 있지요? 그래요, 4개가 있습니다. 몇 개의 행이 있습니까? 그래요, 4개입니다. 모두 16개입니다. 맞는지 세어 보세요. 4와 4를 곱해서 16이라는 숫자가 나왔습니다. 4 곱하기 4는 16입니다."

| 과제 27 | 공간위치 지각: 도형의 세부 위치(PS - 22) |

과제 27, 33, 38, 43, 58, 65, 72는 아동이 도형에서 세부적인 위치를 구분하도록 도와주게끔 고안되었다. 어느 정도는 공간관계의 지각을 포함하지만 관계가 매우 단순하고 다른 도형과의 관계뿐 아니라 신체와 관련하여 세부적인 위치를 지각하여 문제를 해결할 수 있기 때문에 공간에서의 위치로 분류된다.

예비 훈련: 블럭이나 두꺼운 종이를 사용하여 한 부분에 차이가 있는 한 쌍의 모형을 만들어 준다. 아동에게 차이점을 말하여 보게 하고 수정하도록 한다.

지시 사항: "첫 번째 행을 보세요. 좌측에 있는 도형이 보입니까?(가리킨다) 삼각형이 어디에 있습니까? 그래요, 원의 상단 중앙에 있습니다. 이럴 때 우리는 '서로 교차하고 있다' 라고 합니다. 두 번째 도형을 보세요. 약간 다르지요? 어떻게 다릅니까? 그래요, 원 안에 삼각형이 있습니다. 여전히 꼭대기 근처에 있으나 교차하고 있지는 않습니다. 세 번째 도형을 보세요. 첫 번째 것과 같습니까? 그래요, 같습니다. 삼각형이 정확히 동일한 위치에 있습니다. 마지막 것은 어떻습니까? 다르지요? 어떻게 다릅니까? 그래요, 삼각형이 거꾸로 되어 있습니다. 자, 이제 좌측과 동일한 도형에 표시를 하세요. 좋아요. 두 번째 행을 보세요. 좌측과 동일한 도형을 찾아서 크레용으로 표시를 할 수 있습니까? 나머지 2개는 어떤 점이 다릅니까?" 만약 아동이 어려워하면 첫 번째 행과 같이

삼각형에 있는 원의 위치를 설명하도록 한다. 나머지 행도 동일하게 지시한다.

기억력: 좌측에 있는 그림을 약 1초 동안 보고 나서 보지 않고 그려보게 한다.

과제 28	시각-운동 협응: 보조선 없이 수평선 긋기(VM – 73)

지시 사항: "페이지 상단을 보면 3명의 소년과 1명의 소녀가 줄다리기 놀이를 하고 있습니다. 소년 2명이 한쪽 끝을 당기고 있고 소년 1명과 소녀 1명이 반대쪽에서 당기고 있습니다. 양쪽에 있는 아동은 손으로 줄을 당기고 있습니다(가리킨다). 아래의 그림에는 줄이 없습니다. 줄을 주고 당기게 할 수 있습니까? 위쪽과 동일하게 선을 그려 넣으세요. 그릴 때 멈추거나 반대쪽으로 그리지 않도록 하세요."

산수: 16까지 짝수를 세어 보게 한다.

과제 29	지각 항상성: 형의 항상성과 도식적 그림(PC – 53)

지시 사항: "여기에 여러 가지 그림이 있습니다. 그림 속에는 여러 가지 삼각형이 감추어져 있습니다. 삼각형을 모두 찾아서 외곽선을 그리세요. 다시 또 여러분은 탐정이 되어야 합니다. 탐정이 무엇을 의미하는지 기억하세요?"

기억력: 훈련을 마친 후 6가지 사물 이름을 보지 않고 기억해서 말하게 한다.

산수: 과제 그림에 있는 삼각형의 수를 세어 보게 한다(나무에 1개, 보트에 3개, 메거폰을 든 소년의 그림에 1개, 모자를 쓴 소년의 그림에 1개, 봉투에 3개, 텐트에 2개를 합하여 모두 11개).

개념의 형성 · 언어: 우편제도에 관하여 이야기한다. 아동에게 간단히 편지를 쓰게 하고, 너무 어려우면 모자, 텐트, 나무와 같은 단어를 배워서 써 보게 한다.

과제 30	도형-소지 지각: 겹친 그림(FG – 48)

교차해 있는 선보다 교차해 있는 그림을 구별하는 것이 더 어렵다. 아동은 줄이 교차해 있는 것을 보는 것에는 익숙해 있지만, 그림이 서로 교차해 있는 것에는 익숙하지 않다.

예비 훈련: 좌측 상단에 있는 모자와 동일한 모형을 잘라내어 아동에게 준다. 필요하

면 다른 도형도 오려서 아동에게 준다. 그러고 난 후 과제 그림 위의 모자를 구분해 보게 한다. 필요하면 도와주고 틀린 답을 하기 전에 미리 확인해 간다.

지시 사항: "누군가 모자걸이에 있는 모자를 던졌습니다. 몇 개나 있는지 보기 위하여 여러 가지 색으로 외곽선을 그려 봅시다. 먼저 빨간색 크레용으로 특정 모자 외곽선을 그려 보세요. 종이에서 크레용을 떼지 마세요. 녹색 크레용으로 다른 모자의 외곽선을 그려 보세요(각 모자마다 다른 색을 사용하여 동일하게 지시한다). 자, 이제 모자가 몇 개 있는지 말해 보세요. 그래요, 파티에 참석한 사람은 모두 5명입니다."

언어: 아동에게 각 모자를 설명하게 하고, 각 모자의 기능을 이야기하게 한다. 카우보이 모자, 광대 모자, 가죽 모자 등이 있다.

미술·사회화: 아동에게 종이로 모자를 만드는 방법을 보여 주고, 일상적인 활동에서 벗어나 과자를 가지고 파티를 열어 본다. 파티를 계획할 때는 아동과 함께 한다.

과제 31	공간관계 지각: 유사점과 차이점(SR - 27)

예비 훈련: 훈련을 하기 전에 그림에 나타난 사물의 위치를 설명하게 한다. 예를 들면, 좌측 상단의 빨간색 상자 속을 보면 침대는 책상 좌측에, 램프는 책상 우측에, 책상은 침대와 램프 사이에 있다. 또한 침대 머리는 왼쪽을, 침대 끝은 오른쪽을 향하고 있다. 아동에게 위와 동일한 장난감 가구를 주고 지시에 따라 여러 가지 위치로 배치시키도록 한다. 예를 들면, "램프는 좌측에, 책상은 우측에, 침대는 중앙에 놓으세요, 침대 머리는 우측을 향하게 하고요"와 같이 지시한다.

지시 사항: "페이지 상단을 보세요(가리킨다). 왼쪽의 그림에 침대, 책상, 그리고 램프가 있습니다. 빨간색으로 표시를 하세요. 아래의 나머지 그림도 동일한 것을 찾아서 빨간색으로 표시를 하세요. 물건이 바르게 배치되어 있어야 한다는 것을 명심하세요. 다음은 옆의 그림을 보세요. 파랑색으로 표시를 하세요. 침대가 반대로 놓여져 있네요. 동일한 그림을 찾아서 파랑색으로 표시를 하세요. 또 그 옆의 그림을 보면 램프가 책상 좌측에 있습니다. 초록색으로 표시를 하세요." 동일한 방법으로 나머지도 지시한다.

개념의 형성·언어·쓰기: 가구의 개념을 복습한다(과제 12, 13 참조). 가구에 속하는 물건의 이름을 말하게 한다. 가능하면 짧은 문장을 사용하여 램프, 침대, 책상과 같은 단어를 쓰게 한다.

과제 32	공간관계 지각: 유사점과 차이점(SR - 28)

지시 사항: 과제 31과 같으나 램프를 의자로 바꾸어 지시한다.

과제 33	공간위치 지각: 도형의 세부 위치(PS - 23)

지시 사항: "먼저 첫 번째 행을 보세요. 왼쪽의 도형이 보이지요?(가리킨다) 일부가 잘려나간 케이크와 같이 보이지요? 동일한 도형을 찾을 수 있습니까? 2개는 약간 다르지만 1개는 똑같습니다. 동일한 것에 표시를 하세요. 다른 2개는 어떻게 다른지 말해 보세요(조각이 조금 더 돌이기 있다)." 나머지 행도 동일한 방법으로 지시한다. 마지막 행은 봉투에 붙어 있는 우표를 보여준다.

유형의 분석 · 언어: 아동에게 각 형태의 차이점을 설명하게 한다. 예를 들면, 첫 번째 행의 좌측 그림에서는 케이크 조각이 우측 상단에 있습니다. 옆의 것은 조금 더 우측에 있습니다. 원주, 반지름의 개념을 말해준다. 2개의 선이 원의 중앙에서 시작하기 때문에 반지름이라 한다.

개념의 형성 · 언어: 우표수집에 관하여 이야기하고, 여러 나라의 우표를 보여준다. 그림의 모습, 차이점 등을 이야기한다.

미술 · 쓰기 · 작문: 우표를 직접 도안하여 보게 한다. 아동 상호간에 우편엽서를 보내게 한다. 한쪽 면에는 그림을 그리고, 다른 쪽은 적당한 위치에 우표, 주소, 내용을 기재한다.

과제 34	시각-운동 협응: 보조선 없이 사선 긋기(VM - 74)

과제 34, 44, 50, 57, 67, 73은 사선을 그릴 수 있는 능력을 기르기 위해 고안되었다.

예비 훈련: 많은 아동은 이번 훈련을 어려워한다. 이럴 경우에는 동심원이 여러 개 그려진 종이와 자를 주고서 자를 옮겨 가면서 원의 중심에서 선을 긋도록 한다. 그런 후 자의 도움 없이 할 수 있게 된다.

지시 사항: "좌측 상단에 화살이 박힌 표적이 있습니다 다른 표적에는 화살이 없습니다. 다른 표적에 활을 쏘아 보도록 해야 합니다. 여러분이 원하는 대로 표적에 꽂힌 화살을 그려 넣을 수 있습니다. 중앙에 꽂히도록 하세요. 직선이 되어야 합니다."

| 과제 35 | 지각 항상성: 형의 항상성과 도식적 그림(PC - 54) |

지시 사항: "곤충이 들어 있는 상자가 있습니다. 제일 위쪽 상자에 무엇이 들어 있습니까? 그래요, 파리입니다. 파리를 집어넣기 위하여 다른 상자가 필요합니다. 우측에 있는 상자 중에서 파리를 넣을 상자를 찾아보세요. 찾아서 두 상자를 선으로 서로 이어 보세요. 두 번째는 어떤 곤충입니까? 그래요, 나비입니다."

나머지도 같은 방법으로 지시한다.

개념의 형성·자연학습: 곤충에 관해 공부할 수 있는 아주 좋은 기회이다. 곤충은 머리, 복부, 흉부의 3부위로 나누어진 몸통, 날개, 그리고 6개의 다리를 가진다는 점을 설명한다. 등뼈는 없지만 몸체를 덮고 있는 단단한 껍질이 있다. 가재, 새우와 같은 해면동물도 역시 단단한 껍질은 있으나 곤충은 아니다. 물론 그림에 있는 송충이도 곤충은 아니다. 알-송충이-번데기-나방의 단계를 설명한다. 교사가 원하는 방법으로 수업의 내용을 확장시킬 수도 있다.

언어·쓰기: 나비, 곤충, 식물, 광물, 우표, 그림 등의 수집에 관한 이야기를 한다. 아동에게 지금 수집하고 있는 것이 무엇이며, 무엇을 수집하고 싶어하는지 물어본다. 위의 주제에 관하여 간단한 문장을 써 보게 한다.

| 과제 36 | 도형-소지 지각: 겹친 그림 도형(FG - 49) |

예비 훈련: 왼쪽에 있는 철탑 전신주 외곽선을 따라 긋게 한다. 철탑 전신주 중간중간에 있는 철막대는 전신주 구조를 지탱하기 위하여 필수적이라는 점을 설명한다. 구조를 이해하게 되면 아동은 쉽게 우측에 있는 철탑 전신주를 구별할 수 있다.

지시 사항: "여기에 철탑 전신주가 그려져 있습니다. 왼쪽에 2개의 전신주가 조금 겹쳐져 있습니다(가리킨다). 확실히 볼 수 있도록 빨간색으로 왼쪽 전신주 외곽선을 따라 그리세요. 자, 이제 초록색으로 두 번째 것의 외곽선을 그려 보세요. 잘했습니다."

중간 훈련: 우측에 그려져 있는 그림은 더 복잡하다. 시작하기 전에 교사는 다른 색으로 그림에 외곽선을 그려서 아동이 전신주의 위치를 볼 수 있도록 한다.

지시 사항: "우측에 있는 3개의 전신주에 여러 가지 색을 사용하여 외곽선을 그려 보세요."

개념의 형성·언어·쓰기: 전기 발생과 발전소의 기능에 관해 학습하고, 전기의 사용에 관하여 이야기한다. 전기에 관한 간단한 문장을 써 보게 한다.

동작 훈련: 전신주에 오르는 동작을 천천히, 그리고 빠르게 해 본다.

과제 37	공간관계 지각: 목표점까지의 지름길(SR – 29)

지시 사항: 다양한 지시를 할 수 있는 과제이다. 기차를 타고 각 동네까지 도달하는 가장 짧은 길을 찾아서 여러 색을 사용하여 선을 긋게 한다. 또는 각 동네에서 동네까지 가장 짧은 길이나 가장 먼 길을 그려보게 한다. 그림에 관해 간단한 문장을 쓰게 한다.

측량: 여러 지점(예를 들면, 대구역과 동인동) 사이의 거리를 측량할 수 있도록 긴 줄을 준다. 그런 후 줄의 길이를 자에 대고 잴 수 있다. 여러 지역을 나타내는 지도를 만들어 볼 수도 있다. 곡선으로 놓여 있을 때 선의 길이가 직선으로 놓여 있을 때의 선의 길이보다 짧게 보이더라도 길이에는 변화가 없다는 것을 알려준다.

개념의 형성·언어·쓰기: 사람, 화물, 우편을 수송하는 기차의 중요성을 이야기한다. 영화나 그림을 통하여 여러 형태의 기관차나 화물차에 관하여 이야기한다. 운송 또는 수송의 개념을 소개하거나 설명한다. 교사에 따라 학습내용과 수준을 변화시킬 수 있다.

과제 38	공간위치 지각: 도형의 세부 위치(PS – 24)

지시 사항: 과제 33과 같다.

유형의 분석·언어: 과제 33과 같이 여러 가지 다양한 도형을 보고 선의 방향, 위치, 길이의 차이점을 설명하게 한다. 첫 번째 행에서는 「4등분」, 「2등분」의 개념을 알려준다. 두 번째 행에서는 각 도형에 있는 삼각형의 수를 세어 보게 한다. 필요하다면 정삼각형과 직각삼각형의 개념을 복습한다.

과제 39	지각 항상성: 형의 항상성과 도식적 그림(PC – 55)

과제 39, 45는 정확한 지각을 할 수 있도록 고안된 것이다. 즉, 동일한 외형을 가진 도형의 표면에 표시를 하는 것이다. 크기가 같고, 형태가 정확하게 동일하지는 않지만, 외형상 동일한 형태를 가진 표면에 표시를 한다. 이러한 것은 잘라낸 도형을 사용하여

시범을 보여 줄 수도 있다. 읽기와 철자법을 능숙하게 하기 위해서는 같은 것을 정확하게 지각할 수 있어야 한다. 복잡한 문맥에서 같은 것을 구별하는 것은 차이점을 구분하는 데 도움이 된다.

지시 사항: "먼저 첫 번째 행을 보면 좌측에 정삼각형이 있습니다. 오른쪽에는 2개의 블럭이 있습니다. 그 중에서 한 개는 좌측과 같은 삼각형입니다. 찾아서 삼각형에만 외곽선을 그려 보세요. 약간 돌려져 있습니다." 나머지도 같은 지시를 한다. 단지 삼각형을 사각형과 반원으로 대체하도록 한다.

개념의 형성(기하학적 도형)·**언어**: 입체물의 종류를 소개하거나 복습한다.

과제 40	도형-소지 지각: 겹친 그림(FG-50)

예비 훈련: 과제 40, 46, 52, 56은 앞에서 실시한 「교차된 도형」보다 훨씬 복잡하다. 교사가 하나의 그림을 손가락으로 따라 그리면서 시범을 보인 후 아동이 따라하게 하면 크게 도움이 된다.

지시 사항: "두 소년이 놀이를 하고 있습니다. 빨간색으로 똑똑히 볼 수 있도록 한 소년의 형태에 외곽선을 그려 보세요. 다음 소년은 파랑색으로 외곽선을 그려 보세요.

동작 훈련·시각-운동의 전이: 그림에 나타난 대로 동작을 취하게 한다. 한 동작에서 다른 동작으로 바꾸기 위해서 손을 움직이게 한다. 여기서는 왼쪽 팔의 움직임이 필수적이다. 몇 번 흔들고서 마음대로 동작을 취해 보게 한다. 팔을 아주 강하게 앞, 뒤로 흔들며 몸을 따라서 움직이게 하면 아동의 움직임이 향상된다.

과제 41, 42	공간관계 지각: 목적지까지의 지름길(미로놀이)(SR-30, 31)

미로훈련은 운동계획을 제공하는 데 매우 효과적이다. 과제 42에서 두 개의 길을 그려야 한다는 것 외에는 지시사항이 같다. 두 개의 길을 그릴 때 각각 다른 색을 사용하게 한다.

지시 사항 : "여기에 있는 그림은 미로입니다(미로가 무엇인지 알려주고 필요하면 칠판에 시범을 보여준다). 미로의 위에 입구가 있고 아래에 출구가 있습니다(가리킨다). 입구에서 시작하여 출구까지 칸막이 선을 넘지 말고 그려 보세요."

교정 훈련: 아동이 어려워하면 아동의 능력에 맞게 미로를 간단하게 수정한다. 아동들의 성격은 대부분 이러한 미로게임을 좋아한다.

과제 43	공간관계 지각: 도형의 세부 위치(PS – 25)

지시 사항: "첫 번째 행의 좌측에 빨강이라는 단어가 있습니다(가리킨다). 빨간색으로 표시하세요. 쌍선 아래쪽에 그려 있는 나머지 도형들을 보세요. 같은 것이 있으면 빨간색으로 표시를 하세요. 잘했습니다. 두 번째는 파랑이라고 써 있습니다. 파란색으로 표시를 하세요. 같은 것을 찾아서 파란색으로 표시를 하세요." 고동색으로 표시된 것도 같은 방법으로 지시를 한다.

유형의 분석 · 언어: 방향과 위치를 사용하여 각 도형의 차이점을 설명하도록 한다. 아동은 다음과 같이 정확하게 설명할 수 있어야 한다. "빨간색으로 표시한 도형은 원의 위쪽이 열려 있고 아래에는 수평선이 있으며, 파란색으로 표시한 도형은 원의 아랫부분이 열려 있고, 아래에는 수평선이 있다. 그리고 고동색으로 표시한 도형은 위쪽에 수평선이 있고, 원의 아래쪽이 열려 있다." 수평선과 수직선을 복습한다.

산수 · 곱셈: 앞에서 우리는 곱셈의 개념을 배웠다. 여기서 아동은 '3×3=9이다.' '3×4=12이다'라는 수식을 알 수가 있다. 전체를 계산하면 3×4=12가 되고, 쌍선 아래 부분만 계산을 하면 3×3=9가 되기 때문이다.

과제 44	시각-운동 협응: 보조선 없이 사선 긋기(VM – 75)

지시 사항: "좌측 상단에 빛을 발하고 있는 태양 그림이 있습니다. 다른 태양에도 빛을 그려 넣어 보세요. 태양 외곽선에서 시작하는 선을 아무 방향으로나 그려 보세요."

교정 훈련: 아동이 어려워하면 자를 사용하여 사선을 그려보게 한다. 정하여지지 않은 시작점에서 특정한 점까지 사선을 그을 수 있도록 하는 프로그램을 만들어서 아동에게 그려보게 한다.

언어 · 쓰기 · 작문 · 미술: 태양에 관한 공부를 해 본다. 태양 주위를 도는 지구의 움직임에 관해 이야기한다. '맑은 날'이라는 제목의 그림을 그리게 하고, 그림을 설명하는 간단한 문장(그림일기 등)을 쓰게 한다.

과제 45	지각 항상성: 형의 항상성과 입체도(PC – 56)

지시 사항: "첫 번째 행을 보면 삼각형이 있습니다. 오른쪽에는 여러 개의 입체 블록이 있습니다. 그 중 하나에는 왼쪽과 같은 삼각형이 들어 있습니다. 찾아서 외곽선을 그려 보세요." 두 번째 행에서는 삼각형을 사각형으로 바꾸어 지시한다. "세 번째 행을 보세요. 왼쪽에는 반원의 형태가 있습니다. 반원과는 형태가 약간 다릅니다. 외곽선을 그려 보세요. 잘했습니다. 우측에서 동일한 형태를 찾아서 외곽선을 그려 보세요."

과제 46	도형-소지 지각: 겹친 그림(FG – 51)

지시 사항: "춤을 추는 3명의 소녀가 있습니다. 왼쪽의 소녀를 보세요(가리킨다). 교사가 손가락으로 선을 따라 그릴 때 주의 깊게 보도록 하세요. 여러분도 손가락으로 그려 보세요. 자, 중간에 있는 소녀를 보세요. 손가락으로 따라 그려 보세요. 파랑색으로 외곽선을 그려 보세요." 같은 방법으로 나머지도 지시한다.

개념의 형성·언어: 문화권에 따라 춤의 형태도 여러 가지가 있다. 여러 가지 춤에 관해 공부해 본다. 사진이나 영화를 보여주는 것도 좋다.

동작 훈련: 아동에게 중간에 있는 그림과 같은 형태로 서게 한다. 그리고 난 후 손을 흔들면서 마음대로 돌거나 뛰는 동작을 하게 한다.

과제 47	공간관계 지각: 목적지까지의 지름길(SR – 32)

지시 사항: "두 개의 미로가 있습니다. 먼저 위쪽을 보세요. 출발점을 손가락으로 짚어 보세요(가리킨다). 도착점까지 길을 찾을 수 있는지 보세요. 손가락이 경계선을 넘어가지 않도록 조심하세요. 다시 출발점을 보세요. 도착점까지 눈으로 따라가 보세요. 이제, 크레용을 들어서 출발점에서 시작하여 도착점까지 그려 보세요. 경계선을 넘지 마세요."

아래에 있는 미로도 같은 방법으로 실시한다.

과제 48	공간관계 지각: 색칠에 의한 도형 완성(SR – 33)

여기서는 공간관계 지각과 도형-소지 지각을 포함하고 있다.

지시 사항: "왼쪽에 있는 체리(버찌), 꽃, 무당벌레 그림을 자세히 보세요. 어떤 것들은 색이 칠해져 있고, 어떤 것들은 색이 칠해져 있지 않습니다. 오른쪽에도 왼쪽과 똑

같이 되도록 색칠하세요."

개념의 형성·언어: 체리(버찌)와 같은 과일류, 꽃, 그리고 곤충의 개념을 복습한다. 그림에 있는 것 이외에 각 부류에 속한 사물의 이름을 말해 보게 한다. 위에서 언급한 개념 이외에 전체, 일부, 조금, 대부분의 개념도 복습한다.

과제 49	공간관계 지각: 도형의 세부 위치(PS - 26)

지시 사항: "쌍선 위를 보세요. 왼쪽에 있는 도형 위에 '빨강'이라고 쓰여 있으니, 빨간색으로 표시를 하세요. 쌍선 아래쪽에서 같은 도형을 찾아 빨간색으로 표시를 하세요. 가운데를 보면 '파랑'이라고 써 있습니다. 파랑색으로 표시를 하세요. 쌍선 아래쪽에서 같은 형태에 파랑색으로 표시를 하세요." 고동색으로 표시된 도형도 같은 방법으로 지시를 한다.

유형의 분석·언어: 3개의 그림을 보고 차이점을 이야기하도록 도와준다.

기억력·미술: 먼저 아동에게 같은 형태로 그리게 한 후 기억에 의해 그려보도록 한다.

과제 50	시각-운동 협응: 보조선 없이 사선 긋기(VM - 76)

지시 사항: "과제 44에서 한 것을 기억하세요. 이번에는 원판에 꽂힌 바늘을 그려야 합니다. 좌측 상단에 바늘이 꽂힌 원판이 있습니다. 다른 그림에는 바늘귀가 있습니다. 바늘을 곧게 그릴 수 있는지 보세요. 바늘귀에서 원판의 외곽에 선을 그리면 됩니다. 원판 중심을 향하도록 그리세요." 필요하면 시범을 보여준다.

교정 훈련: 과제 44와 같으나 지정된 시작점에서 선을 그리도록 하는 것이 다르다.

셈하기: 바늘 수를 세도록 하고, 과제 그림 모두에서 전체의 수를 세어서 써 보도록 한다.

과제 51	지각 항상성: 실제 크기와 그림상의 크기(PC - 57)

과제 51, 54는 평면에 표시된 그림을 보면서 실제 크기를 개념화하는 능력을 기르는 것이다. 일부의 아동은 그림에 나타난 정보를 이해하지 못한다. 이유는 사진이나 그림을 보고서 사물의 비교적인 크기와 공간관계를 이해하지 못하기 때문이다. 여기서는 그림의 크기가 사물의 높이, 넓이, 면적 등과 항상 관계가 있는 것은 아니라는 것을 알게

해 준다.

지시 사항: "그림을 보세요. 첫 번째 행에 무엇이 있습니까? 그래요, 팽이, 집, 말이 있습니다. 크기가 같아 보이지요? 실제로는 어떤 것이 제일 클까요? 그래요, 집이 제일 큽니다. 빨간색으로 표시를 하세요. 실제로는 어떤 것이 가장 작을까요? 그래요, 팽이입니다. 녹색으로 표시를 하세요. 중간 크기의 것에는 갈색으로 표시를 하세요. 다음은 두 번째 행을 보세요. 무엇이 있지요? 고양이, 시계, 숙녀가 있습니다. 가장 큰 것에 빨간 색, 가장 작은 것에 녹색, 그리고 중간 크기에 갈색으로 표시를 하세요."

언어 · 시각화 · 심상: 여타의 그림이나 사진을 보여주고 이야기한다. "집 근처에 있는 사람은 누구입니까?" "어떤 차가 멀리 있습니까?" "그림에 있는 정원은 우리의 운동장 보다 클까요, 작을까요?" "만약 소녀가 친구를 만나려면 강을 건너야 합니까?" "나무 는 집 사이에 있습니까?"와 같이 그림과 관계된 질문을 한다.

사회적 · 정서적 조절: 사진에 나타난 사람들의 기분은 어떠하며, 상호간에 어떠한 행 동을 하고 있는지 아동과 함께 이야기해 본다.

개념의 형성 · 언어: 그림에 나타난 것 중 운송수단은 어떤 것이며, 의복 · 동물 등은 어떤 것인지 물어 본다. 다른 부류에 속하는 것들도 말해 보게 한다. 과제 그림에서 얼 굴의 일부분을 가리켜 보게 하고, 집안에 있는 물건 2가지, 음식물 2가지, (비행기의 경 우는 공중을 날아다니지만) 살아 있지 않은 것 3가지, 물에서 움직이는 것(보트), 땅 위 에서 움직이는 것(팽이), 입을 수 있는 것을 손가락으로 가리켜 보게 한다.

읽기 · 쓰기: 아동의 수준에 맞는 적절한 단어를 읽고 쓸 수 있도록 한다.

과제 52	도형-소지 지각: 겹친 그림(FG - 52)

지시 사항: "외출하기 위해 걸어가고 있는 가족이 있습니다. 누가 있지요? 아빠, 엄 마, 소년, 소녀가 있습니다. 소년은 어떤 색으로 표시를 할까요? 좋아요, 크레용을 들고 외곽선을 그으세요. 외부만을 그리세요. 크레용을 멈추지 말고 긋도록 하세요. 자, 이제 다른 색의 크레용으로 엄마의 모습에 외곽선을 그으세요."

나머지도 이와 같은 방법으로 지시를 한다.

언어 · 쓰기 · 작문: 산보에 관한 문장을 써 보게 한다. 예를 들면, 어디에 가고 싶은

지, 무엇을 보고 싶은지 등에 관해서이다. 문장을 쓰지 못하면 아동은 말을 하고, 교사
가 받아 쓰도록 한다.

신체상·신체도식: 과제 그림에 나타난 것과 같은 포즈를 취하게 한다.

과제 53	공간관계 지각: 색칠에 의한 도형 완성(SR - 34)

지시 사항: "좌측 상단에 있는 두 개의 그림을 보세요. 왼쪽의 일부는 색칠이 되어
있습니다. 오른쪽 것도 왼쪽과 같게 되도록 색칠해 보세요." 다른 것도 동일히게 지시
한나.

교정 훈련: 아동이 어려워하면 오른쪽 그림에 색칠을 하기 전에 왼쪽 그림의 색칠된
부분에 좋아하는 색으로 먼저 칠을 하게 한다.

균형: 이쑤시개와 같은 얇은 막대를 아동에게 주고 나서, 상단에 있는 그림을 두 개
로 나눌 수 있도록 놓아 보게 한다. 수직으로 놓아야만 정확히 2등분할 수 있다는 것을
알게 된다. 두 번째 행에서는 두 가지 방법이 있다. 좌측 상단에서 우측 하단으로, 우측
상단에서 좌측 하단으로 사선을 그으면 된다. 세 번째 행에서는 수직선을 긋는 방법 외
에는 없다. 네 번째 행에서는 3가지 방법이 있다. 수직선과 2개의 사선을 긋는 것이다.
이러한 방법으로 균형적인 배열을 이해하게 된다.

과제 54	시각 항상성: 실제 크기와 그림상의 크기(PC - 58)

지시 사항: 과제 51과 같다.

개념의 형성: 개념을 넓히기 위하여 동물, 땅콩, 가구, 장난감 등을 찾아서 이름을 말
해 보게 한다.

과제 55	공간관계 지각: 색칠에 의한 도형 완성(SR - 35)

지시 사항: 과제 53과 같으나 더 어렵다.

균형: 상단의 그림을 자세히 보게 하고, 큰 삼각형들의 차이점 때문에 균형이 잡혀
있지 않다는 것을 알려준다. 그러나 아동이 훈련을 성공적으로 끝내면, 큰 삼각형을 동
일한 색으로 칠하여 균형이 잡히게 된다. 여기서는 4개의 축이 생길 수 있다(수평축, 수

직축, 그리고 양쪽 구석). 두 번째 행의 유형은 수직축을 따라서 균형이 잡혀 있다. 그러나 더 이상의 색을 칠하지 않으면 수평축을 따라서는 균형이 잡히지 않는다. 세 번째 행의 유형은 타원을 동일한 색으로 칠하면 균형이 잡히게 된다. 3가지 방법이 있는데 모두 그림에 나타난 직선을 따라서 그으면 된다.

산수: 균형을 잡기 위하여 색칠을 하기 전에 첫 번째 행의 유형에서 나타난 삼각형의 수를 세게 한다(16개). 그리고 나서 두 번째 행에 있는 삼각형의 수를 세게 한다(32개).

과제 56	도형-소지 지각: 겹친 그림(FG - 53)

지시 사항: "5마리의 동물이 있습니다. 동물의 이름을 말해 보세요. 그래요, 올빼미, 물고기, 오리, 강아지, 고양이입니다. 올빼미의 외곽선을 빨간색으로 표시하세요. 크레용을 떼지 말고 하세요. 다음은 파란색으로 물고기의 외곽선을 그으세요." 나머지도 같은 방법으로 지시한다.

개념의 형성·언어·자연학습: 하늘을 나는 동물, 땅 위를 걷는 동물, 물 속에서 헤엄치는 동물로 구분하여 보게 한다. 새, 물고기, 포유동물의 개념을 이야기하고, 어떻게 구분하는가를 이야기해 본다. 애완동물에 관한 이야기를 유도한다. 야행성 동물인 올빼미, 박쥐와 같은 생명체에 관해 공부한다.

쓰기·작문: 애완동물이나 그림에 나타난 것에 관한 간단한 문장을 써 보게 한다.

과제 57	시각-운동 협응: 보조선 없이 사선 긋기(VM - 77)

예비 훈련: 대부분의 아동은 긴 사선을 긋는 것을 어려워한다. 훈련을 하기 전에 기다란 실을 주고서 선을 그려 넣을 위치에 올려놓게 한다. 가능하면 자석식 칠판을 사용하여 시범을 보여준다.

지시 사항: "풍선을 잡으려는 소년이 있습니다. 풍선의 꼭지에서 소년의 손까지 똑바른 선을 그려 넣어 보세요. 빠르게 그리세요. 풍선이 날아가고 있으니까요."

개념의 형성·언어: 풍선을 모르는 아동에게는 풍선을 보여주고 풍선이 무엇이며, 아동이 왜 좋아하는지 이야기한다.

셈하기·숫자 쓰기: 아동에게 풍선의 수를 세게 하고 1~9까지의 수를 쓰게 한다.

| 과제 58 | 공간위치 지각: 도형의 세부 위치(PS - 27) |

지시 사항: "좌측 상단을 보세요. 크리스마스 트리와 같이 보이지요? 이제 좌측 하단을 보세요(가리킨다). 첫 번째 행에 있는 모든 그림에는 크리스마스 트리가 있습니다만, 한 가지는 다르게 보입니다. 찾아서 표시를 해 보세요." 나머지 두 개의 행도 크리스마스 트리를 각각 반원과 삼각형으로 대체하여 지시를 한다.

개념의 형성(기하학적 도형) · **언어:** 도형이 어떻게 다른지 말하게 한다. 각 행에서 공통되는 도형을 가려내게 한다. 첫 번째 행에서는 사다리꼴, 원, 그리고 사다리꼴이 있으며, 두 번째 행에는 원, 사각형, 그리고 원이 있다. 세 번째 행에는 사각형과 2개의 원이 있다. 추가하여 내부에 있는 도형의 위치와 방향의 변화를 이야기할 수도 있다.

| 과제 59, 60 | 공간관계 지각: 빠진 곳 그려 넣기, 시각 폐쇄(SR - 36, 37) |

두 가지 모두 지시사항은 같으나 사물의 이름만 다르다.

지시 사항: "상단에 있는 2개의 그림을 보세요. 왼쪽에 책상이 있습니다(가리킨다). 우측에 있는 책상에는 빠진 것이 있습니다. 왼쪽과 같은 모양이 되도록 완성시킬 수 있는지 보도록 하세요."

기억력 · 시각화 · 언어: 과제 그림을 보여주고서 우측에서 빠진 부분을 기억할 수 있는지 물어 본다. 완전한 문장을 구사해야 한다는 것을 상기시킨다. "상단의 그림에서 빠진 부분은 책상의 윗부분입니다." "두 번째 그림에서 빠진 부분은 마차의 아랫부분입니다." 세 번째는 지붕의 일부, 네 번째는 연의 가운데 부분과 같이 말할 수 있어야 한다. 과제 60에서도 동일하게 대답할 수 있도록 한다. 처음에는 한 번에 한 가지 그림을, 두 번째와 그 이상에서는 아동의 능력에 맞게 적절하게 조정을 한다.

| 과제 61 | 지각 항상성: 형의 항상성 - 세 가지 크기의 도형 비교(PC - 59) |

지시 사항: "선 위에 다이아몬드가 있습니다(가리킨다). 선 아래에는 여러 개의 다이아몬드가 있습니다. 큰 것, 작은 것, 중간 크기의 것이 있습니다. 선 위의 다이아몬드에 표시를 하고, 선 아래에서 같은 크기의 다이아몬드를 찾아서 같은 색으로 표시를 하세요."

교정 훈련: 아동이 어려워하면 선 위의 것과 동일하게 오려낸 것을 주고, 선 아래에

서 찾아내도록 한다.

셈하기·산수: 크기별로 색을 바꾸어 칠하게 한다. 크기별로 다이아몬드의 수를 세어 보고 숫자를 쓰게 한다. 숫자를 합한 것과 전체의 수를 셈한 것과 비교하여 보게 한다.

과제 62	도형-소지 지각: 겹친 그림, 시각 폐쇄(FG - 54)

지시 사항: "장난감 가게에 인형이 있습니다. 큰 인형, 작은 인형, 서 있는 인형, 누워 있는 인형이 있습니다. 인형이 몇 개나 되는지 찾아서, 각 인형마다 색깔을 달리하여 외곽선을 그려 보세요." 필요하면 시범을 보여준다.

언어·창조적 활동·사회화: 생각할 수 있는 모든 인형의 이름을 서로 이야기하게 한다.

미술: 인형 그림을 그린 후 잘라내게 한다. 놀이나 연극을 할 때 오려낸 도형을 사용하게 된다.

산수: 앉아 있는 인형, 서 있는 인형, 누워 있는 인형이 각각 몇 개인지 물어본다. 아동에게 각 인형의 수를 합한 수를 쓰게 한다.

과제 63, 64	공간관계 지각: 빠진 곳 그려 넣기, 시각 폐쇄(SR - 38, 39)

과제 63, 64는 지시사항이 같고, 다만 과제내용이 다르다.

지시 사항: "왼쪽 상단에 한 권의 책이 있습니다. 오른쪽에도 책이 있으나, 일부가 없군요. 왼쪽과 같이 되도록 빠진 곳을 그려 넣어 보세요." 같은 방법으로 나머지도 계속한다.

시각 기억: 훈련을 마치면 기억에 의해 각 그림을 그려 보게 한다.

개념의 형성·언어: 각 그림의 이름은 무엇이며, 빠진 부분은 무엇인지를 완전한 문장으로 말하게 한다. 각 그림의 기능도 말하게 한다. 예를 들면, "보트는 운송, 여가활용, 그리고 때로는 경주를 하는 데 사용한다"라고 말할 것이다. 대체 가능한 여러 종류의 배가 그려진 그림과 배에 관한 자료를 준다. 실내와 실외에서 사용되는 것을 구분해 보게 한다. 다른 악기의 이름도 말해 보게 한다. 교사의 재량에 의해 여러 종류의 사물을 물어 본다. 그림에 나타난 시계는 몇 시를 가리키고 있는지 묻는다. 시간 읽는 법을 알려주거나 복습한다.

곱셈: 그림을 사용하여 쌍의 개념과 곱셈의 원리를 공부한다. 예를 들면, 4×2=8이다.

과제 65	공간위치 지각: 그림의 세부 위치(PS - 28)

지시 사항: "먼저 첫 번째 행을 보세요. 하나가 약간 다릅니다. 찾아서 표시를 해 보세요. 그래요, 올빼미가 앉아 있는 나뭇가지가 다르지요? 두 번째 행을 보세요. 조금 다른 그림을 찾아보세요."이러한 방법으로 세 번째, 네 번째 행도 동일하게 지시한다.

언어 · 방향: 각 행에서 다른 것을 찾아서 차이점을 설명하게 한다. 예를 들면, 두 번째 행에서 4명은 오른쪽 어깨에 골프클럽을 가지고 있는데, 나머지 1명은 왼쪽 어깨에 골프클럽이 있다.

동작 훈련: 아동에게 골프선수의 동작을 모방하게 하고서 골프공이 움직이는 것과 같이 튀어 오르기, 튀기기, 구르기의 동작을 하게 한다.

과제 66	공간관계 지각: 빠진 곳 그려 넣기, 시각 폐쇄(SR - 40)

보이지 않는 선의 시작점과 끝점이 표시되어 있지만, 순서대로 해야 하는 다소 어려운 과제이다. 교사는 아동을 효과적으로 그리고 빠르게 도와주기 위해서 아동에게 과제를 제시하기 전에 미리 연습을 해 보게 한다.

지시 사항: 아스테이지 판을 사용한다. "여기에 3쌍의 도형이 있습니다(필요하면 쌍의 개념을 복습한다). 먼저 첫 번째 행을 보세요. 좌측에 이런 도형이 있습니다(가리킨다). 그런데 우측에는 도형의 일부만 그려져 있고 일부는 없습니다. 보이세요?(교사는 손가락을 짚어가며 없어진 선을 그려 본다) 자, 이제 여러분의 손가락을 사용하여 없는 부분을 그려 보세요. 좋아요, 이제는 크레용으로 그려 넣어 보세요." "두 번째와 세 번째 행도 동일하게 지시한다." 여러 번 반복을 하고 유사한 내용을 창의적으로 실시해 본다.

소근육운동 협응: 아동에게 자를 사용하여 그리게 한다. 이렇게 함으로써 아동은 자를 능숙하게 사용하게 되며, 양 손의 협응을 높여주게 된다.

과제 67	시각-운동 협응: 보조선 없이 사선 긋기(VM - 78)

예비 훈련: 과제 57의 화분에 관한 과제내용을 참고로 한다.

지시 사항: "화분에 심어야 할 꽃이 있습니다만 줄기가 없습니다. 줄기를 그려 넣을 수 있는지 보세요." 시범을 보여준다.

언어·자연학습: 줄기, 잎, 뿌리 등의 여러 부위의 이름과 기능을 복습한다. 씨에서 싹이 터서 다시 씨를 만들어 내는 순환과정을 이야기한다.

작문·쓰기: 꽃에 관한 간단한 시나 문장을 써 보게 한다.

미술: 아동은 꽃 그림을 그릴 수 있을 것이다. 또는 화분, 줄기, 꽃잎을 만들기 위해 색종이를 잘라내어 그림을 완성할 수도 있다.

과제 68	공간관계 지각: 빠진 곳 그려 넣기, 시각 폐쇄(SR - 41)

지시 사항: 과제 66과 동일하다. 아동이 이 과정에 익숙하면 "과제 66과 같이 하세요"라고 말한다.

과제 69	도형-소지 지각: 도형 완성, 시각 폐쇄(FG - 55)

과제 69, 76, 98에서는 도형-소지의 지각이 필요하다. 왜냐하면 아동은 자세히 보고 있는 동안 전체를 염두에 두어야 하기 때문이다.

지시 사항: 아스테이지 판을 사용한다. "상자 안에 램프가 있습니다. 빛 가리개, 소켓, 지지대, 받침대, 그리고 코드가 있습니다(각각을 가리킨다). 상자 아래에 있는 램프를 보세요. 상자에 있는 것과 같지는 않군요. 일부가 없습니다. 없는 부분을 그려 넣을 수 있겠어요? 좋아요, 다른 것을 보세요. 상자에 있는 램프와 조금씩 다릅니다. 일부가 빠져 있어요. 각 램프의 없는 부분을 그려 넣을 수 있는지 보세요. 모든 램프를 상자에 있는 것과 동일하게 그리세요."

속도: 반복연습을 하여서 아동이 빠르게 그릴 수 있도록 한다.

개념의 형성·언어: 램프의 각 부분의 기능에 관해 이야기한다. 예를 들면, 전기를 통하게 하는 전선이 어떻게 코드에 들어가 있는지, 그리고 전기를 통하게 하거나 차단시키는 스위치는 어떻게 작동하는가 등에 관해 이야기한다. 전깃불의 사용에 관하여 이야기한다(예를 들면, 자동차의 헤드라이트, 서치라이트, 가로등, 형광등 등).

쓰기 · 철자법: 상자에 있는 그림에 빛 가리개, 소켓, 지지대, 받침대, 코드, 플러그를 써 넣게 한다. 전구를 그리게 하고, 글자를 써 넣게 한다.

과제 70, 71	공간관계 지각: 점 잇기(SR − 42, 43)

지시 사항: "좌측 상단을 보세요. 점이 6개 있습니다. 일부는 선으로 이어져 있습니다(가리킨다). 좌측 하단을 보면 점은 있으나 선은 없습니다. 위의 것과 동일하게 그림을 만들 수 있는지 보세요. 먼저 좌측 상단의 점을 크레용으로 짚어 보세요. 먼저 아래로 그어야 되겠지요? 선을 그을 때 '아래로'라고 말을 하세요(교사는 손가락으로 직접 시범을 보이면서 '아래로, 우측으로, 왼쪽으로, 아래로' 등과 같이 말한다). 자, 이제 시작합시다. 크레용으로 그릴 때 방향을 이야기하면서 그리는 것을 잊지 마세요."

과제 72	공간위치 지각: 그림의 세부 위치(PS − 29)

지시 사항: 아동에게 각 도형에 나타난 자세를 모방해 보게 하고, 자세가 틀린 것에 표시를 하기 전에 어떤 것이 다른지 찾아보게 한다. "먼저 첫 번째 행을 보세요. 소년은 지금 무엇을 하고 있습니까? 그래요, 스케이트를 타고 있어요. 어떤 종류의 스케이트일까요? 롤러 스케이트를 신고 있습니까? 아닙니다. 빙상 스케이트를 신고 있습니다. 그림의 좌측에 나타난 소년과 같이 일어서 보세요. 좋습니다. 두 번째 그림을 보세요. 똑같은 자세로 서 있습니까? 그래요, 세 번째 그림은 어떻습니까? 네 번째 그림은 어때요? 자세가 조금 다르지요? 그래와 앞의 손을 조금 들어야 합니다. 자, 이제 네 번째 그림만 다르므로 크레용으로 표시를 하세요. 잘했습니다. 이제 두 번째 행에서 자세가 다른 것을 찾아봅시다."

나머지 행도 동일한 방법으로 지시를 한다.

언어: 각 행에서 모양이 다른 그림의 차이점을 말하게 한다. 각 그림은 또한 이야기할 주제를 제공하고 있다. 예를 들면, 겨울에 할 수 있는 운동, 목동이 하는 일, 우편물을 전달하는 일 등 여러 가지 방법이 있다.

작문 · 쓰기: "소년이 스케이트를 타고 있습니다", "눈에서 노는 것은 즐겁습니다", "편지는 항공우편을 통하여 갈 것입니다"와 같이 그림으로부터 떠오르는 주제를 아동으로 하여금 문장으로 써 보게 한다.

동작 훈련: 아동에게 스케이트를 타는 동작을 하게 한다. 다양한 동작을 취할 수 있다. 또한 두 명이 한 조가 되어 동작을 서로 맞추어 할 수도 있다.

과제 73	시각-운동 협응: 보조선 없이 사선 긋기(VM - 79)

예비 훈련: 과제 57을 참고한다.

지시 사항: "여기에 연을 날리고 있는 그림이 2개 있습니다. 그런데 연줄이 없군요. 줄을 잡고 있지 않으면 연이 하늘 위로 날아가 버릴 것입니다. 연 중앙에 있는 점에서 소년의 손까지 줄을 그려 넣어 보세요. 중간에서 멈추거나 반대방향으로 긋지 말고 한 번에 한 개의 선만 그으세요." 시범을 보여준다.

개념의 형성·언어·지리: 연이 어떻게 나는지 공부한다. 연을 날리는 관습에 관해 이야기한다. 세계지도에서 우리나라의 위치를 보여준다.

미술: 아동과 함께 연을 만들어 보거나 그림을 그려 보게 한다.

과제 74, 75	공간관계 지각: 점 잇기(SR - 44, 45)

지시 사항: 과제 70, 71과 같다.

과제 76	소지 지각: 도형 완성(FG - 56)

지시 사항: 아스테이지 판을 이용한다. "좌측 상단 네모상자 안에 기린 그림이 있습니다. 머리, 눈, 뿔, 목, 다리, 꼬리, 귀, 그리고 얼룩무늬가 있습니다(각각을 가리킨다. 다리는 2개, 눈은 1개, 뿔이 1개만 보이는 이유를 설명해 준다). 옆에 있는 기린을 보세요. 상자 안에 있는 기린과는 조금 다릅니다. 없는 부위가 있지요? 상자 안에 있는 그림과 똑같게 그려 넣을 수 있습니까? 페이지 위에 그려져 있는 그림들을 보세요. 무엇인가 빠져 있습니다. 빠진 부분을 그려 넣을 수 있겠어요? 모든 그림을 상자 안에 있는 그림과 같이 그리세요."

속도: 훈련을 반복하여 하도록 하고, 없는 부분은 가능한 한 빨리 그리게 한다.

개념의 형성·언어: 기린에 관하여 아는 것을 이야기하도록 한다. 아동이 기린에 대하여 잘 모르면 그림이나 사진을 보여준다. 그리고 나서 사실에 근거하여 실물과 똑같게 보이는 것과 다르게 보이는 것의 차이를 공부한다.

| 과제 77, 78 | 공간관계 지각: 점 잇기(SR – 46, 47) |

앞에서 실시한 선 긋기보다 조금 더 어렵다. 과제 그림의 위치를 바로 놓고 하도록 한다. 선이 있는 그림이 왼쪽에 위치하게 하여 시작하도록 한다.

지시 사항: "페이지 왼쪽을 보세요. 많은 점들이 있고, 각 점은 선으로 서로 연결되어 있습니다. 그런데 과제의 오른쪽에는 점과 점을 잇는 선이 없군요. 왼쪽과 똑같게 되도록 선을 그려 넣을 수 있는지 보세요."

개념의 형성(기하학적 노형)·**산수**: 과제 77에서는 기하학적 도형을 모두 찾아보게 한다(육각형 4개, 팔각형 1개, 사각형 1개). 필요하면 각 도형의 개념과 이름을 알려준다. 도형에 색칠을 해 보면 좀더 쉽게 알 수 있다. 팔각형은 외곽선만 그리게 한다.

| 과제 79 | 지각 항상성: 형의 항상성 – 4가지 크기의 도형 비교(PC – 60) |

지시 사항: "선 위에 1, 2, 3, 4라고 숫자가 쓰여진 4개의 마름모(다이아몬드)가 있습니다. 1이라고 쓰여진 크기와 같은 것을 모두 찾아서 1이라고 쓰세요. 다음은 2번과 같은 크기의 다이아몬드를 찾아서 2라고 쓰세요." 나머지도 계속하여 같은 지시를 한다.

교정 훈련: 만일 아동이 어려워하면 선 위에 있는 도형과 같은 크기로 오려서 아동에게 준다.

산수: 각 크기마다 숫자를 세고 나서 모두 더하게 한다(선 위의 것을 포함하여 총 20개). 그러고 나서 각 행에는 4개의 다이아몬드가 있고, 총 5개의 행이 있다는 것을 지적해 준다. '4×5=20이다'와 같이 곱셈의 형식으로 셈을 하고 나서 써 보게 한다.

| 과제 80 | 지각 항상성: 형의 항상성 – 4가지 크기의 도형 비교(PC – 61) |

지시 사항: "선 아래에 1, 2, 3, 4라고 쓰여진 4개의 타원이 있습니다. 선 위에 1이라고 쓰여진 타원과 같은 크기의 타원이 여러 개 있습니다. 찾아서 1이라는 숫자를 써넣으세요. 2라고 쓰여진 타원과 같은 크기의 타원도 찾아서 2라는 숫자를 쓰고 나서 외곽선을 색연필로 그으세요." 같은 방법으로 계속 지시한다.

교정 훈련: 일부의 아동에게는 어려울지도 모른다. 만약 그렇다면 선의 아래에 있는 도형과 동일하게 잘라낸 종이를 아동에게 준다.

과제 81	공간관계 지각: 구슬 꿰기(SR - 48)

과제 그림을 바르게 놓도록 하고 시작한다. 이 과제는 공간적인 연속물을 완성시키는 훈련이다.

지시 사항: "여기서는 구슬 꿰기 놀이를 하는 것입니다. 3줄의 구슬이 있습니다. 먼저 첫 번째 것을 보세요. 무슨 모양이지요? 그래요, 동그란 구슬, 장방형 구슬, 동그란 구슬, 그리고 장방형 구슬이 있습니다. 다음에는 어떤 형태의 구슬이 올까요? 직접 그려 보세요. 두 번째 것을 보세요. 어떤 모양이 있지요? 그리고 동그란 구슬이 2개, 그리고 장방형 구슬이 있습니다. 다음은 어떤 모양이 올까요? 직접 그려 보세요." 세 번째 것 도 동일하게 지시한다.

연속물의 기억: 이번 훈련은 읽기, 철자법, 그리고 산수를 공부하는 데 아주 중요하다. 먼저 줄에 있는 구슬을 아동에게 보여준다. 그리고 나서 구슬을 없애고 아동에게 꿰어 보게 한다. 구슬의 수와 종류를 점차 다양화한다. 또한 색깔도 변화시켜 본다. 이러한 훈련을 교과과정에 있는 동안은 다양한 방법으로 변화시켜서 수행한다. 실제의 구슬을 사용하는 대신 그려 넣는 방법으로 실시해도 된다.

시각-운동 전환: 정방형의 염주가 나올 때는 발을 한 번 구르도록(찍도록) 하고 동그란 염주가 나올 때는 손뼉을 치게 한다. 비슷한 방법의 동작을 여러 가지 구슬모양에 따라 실시하도록 다양한 구슬을 개발한다.

과제 82	지각 항상성: 형의 항상성 - 4가지 크기의 도형 비교(PC - 62)

지시 사항: "쌍선 아래에 4개의 사각형이 있습니다. 각 도형에 1, 2, 3, 4의 숫자가 써 있습니다. 자, 이제 다른 사각형을 볼까요? 1의 숫자가 쓰여진 사각형과 같은 크기의 사각형에 1이라고 써 보세요." 같은 방법으로 2, 3, 4번의 사각형도 지시를 한다.

산수: 쌍선 위에 있는 사각형에서 각각의 크기별로 몇 개나 있는지 세어 보게 한다 (각 4개). 모두 합하면 16개가 됩니다(과제 26, 32, 79에서 수행한 곱셈을 상기시켜 준다). 그리고 나서 선 아래에 있는 것을 포함하여 사각형을 세어 보게 한다. 각 크기별로 5개씩 총 25개가 된다는 것을 알게 한다. '4×5=20이다' 와 '5×4=20이다' 라는 것을 익히게 한다. 10원짜리가 10개이면 100원이라는 것을 알려주고, 100원짜리가 10개이면 얼마인지 계산하도록 도와준다. 교사의 재량에 따라 여러 가지 방법으로 돈을 계산하는 방법을 알려주도록 한다.

과제 83	공간관계 지각: 시간 계열 순서 (SR - 49)

지시 사항: "시소놀이를 하는 소년 그림이 4장 있습니다. 순서대로 말해 보도록 할까요? 제일 먼저 어떤 그림부터 시작이 될까요? 1이라는 숫자를 쓰세요. 다음은 어떤 그림이 올까요? 2라는 숫자를 쓰세요." 같은 방법으로 3, 4라는 숫자를 각 그림에 써넣도록 지시한다.

교정 훈련: 일부의 아동은 그림 순서를 지각하기 전에 인형을 가지고 실제로 동작을 취해 보는 것이 필요할 경우도 있고, 직접 놀이터에서 시소놀이를 할 필요도 있다.

언어 · 쓰기 · 철자법: "놀이터에 시소가 있습니다. 철수가 시소로 걸어갑니다. 시소에 앉았습니다. 영수가 반대편에 앉았습니다"와 같이 순서대로 문장을 써 보게 한다. 글을 쓰지 못하는 아동의 경우는 아동이 말하고, 교사가 따라 쓰는 방법도 있다.

과제 84	공간관계 지각: 시간 계열 순서(SR - 50)

지시 사항: 과제 83과 같지만, 이야기 내용을 바꾸도록 한다.

언어: 운동장에 설치된 운동기구를 말해 보게 한다.

과제 85	공간관계 지각: 시간 계열 순서(SR - 51)

지시 사항: 과제 83과 같지만, 이야기 내용을 바꾸도록 한다.

언어: 아동과 함께 아침에 일어나서 하는 일을 순서대로 이야기해 본다. 「처음」「다음」「그 후에」 등의 시간 개념을 공부한다.

과제 86	지각 항상성: 형의 항상성 - 3가지 크기의 도형 비교(PC - 63)

지시 사항: "쌍선 위에 3개의 사각형이 있습니다. 짧은 것, 중간 크기의 것, 가장 긴 것이 있습니다. 짧은 것에 1이라고 쓰여 있습니다. 쌍선 아래에 같은 크기의 사각형이 숨겨져 있습니다. 찾아서 1이라는 숫자를 적어 넣으세요." 같은 방법으로 지시한다.

교정 훈련: 불필요한 교차선과 겹친 도형이 주의를 산만하게 하기 때문에 이번 훈련은 매우 복잡하다. 만약 아동이 어려워하면 쌍선 위의 도형과 같은 도형을 오려내어 주도록 한다.

과제 87	지각 항상성: 형의 항상성 – 4가지 크기의 도형 비교(PC – 64)

지시 사항: 4개의 도형이 있고, 그것들이 쌍선 하단에 있다는 것을 제외하고는 과제 86과 동일하다.

과제 88	공간위치 지각: 거울 놀이(대칭)(PS – 30)

과제 88, 89, 90, 124, 125, 128은 거울에 나타난 대칭그림이다. 이러한 훈련은 아동이 반전이나 회전하는 것을 알게 해 준다.

예비 훈련: 크레용으로 훈련을 시작하기 전에 블럭으로 같은 유형을 만들어 보게 한다. 어떤 훈련이 요구되는지 설명하기 위하여 위에 있는 그림 좌측에 못을 꽂고 나서 거울에 비스듬히 비추어 반사된 못이 우측 사각형에 반사되도록 한다. 그늘진 부분에 크레용을 칠하고 중앙을 접어 본다. 어떤 부분의 사각형에 색칠을 해야 되는지를 보여 준다.

지시 사항: "여기서는 거울에 나타난 대칭모양을 만들어 보는 놀이입니다. 사각형이 보입니까? 1개의 사각형에만 그늘(음영)이 보입니다. 어떻게 하면 거울에 나타난 대칭 모양과 같이 만들 수 있다고 생각하세요? 우측부분이 좌측부분을 반사하고 있다고 생각해 보세요. 만약 과제 그림의 중앙을 접어보면(가리킨다), 우측 사각형 어느 부분에 색칠해야 한다는 것을 알게 될 것입니다. 색칠을 하세요. 잘했습니다. 자, 이제 아래에 있는 그림을 보세요. 좌측의 일부분에 음영이 있는 것이 보입니까? 어느 부분에 색칠을 하겠습니까?(트레이싱 페이퍼를 주고서 해 보게 한다) 종이를 정확하게 반으로 펼치면 크레용의 자국이 남아 있기 때문에 어느 부분에 색칠을 할 것인가를 알게 될 것입니다. 보입니까? 색칠을 해 보세요. 이제 여러분은 거울에 나타난 대칭모양을 완성하였습니다. 사실 이것은 상, 하, 좌, 우가 일치하기 때문에 이중의 거울을 보는 것과 같은 느낌을 가질 수 있습니다.(이것을 볼 수 있도록 수평, 수직으로 접어보게 한다)"

과제 89	공간위치 지각: 거울 놀이(대칭)(PS – 31)

지시 사항: 트레이싱 페이퍼를 주고 과제 88과 같이 한다. "이것은 다른 종류의 거울에 나타난 대칭그림입니다. 일부는 음영(그늘)이 있으나 거울에 나타난 대칭이 되기에는 충분하지 않습니다. 완성하기 위하여 음영이 있어야 할 부위를 어떻게 찾는지 기억합니까? 그래요, 종이를 반으로 접어서 크레용으로 음영진 부분을 누르는 것입니다. 해 보세요. 이번에도 역시 이중의 거울을 보는 것 같은 느낌을 가질 수 있습니다."

| 과제 90 | 공간위치 지각: 거울 놀이(대칭)(PS – 32) |

지시 사항: "이번에도 앞에서 한 것과 같은 놀이입니다. 다만 이번에는 우측에 음영이 있습니다. 별 차이는 없습니다. 전에 한 것과 같은 방법으로 하면 됩니다."

| 과제 91 | 공간관계 지각: 시간 계열 순서(SR – 52) |

지시 사항: "자동차 운전을 하려는 사람의 이야기 그림이 4개 있습니다. 그렇지만 순서대로 되어 있지는 않아요. 순서대로 정리할 수 있는지 보세요. 먼저 무슨 일이 일어날까요? 1이라고 써 넣으세요. 다음 장면에는 2라고 써 넣으세요." 같은 방법으로 3, 4를 써 넣으라고 지시한다. 자, 이제 이야기로 풀어서 말해 보세요(자동차를 향하여 걷고, 자동차 문을 열고, 그리고 운전석에 앉는다).

교정 훈련: 아동이 어려워하면 간단하게 만화를 이용하여 예를 들어 본다.

언어: 아동에게 일련의 동작을 수반하는 자동차에 관한 이야기를 하게 한다. 예를 들면, 화재경보가 울렸을 때 소방서에서 일어나는 일련의 사건을 묘사하거나, 버스 정류장에서 버스가 정차할 때 일어나는 일을 묘사할 수 있다. 아동이 일련의 사건을 순서대로 설명할 수 있도록 이야기의 제목을 만들어 준다.

| 과제 92, 93 | 공간관계 지각: 시간 계열 순서(SR – 53, 54) |

지시 사항: 과제 91과 같다. 다만 그림에 맞게 이야기를 변경한다.

언어: 낚시와 야구에 관한 이야기를 유도한다.

| 과제 94, 95, 96 | 공간관계 지각: 공간계열의 기억(SR – 55, 56, 57) |

지시 사항: 쌍선을 따라서 수직으로 접도록 한다. 그렇게 하면 도형은 보이지 않고 빈 상자만 나타날 것이다(또는 불투명한 종이로 단지 가리기만 해도 된다). 그리고 나서 칠판 위에 첫 번째 도형을 그린다. 잠깐 동안 도형을 보게 하고, 지운 후에 기억에 의하여 빈 상자 안에 그려보게 한다. 그리고 나서 페이지를 펴게 해서(가린 종이를 치운다) 동일하게 그렸는지 보게 한다. 나머지 도형도 동일하게 지시한다. 교사는 칠판에 도형을 그릴 때 무엇을 하고 있는지 말로 표현한다. "먼저 칠판 위에 원을 그리겠습니다. 무엇을 하는지 알겠어요? 이제 그림을 지우려고 합니다. 여러분은 위에 있는 상자에 동일하게 그림을 그려야 합니다. 좋아요, 이제 페이지를 펴서 같은지 검사해 보세요. 좋아요, 다시 페이지를 접으세요. 이번에는 중앙에 수직선이 있는 원을 그리겠습니다.

이제 그림을 지우겠어요. 두 번째 상자에 동일한 그림을 그려 넣으세요. 좋아요, 다시 점검을 해 보세요. 페이지를 다시 접으세요. 이번에는 수평선을 추가해서 원 안에 십자가를 만들어 보겠습니다. 다시 지울테니까 기억을 하세요. 세 번째 상자에 그려 넣으세요. 페이지를 펼쳐서 확인을 해 보세요. 자, 이제 주의해서 보도록 하세요. 기억할 수 있겠어요. 지울테니 네 번째 상자에 그려 넣으세요. 그러고 나서 맞게 그렸는지 확인해 보도록 하세요."

과제 95는 과제 94의 연장이므로 처음의 3개는 이미 연습한 것이라고 아동에게 주지시켜 준다. "바로 전에 그린 도형을 기억하세요? 첫 번째 것은 수직선이 그려져 있는 원입니다. 지울테니 첫 번째 상자에 같은 도형을 그려 넣으세요." 두 번째, 세 번째도 동일하게 지시한다. 네 번째, 다섯 번째 도형을 그릴 때는 기울어진 십자가를 그리는 것과 십자가의 네 모퉁이에 원을 그려 넣는다는 것을 말로 표현하도록 한다.

수정: 우수한 아동의 경우는 기억에 의하여 그리는 것이 가능하다. 우선 말로 표현을 하면서 칠판에 2개의 그림을 그린다. 지우고 나서 2개의 그림을 정확하게 그릴 수 있는지 보도록 한다. 점차 그림의 수를 증가시키면서 연습을 시킨다.

과제 97	지각 항상성: 형의 항상성 – 3가지 크기의 도형 비교(PC – 65)

지시 사항: "쌍선 아래에 3자루의 연필이 있습니다. 가장 짧은 연필은 1이라는 숫자가, 중간 크기는 2라는 숫자가, 그리고 가장 긴 것에는 3이라는 숫자가 있습니다. 쌍선 위를 보면 1이라는 숫자가 있는 연필과 같은 크기의 것이 있습니다. 찾아서 1이라는 숫자를 써 보세요."

같은 방법으로 2, 3번도 지시를 한다.

산수: 각 크기마다 숫자를 세어서 합계를 내 보게 한다.

과제 98	도형-소지 지각: 도형 완성, 시각 폐쇄(FG – 57)

지시 사항: "좌측 상단에 강아지 1마리가 있습니다. 우측에는 한 부분에 선이 없는 강아지가 있습니다 좌측과 동일하게 선을 그려 넣어 보세요." 같은 방법으로 나머지도 지시를 한다.

개념의 형성 언어: 라켓과 약병의 개념을 설명한다. 테니스 선수의 그림 등을 보여준다. 테니스 등의 운동경기에 관해 공부한다.

작문·쓰기: 각 그림에 관하여 생각나는 간단한 문장을 써 보게 한다.

과제 99	도형-소지 지각: 도형 결합(FG-58)

지시 사항: "여러분은 인형을 수선하는 공장에서 일하고 있습니다. 누군가 부서진 인형을 가지고 왔습니다. 여기에 있습니다(가리킨다). 조립을 할 수 있겠습니까? 구성품이 모두 있습니까? 한 개가 빠졌군요. 어떤 것인지 말해 보세요." 다른 그림도 동일하게 지시한다.

교정 훈련: 빠진 부분의 이름을 대지 못하는 아동의 경우는, 우측의 각 부위에 외곽선을 그으면서 좌측의 동일 부위에 색칠을 하게 한다. 그러고 나면 위쪽에 있는 인형은 다리 한쪽에 색칠이 되어 있지 않으며, 아래쪽에 있는 인형은 블라우스가 없다는 것을 알게 된다.

개념의 형성·언어: 과제 62의 이야기를 연장하여 해 본다. 예를 들면, 여러 나라의 인형에 관하여 이야기하고 인형을 장식하는 옷과 모자 등의 그림을 보여준다. 아동이 가지고 있는 색다른 인형을 학교에 가져오게 한다.

과제 100	공간관계 지각: 공간 계열의 기억(SR-58)

지시 사항: 과제 94, 95, 96과 동일하다.

과제 101	지각 힝상싱: 형의 항상성 - 5가지 크기의 도형 비교(PC-66)

지시 사항: "쌍선 위에 있는 5개의 원을 보세요. 여러분은 탐정이 되어서 쌍선 아래의 그림에서 같은 크기의 원을 찾아야 합니다. 먼저 초록색 크레용을 들어서 쌍선 위에 있는 가장 작은 원에 표시를 하세요. 자, 이제 쌍선 아래에서 같은 크기의 원을 찾아서 초록색으로 표시를 하세요. 매우 조심스럽게 찾아야 합니다. 일부는 음영이 있고 일부는 다른 도형의 내부에 들어 있습니다. 탐정이라는 직업이 쉬운 것은 아닙니다. 이제 쌍선 위에다 두 번째로 작은 원에 적당한 색으로 표시를 하고, 쌍선 아래에서 같은 크기의 원을 찾아 표시를 하세요."

과제 102	공간관계 지각: 부분 결합(SR-59)

아동에게 쌍선 위와 동일한 그림이 그려진 종이를 나누어 준다.

지시 사항: "쌍선 아래에 있는 작은 보트를 보세요. 쌍선 위에도 비슷한 것이 있지만

크게 두 조각(부분)으로 나누어져 있습니다. 이미 여러분에게 같은 그림을 나누어 주었습니다. 여러분에게 나누어준 종이에 있는 두 조각을 오려서 결합을 해 보세요. 쌍선 아래의 보트보다 크기는 하지만 같은 그림이 될 것입니다.”

언어 · 작문 · 쓰기: 과제 63에서 학습한 조각배에 관해 다시 한번 이야기하고, 아동에게 조각배에 관한 문장을 써 보게 한다.

미술 · 쓰기: 종이 위에 두 개의 조각을 풀로 붙인 후 색칠을 하게 한다. 그림의 제목을 ‘나의 조각배’라고 써 보게 한다.

과제 103	시각-운동 협응: 포물선 그리기(VM – 80)

지시 사항: “두 소년이 탁구를 치고 있습니다. 공이 넘어가는 모양을 그릴 수 있는지 보세요. 공이 튀기 시작하는 점이 탁구대 위에 표시되어 있습니다.”

언어: 탁구게임을 모르는 아동도 많다. 필요하면 사진이나 슬라이드를 보여주며 설명을 한다.

동작 훈련: 두 명이 마주보고 서서 탁구를 하는 흉내를 내게 한다.

과제 104	공간관계 지각: 부분 결합(SR – 60)

지시 사항: “쌍선 아래에는 세 부분으로 나누어진 기차가 있습니다. 각 부위를 오려서 완전한 기차가 되도록 결합할 수 있는지 보세요. 결합이 되면 쌍선 위의 그림과 같은 모양이 되어야 합니다.”

수정: 동일한 그림을 아동에게 주고 오려내게 한다.

미술: 오려낸 각 부위를 풀로 붙여서 결합한 후 색칠을 하게 한다.

작문 · 쓰기: 그림에 제목을 붙여보게 하고, 그림에 관한 간단한 문장을 써 보게 한다.

개념의 형성 · 언어: 기차와 운송수단에 관하여 앞에서 학습한 것을 복습한다(과제 37 참조).

| 과제 105 | 도형-소지 지각: 유사점과 미세한 차이점(FG - 59) |

지시 사항: "쌍선 위에는 내부에 무늬가 있는 원이 6개 있습니다. 그 중 1개는 약간 다릅니다. 다른 것에 표시를 할 수 있겠어요?(첫 번째 원 아래에는 'ㅂ' 형태의 모양이 있다. 이 부분에 선을 그어 보도록 한다. 그러고 나서 다른 것도 해 보면 아동은 그 차이를 알게 된다). 자, 이제 쌍선 아래의 빗자루를 볼까요? 같은 것에 표시를 하세요. 어떻게 다른지도 말해 보세요."

산수·곱셈: 원이 그려져 있는 두 행을 더하여 보게 한다(3+3=6이다). 그리고 행외 단위로 더해 보게 한다(2+2+2=6이다). 앞에서 배운 곱셈(2×3=6)을 상기시켜 준다 (과제 26, 43).

| 과제 106 | 공간관계 지각: 부분 결합(SR - 61) |

과제 106, 108은 과제 102, 104보다 훨씬 더 어렵다. 이번에도 역시 그림이 그려진 종이를 아동에게 준다.

지시 사항: "쌍선 아래에 4개로 나누어진 가스레인지가 있습니다. 각 부위를 오려내서 쌍선 위와 동일하게 만들어 봅시다. 결합한 후에는 동일한 모습이 되어야 합니다."

개념의 형성·언어: 그림과 다른 종류의 가스레인지를 알고 있는지를 물어 본다. 나무나 석탄 등에 의하여 작동하는 요리용 난로가 그려진 그림을 보여준다. 연료의 개념을 소개한다. 여러 종류의 난로가 어느 곳에서 쓰이는지 이야기한다.

| 과제 107 | 도형-소지 지각: 유사점과 미세한 차이점(FG - 60) |

지시 사항: "들판에 여러 마리의 젖소가 있습니다. 두 마리를 제외한 모든 젖소는 무늬가 각각 다릅니다. 두 마리의 젖소는 똑같은 무늬를 가지고 있군요. 같은 무늬를 가진 젖소를 찾아서 표시를 할 수 있겠습니까?"

교정 훈련: 어떤 아동에게는 매우 어려운 과제이다. 만약 그렇다면 제일 위에 있는 젖소는 무리 중의 다른 젖소와 동일한 무늬를 가지고 있다는 단서를 주도록 한다.

개념의 형성·언어: 소의 「무리」와 같이 집단을 지칭하는 단어를 알고 있는지 물어 본다. "새의 무리는 무엇이라 부르지요?(떼). 양의 무리는?(떼)" 소의 사육, 낙농업, 우유의 제작과정, 치즈의 생산, 생태학(우유를 만들기 위해 젖소가 필요하고 젖소는 풀이,

풀은 물을 필요로 한다. 사람은 목초가 마르거나 과하게 없어지지 않도록 주의를 기울여야 한다)에 관하여 공부해 본다. 사진을 보여준다.

작문·쓰기: 이야기하는 주제에 관하여 간단한 문장을 작성하게 해 본다.

발음의 구별: 우유, 농장과 같은 단어의 모음을 구별해 보게 한다.

과제 108	공간관계 지각: 부분 결합(SR-62)

지시 사항: 과제 106과 같다.

언어: 여러 문화권에서 사용하는 부엌과 요리시설이 나타난 그림을 보여주고 나서 이야기해본다.

과제 109	지각 항상성: 형의 항상성-4가지 크기의 도형 비교(PC-67)

지시 사항: "위쪽에 있는 깃발 속에 원이 하나 보입니까?(가리킨다) 깃발 안에 있는 원의 크기와 같은 것을 찾아서 크레용으로 선을 따라 그려 보세요. 몇 개나 있지요?(14개)"

산수: 깃발 안에 있는 원과 다른 것을 세어 보게 하고(9개), 14와 9를 더해서 그 합을 숫자로 쓰게 한다.

과제 110, 111, 112	도형-소지 지각: 도형과 소지의 역전(FG-61, 62, 63)

과제 110, 111, 112는 한 가지 훈련으로 구성된다. 먼저 과제 110부터 보게 한다.

지시 사항: "정문으로 통과하는 길과 주위에 나무가 있는 집이 있습니다. 다음 과제를 보면 음영(그늘진)이 없는 것 외에는 똑같습니다. 과제 110과 동일하게 되도록 색칠을 해 보세요. 좋습니다."(과제 112를 보면 다시 같은 그림이 나온다. 역시 음영이 없다. 이번에는 과제 110에서 음영이 없는 부분을 찾아서 과제 112에 색칠을 하도록 한다)

교정 훈련: 만약 아동이 어려워하면 똑같이 복사를 해서 반복훈련을 시킨다.

개념의 형성·언어: 과일의 재배에 관하여 공부한다. 나무에서 자라는 과일은 어떤 것이며, 덤불에서 자라는 과일은 어떤 것인가? 그림을 보여주고 아동에게 그것에 관해 이야기하게 한다. 다른 종류의 농사에 관하여 이야기한다. 일부는 이미 소개가 되었다 (낙농업, 젖소의 사육, 농작물의 재배 등).

작문·쓰기: 과일의 재배에 관하여 간단한 문장을 짓게 한다.

발음의 구별: 「과일」, 「지붕」, 「정원」 등과 같은 단어의 초성과 종성을 구별하게 한다. 또한 모음을 구별하게 한다.

과제 113	공간관계 지각: 기하학적 도형의 조립(SR-63)

과제 113, 114, 116, 117, 119는 공간관계 지각과 도형-소지 지각이라는 지적 조작을 동시에 포함하고 있다.

지시 사항: "4개의 행에 걸쳐서 도형이 그려져 있습니다(가리킨다). 먼저 첫 번째 행을 볼까요? 상단 좌측에 사각형이 있습니다. 두 조각으로 구성되어 있습니다(가리킨다). 우측에서 두 개의 조각을 찾아서 좌측과 동일하게 만들어 보세요. 자, 이제 두 번째 행을 보세요. 첫 번째 행과 같이 두 개의 조각을 찾아서 좌측과 동일하게 만들어 보세요." 세 번째, 네 번째 행도 같은 방법으로 지시를 한다.

교정 훈련: 아동이 어려워하면 첫 번째 행에서는 쌍선 우측에서 두 번째 도형을 지적하고 나서 작은 사각형이 하나 더 필요하다고 말한다. 아동은 큰 모양에 넌서 색칠을 하고 나서 작은 사각형에 색칠을 해야 한다.

개념의 형성(기하학적 도형): 기하학적 도형의 이름을 복습해 본다. 원, 사각형, 삼각형, 다이아몬드, 반원, 직각 삼각형, 이등변삼각형, 정삼각형 등이 있다.

산수: 쌍선 우측에서는 '5×4=20' 그리고 '4×5=20'을 이야기한다. 쌍선의 좌측까지 포함하면 '4×6=24' 그리고 '6×4=24'라는 것을 알게 한다.

과제 114	공간관계 지각: 기하학적 도형의 결합(SR-64)

지시 사항: "먼저 첫 번째 행을 보세요. 좌측 상단을 보세요. 두 부분으로 나뉘어 있습니다(가리킨다). 우측을 보면 동일한 위치에 정확히 있는 2개의 조각을 찾을 수 있을 것입니다. 두 개를 결합하면 좌측의 도형과 같은 도형이 될 것입니다. 두 개의 조각을

찾아서 표시를 하세요. 두 개의 조각은 좌측과 정확히 동일한 위치에 있어야 한다는 것을 잊지 말도록 하세요."

나머지도 같은 방법으로 지시를 한다.

수정: 훈련을 쉽게 하기 위하여 좌측 도형 중 1개는 색칠을 하도록 한다. 먼저, 색칠한 것과 동일한 도형을 찾고, 두 번째는 색칠하지 않은 도형과 같은 도형을 찾게 한다.

과제 115	지각 항상성: 4가지 크기의 도형 비교(PC-68)

지시 사항: "쌍선 아래에 1, 2, 3, 4라고 쓰여진 4개의 원이 있습니다. 쌍선 위에는 숫자가 쓰여진 원과 동일한 원이 여러 개 있습니다. 1이라는 숫자가 쓰여진 원과 동일한 크기의 원이 몇 개나 있는지 찾아보세요. 찾아서 1이라고 쓰세요. 2라는 숫자가 쓰여진 원과 같은 크기의 원도 찾아서 2라고 쓰세요." 나머지도 같은 방법으로 지시를 한다.

산수: 쌍선 위에 있는 각 원의 수를 센 후 모두 합하게 한다(가장 큰 것은 4개, 그 다음 크기는 5개, 세 번째 크기는 4개, 가장 작은 크기는 8개).

과제 116	공간관계 지각: 기하학적 도형의 결합(SR-65)

지시 사항: "먼저 첫 번째 행을 보세요. 좌측 상단에 사각형이 있습니다. 대부분 음영이 있으나 일부는 없습니다(가리킨다). 좌측에 있는 도형의 전체를 음영이 있게 하기 위하여 우측에서 일부를 찾아보세요. 주의깊게 보도록 하세요. 표시를 하세요." 나머지도 동일한 방법으로 지시를 한다.

과제 117	공간관계 지각: 기하학적 도형의 결합(SR-66)

이 훈련을 실시하기 전에 여기서는 열의 형태로 되어 있다는 것을 지적하여 준다.

지시 사항: "좌측 상단을 보세요. 일부가 없지요?(가리킨다) 아래를 보면 없어진 부분을 찾을 수 있을 것입니다. 찾을 수 있습니까? 그래요, 맨 아래에 있습니다." 나머지도 같은 방법으로 지시를 한다.

과제 118	시각-운동 협응: 포물선 그리기(VM-81)

지시 사항: 과제 그림을 옆으로 돌려서 제시한다. "좌측 상단 어항에 고기가 1마리 있습니다. 그러나 다른 그림에는 고기와 어항의 덮개만 있습니다. 어항을 그려 넣어 보세요. 어항을 그릴 때는 중간에서 멈추지 말고 한 번에 그리도록 하세요. 모든 그림을

좌측 상단과 똑같게 만듭시다.”

개념의 형성 · 언어: 수족관은 어떻게 유지되며, 물고기의 종류, 그리고 물고기의 번식에 관하여 아동과 이야기한다. 그림을 보여주는 것도 좋으나 교실에 수족관이 있으면 더욱 좋다.

쓰기: 어항은 ‘ㅂ’과 유사하다고 이야기한다. 아동에게 ‘ㅂ’을 포함한 단어를 말해보게 하고 쓰도록 한다.

동작훈련: 물고기가 수영을 하는 동작을 흉내내면서 실내를 돌아다니게 한다.

과제 119	공간관계 지각: 기하학적 도형의 결합(SR – 67)

좌측과 동일한 도형을 만들기 위하여 우측에서 2개의 조각을 찾아내는 것이다. 2개의 조각은 돌려져 있을 수도 있다.

지시 사항: “4개의 행이 있습니다. 첫 번째 행의 좌측을 봅시다. 전체가 어떻게 구성되어 보입니까? 사각형과(가리킨다) 다리를 거꾸로 놓은 도형이다(가리킨다). 자, 이제 선의 우측을 보고 직각을 찾을 수 있는지 보세요. 각 조각은 옆으로 돌려져 있기 때문에 주의깊게 보아야 합니다. 찾으면 손가락으로 짚으세요. 그래요, 쌍선 우측에 있는 도형 가운데 두 번째와 세 번째입니다. 두 개를 결합하면 좌측과 동일하게 됩니다. 크레용으로 표시하세요.” 나머지도 동일하게 지시한다.

산수: 5×4=20, 4×5=20, 6×4=24, 4×6=24를 복습한다.

과제 120	시각-운동 협응: 포물선 그리기(VM – 82)

여기서는 구불구불한 선을 따라 그리는 과제이다.

지시 사항: “과제 그림 상단을 보면 바다 위에 떠 있는 조각배와 암초가 있습니다. 암초 사이를 피하여 배가 어떻게 항해하고 있는지는 선으로 나타나 있습니다. 두 번째 행에 있는 조각배를 보세요. 여러분은 거친 바다를 뚫고 항해하는 선장이 되는 것입니다. 크레용으로 위험한 암초 사이를 어떻게 피하여 항해할지 보여주세요. 크레용을 중간에서 정지하거나 돌아가지 말고 선을 그려 보세요. 잘했습니다. 세 번째 행도 같은 방법으로 하도록 하세요.”

개념의 형성·언어: 배타기와 낚시놀이 그리고 바다를 깨끗하게 유지하기 위하여 기름, 쓰레기 등의 유입을 방지하는 방법에 대하여 이야기하게 한다. 이 훈련은 과제 107, 118과 관련이 있다. 수족관도 항상 깨끗이 해야 하는 이유를 묻는다. 그렇지 않으면 물고기가 살지 못하기 때문이다.

과제 121	공간관계 지각: 그림조각 맞추기(SR-68)

이 과제는 그림 완성을 위한 부분의 결합을 훈련시키는 것이다.

지시 사항: "좌측 상단에 책이 있습니다. 한쪽은 1이라고 쓰여 있습니다. 우측에서 같은 모양을 찾아서 1이라고 쓰세요. 다른 쪽에는 2라고 쓰여 있습니다. 우측에서 같은 모양을 찾아서 2라고 쓰세요. 좋아요. 만약 두 부분이 합쳐지면 좌측과 같은 책이 될 것입니다. 다음은 두 번째 행을 보세요. 왼쪽에 인형이 있습니다. 1, 2라고 쓰여진 부분이 있지요? 우측에서 각 부위를 찾아서 숫자를 써 넣으세요. 좋아요, 만약 두 부분이 합쳐지면 좌측과 같은 인형이 될 것입니다."

같은 방법으로 세 번째, 네 번째 행도 지시한다.

개념의 형성·언어: 과제 118, 120과 관련된 이야기를 계속한다. 단지 이번에는 새와 새들의 환경, 그리고 깨끗한 공기의 필요성에 관하여 이야기한다. 물의 안과 밖에서 산소는 어떻게 생명체를 유지시키는지에 관하여 이야기한다.

작문·쓰기·미술: 주제와 관련된 그림을 그리게 하고, 문장을 써 보게 한다. 새로운 단어도 가르쳐 준다.

과제 122	공간관계 지각: 그림조각 맞추기(SR-69)

지시 사항: "좌측 상단에 모자가 있습니다. 세 부분으로 나누어질 수 있습니다(가리킨다). 모자의 우측에는 세 조각으로 나누어진 그림이 있습니다. 세 조각에는 숫자가 쓰여 있습니다. 왼쪽 모자에 숫자를 바르게 써 넣어 보세요." 필요하면 시범을 보여준다. 둘째, 셋째, 넷째 행도 동일하게 지시한다.

개념의 형성·언어: 그림 중에서 세 가지는 같은 부류에 속하고, 한 가지는 다른 부류라는 것을 아는지 물어 본다(세 가지는 가구이고, 하나는 의복의 일종이다). 동일한 훈련을 위하여 여러 종류의 사물을 주고 같은 부류끼리 짝을 짓도록 한다.

과제 123	공간관계 지각: 그림조각 맞추기(SR – 70)

지시 사항: "좌측에 철도 신호등이 있습니다. 세 부분으로 나누어져 있습니다. 각 부분에는 숫자가 쓰여 있습니다. 우측에는 세 부위가 떨어져 있습니다. 번호를 써 넣어 보세요."

개념의 형성 · 언어: 신호등에 관하여 설명을 한다. 기차, 철길, 스위치, 신호, 운송수단의 형태, 안전장치 등에 관하여 공부한다.

과세 124	공간위치 지각: 거울 놀이(대칭)(PS – 33)

이 과제에 들어가기 전에 먼저 트레이싱 페이퍼(tracing paper) 위에 과제와 동일하게 그린 종이를 각 아동에게 나누어 준다.

지시 사항: "어떻게 하면 거울을 보는 듯한 것과 같은 느낌을 가질 수 있도록 그릴 수 있을까요? 그래요, 우측 상단에 있는 3개의 사각형에 색칠을 하는 것입니다. 그런데 좀더 진한 부분이 있지요? 그 부분은 다른 색으로 그려야 합니다. 먼저 트레이싱 페이퍼를 사용합시다. 조심해서 중앙을 접으세요. 그리고 색칠할 부분에 표시가 나도록 크레용으로 음영진 부분을 누르세요. 진한 부분은 두 가지의 크레용을 사용하여 표시를 하도록 하세요. 잘했어요. 다음은 반대편에 그려 보도록 하세요. 처음에 접었던 방향과 반대로 접어서 동일한 방법으로 표시한 후 색칠을 합니다. 잘했습니다. 이제는 직접 여러분의 책에 해 보세요."

과제 125, 126, 127	공간위치 지각: 거울 놀이(대칭)(PS – 34, 35, 36)

지시 사항: 과제 124와 동일하다. 이중으로 칠하는 것은 없다.

과제 128	공간위치 지각: 거울 놀이(대칭)(PS – 37)

지시 사항: 과제 125와 동일하다. 이번에는 종이를 접어서 하지 말고 직접 보도록 한다.

참 고 문 헌

박숙자(1978). 뇌성마비아동의 시지각 훈련 효과. 미간행, 석사학위논문, 단국대학교 대학원.

박정분(1985). 읽기장애아의 시지각 능력과 읽기 성취력간의 상호관련성. 미간행, 석사학위논문, 대구대학교 대학원.

박태희(1978). 시지각 훈련이 교육가능급 정신지체아의 읽기학습에 미치는 영향. 석사학위논문, 대구대학교 대학원.

여광응(1972). 정신박약아의 시지각 훈련의 효과에 관한 연구. 미간행, 석사학위논문, 경북대학교 교육대학원.

여광응(1976). "정신박약아의 시지각 발달특징에 관한 연구." 특수교육연구 제5집, 대구대학교 특수교육연구소, 57~74.

여광응(1979). "정신박약아의 지각-운동능력 발달." 목계 김학수박사 회갑기념논총, 135~162.

여광응(1987). 시지각 훈련의 이론과 실제. 대구: 대구대학교 출판부.

여광응(1987). 시지각 훈련 프로그램. 대구: 대구대학교 출판부.

여광응(1989). "Frostig 시지각발달검사의 신뢰도와 타당도." 특수아동교육 제16권 6호. 한국정신지체아교육연구회, 102~107.

여광응 편역(1989). 시지각발달검사(DTVP). 서울: 도서출판 특수교육.

이금진(1979). 읽기장애아의 시지각능력과 학습 Program의 효과. 미간행. 석사학위논문, 이화여자대학교 대학원.

최은희(1988). 읽기 학습장애아의 시지각 능력과 학업성취와의 상관. 미간행, 석사학위논문, 대구대학교 대학원.

Abercrombie, M. L. J.(1960). "Perception and Eye Movements: Some Speculations on Disorders in Cerebrel Palsy." *Cerebral Palsy Bulletin*, 2(3), 142~148.

Ames, A., Jr.(1951). "Visual Perception and the Rotating Trapezoid Window." *Psychological Monographs*, 65(324).

Ames. A., Jr.(1953). "Reconsideration of the Origoin and Nature of Perception." in S. Ratner, ed., *Vision and Action.* New Brunswick, New Jersey: Rutgers University Press.

Ames, A., Jr.(1955). *The Nature of Our Perceptian, Prehensions, and Behavior.* Princeton, New Jersey: Princeton University Press.

Austin, M., Bush, C., and Huebner, M.(1961). *Reading Evaluation,* New York: Ronald Press.

Bruner, J.(1966). *Toward a Theory of Instruction.* Cambridge, Mass.: Belknap Press.

Brunner, J. S., and Postman, L.(1948). "Symbolic Value as an Organizing Factor in Perception." *Journal of Social Psychology,* 27, 203~208.

Cruickshank, W. M., Bice, H. V., and Wallen, N. E.(1961). *Perception and Cerebral Palsy.* Syracuse, New York: Syracuse University Press.

Cruickshank, W. M., Bentzen, F. A., Ratzeburg, F. H., and Tannhauser, M. T.(1961). *A Teaching Method for Brain-Injured and Hyperactive Children.* Syracuse, New York: Syracuse University Press.

Frostig, M.(1961). *Marianne Frostig Developmental Test of Visual Perception,* 3d ed. Palo Alto, California: Consulting Psychologists Press.

Frostig, M., Lefever, W., and Whittlesey, J.(1961). "A Developmental Test of Visual Perception for Evaluating Normal and Neurologically Handicapped Children." *Perceptual and Motor Skills,* 12, 383~394.

Frostig, M., Maslow, P., Lefever, W., and Whittlesey, J.(1962). "The Marianne Frostig Developmental Test of Visual Perception: 1962 Standardization" Mimeographed.

Frostig, M., Maslow, P., Lefever, W., and Whittlesey, J.(1963). "Visual Perceptual Development and School Adijustment and Progress"(abstract). *American Journal of Orthopsychiatry.*

Frostig, M., and Horne, D.(1964). *The Frostig Program for the Development of Visual Perception. Teacher's Guide.* Chicago: Follett Educaional Corporation.

Frostig, M., Lefever, W., and Whittlesey, J. R. B.(1966). Manual for the Marianne Frostig Developmental Test of Visual Perception, Revised 1966. Palo Alto. Calif.: Consulting Psychologists Press.

Gesell, A., and Amatruda, C. S.(1949). *Developmental Diagnosis.* New York: Paul B. Hoeber, Inc.

Goins, Jean Turner.(1958). "Visual Perceptional Abilities and Early Reading Progress." *Supplementary Educational Monographs,* 87. Chicago: University of Chicago Press.

Hammill, D. D., and Wiedrholt, J. L.(1973). "Review of the Frostig Visual

Perception Test and Relatad Training Program." in L. Mann and D. A. Sabatino(Eds). *The First Review of Special Education.* Philadelphia, Pennsylvania: JSE Press.

Head, H.(1926). *Aphasia and Kindred Disorders of Speech.* London: Cambridge University Press.

Hebb, D. O.(1949). *The Organization of Behavior,* New York: John Wiley & Sons., Inc.

Kephart, Newell C.(1960). *The Slow Learner in the Classroom.* Columbus, Ohio: Charles E. Merrill Books. Inc.

Lazar, M.(1952). "The Retarded Reader in the Junior High School." Bureau of Educaion Research Publication, 31, New York, Board of Education.

McCulloch, W., and Pitts, W.(1962). "The Statistical Organization of Nervous Activity." Biometrics, 4, 91~99.

Money, John(ed.)(1962). *Reading Disability: Progress and Research Needs in Dyslexia.* Baltimore: The Johns Hopkins Press. Inc.

Monroe, Marioin.(1937). *Children Who Cannot Read.* Chicago: University of Chicago Press.

Montessori, M.(1965). *Dr. Montessori's Own Handbook.* New York: Shocken Books.

Piaget, J.(1954). *The Construction of Reality in the Child.* trans. by Margaret Cook. New York: Basic Books.

Piaget, J.(1952). *The Origins of Intelligence in Children.* trans. by Margaret Cook. New York: International Universities Press, Inc.

Radler, D. H., and Kephart, N. C.(1960). *Success Through Play.* New York: Harper & Brothers.

Smith J. O., "Psycholinguistic Abilities of Educable Mental Retardates." *Special Education Research Monograph Series,* Peabody College, Nashville, Tennessee.

Strauss, A., and Lehtinen, L.(1947). *Psychopathology and Education of the Brain-Injured Child.* New York: Grune & Stratton, Inc.

Thurstone, L. L.(1944). "A Factorial Study of Perception." *Psychometric Monographs,* 4. Chicago: University of Chicago Press.

Traxler, Arthur E.(1949), "Research in Reading in the United States," *Journal of Education Research,* 42(7).

Wapner, S., and Werner, H.(1957). Perceptional Development: *An Investigation Within the Framework of Sensory-Tonic Field Theory.* Worcester, Massachusetts: Clark University Press.

Wedell, K.(1960). "Variations in Perceptual Ability Among Types of Cerebral Palsy." *Cerebral Palsy Bulletion,* 2(3), 149~157.

Wedell, K.(1960). "The Visual Perception of Cerbral Palsied Children." *Journal of Child Psychology and Psychiatry,* 1, 215~227.

부 록

1. 각 훈련과제의 내용과 실시요령 요약표
2. 시지각발달검사(DTVP) 채점기록표
3. 개인별 훈련과제 성취기록(초급, 중급, 상급)

[부록 1] 각 훈련과제의 내용과 실시요령 요약표

초급단계 훈련과제의 내용 일람표

과제번호	훈련영역	과제의 내용	훈 련 요 령	종합지도요소	준비물 기타
1 (VM-1)	눈과 손의 협응	보조선 따라 선 긋기 (수평선)	재미있는 이야기를 듣고 넓은 길 한가운데로 달려가게 한다. 길 양가에 닿거나 밖으로 나오지 않게 똑바르게 선을 긋게 한다.	언어개념(길 가운데, 길가, 나무)	각종 유색연필
2 (VM-2)	눈과 손의 협응	보조선 따라 선 긋기 (수평선)	길 한가운데로 달려가게 한다. 실가에 닿거나 길 밖으로 나오지 않게 한다.(길의 폭이 조금 좁아지고 두 개의 과제가 주어짐)	개념형성 (집, 꽃)	″
3 (VM-3)	눈과 손의 협응	보조선 따라 선 긋기 (수평선)	길 한가운데로 달려가서 선을 긋게 한다.(길의 폭이 다시 좁아지고 세 개의 과제가 주어짐)	개념형성(사과, 당근, 막대사탕) 자연지식(과일, 채소)	″
4 (VM-4)	눈과 손의 협응	보조선 따라 선 긋기 (수평선)	고갯길 넘어가기나 무지개놀이를 하게 한다. 길 한가운데로 달려가게 한다.(반원의 윗부분)	무지개, 고갯길	무지개를 그릴 수 있는 유색연필
5 (VM-5)	눈과 손의 협응	보조선 따라 선 긋기 (수평선)	고갯길 한가운데로 넘어가게 한다. 길가에 닿지 않게 한다.(길의 폭이 좁아짐)	무지개, 고갯길, 선물상자	″
6 (VM-6)	눈과 손의 협응	보조선 따라 선 긋기 (수평선)	바깥 테두리(회색부분)를 교사가 미리 색칠해 두고 나머지 상자 안쪽 빈 곳을 같은 색으로 칠하게 한다.	안쪽, 바깥쪽, 바른 네모상자	크레용
7 (VM-7)	눈과 손의 협응	보조선 따라 선 긋기 (수평선)	바깥 테두리의 폭이 좁아진 상자의 안쪽을 테두리와 같은 색으로 칠하게 한나. 색칠이 테두리 밖으로 나오지 않게 해야 한다.	안쪽, 바깥쪽, 긴 네모상자	″
8 (VM-8)	눈과 손의 협응	보조선 따라 선 긋기 (수평선)	세모상자의 안쪽 빈곳을 테두리와 같은 색으로 칠하게 한다. 테두리 밖에 나오지 않게 해야 한다.	안쪽, 바깥쪽, 세모상자	″
9 (VM-9)	눈과 손의 협응	보조선 따라 선 긋기 (수평선)	위로 돌아가는 길과 아래로 돌아가는 길을 따라 길 한가운데로 가면서 선을 긋게 한다.	장난감 차, 공	유색연필(색실을 먼저 놓아봄)
10 (VM-10)	눈과 손의 협응	보조선 따라 선 긋기 (수평선)	S자형으로 굽은 길을 따라 선을 긋게 한다. 길 밖으로 나오지 않아야 한다.	굽은 길, 사과	″
11 (VM-11)	눈과 손의 협응	보조선 따라 선 긋기 (수평선)	꾸불꾸불하게 굽은 길을 따라 길 한가운데로 가면서 선을 긋게 한다.	꼬부랑길, 아이스크림	″
12 (VM-12)	눈과 손의 협응	보조선 따라 선 긋기 (수평선)	과제 1번과 같이 폭이 넓은 길이지만 길을 두드러지게 나타내지 않았다.(포장하지 않은 길)	집	″

과제번호	훈련영역	과제의 내용	훈 련 요 령	종합지도요소	준비물 기타
13 (VM-13)	눈과 손의 협응	색칠하기 (삼각형)	테두리의 폭이 좁아진 삼각형 안쪽 빈 곳을 테두리와 같은 색으로 칠하게 한다. 교사가 테두리를 미리 칠해준다.	삼각자, 세모, 빈 곳	크레용
14 (VM-14)	눈과 손의 협응	색칠하기 (직사각형)	테두리의 폭이 더 좁아진 창문 안쪽을 테두리와 같은 색으로 칠하게 한다. 테두리 밖으로 나오지 않게 색칠하게 한다.(두 개의 과제)	창문의 종류	크레용
15 (FG-1)	도형-소지 변별	엇갈린 혁대 찾기 (교차선)	교차되어 있는 두 개의 혁대를 보고 하나에는 적색으로 칠하고 다른 하나는 청색으로 칠하게 한다.(포개어진 부분에서 주의시킴)	혁대, 옷의 종류	유색연필 (색실을 미미 놓아봄)
16 (FG-2)	도형-소지 변별	엇갈린 혁대 찾기 (교차선)	자동차가 가는 길과 사람이 가는 길을 각각 다른 색으로 따라 그리게 한다.	자동차의 종류	〃
17 (FG-3)	형의 항상 성 지각	같은 모양 찾기 (정사각형)	쌍선 위에 있는 모양(정사각형)과 같은 것을 쌍선 밑에서 찾아 테두리를 같은 색으로 따라 그리게 한다.	쌍선, 왼쪽, 바른 네모	유색연필
18 (PC-2)	형의 항상 성 지각	같은 모양 찾기 (삼각형)	쌍선 위에 제시된 모양(삼각형)과 같은 것을 밑에서 찾아 그 테두리를 같은 색으로 따라 그리게 한다. 제시된 모양을 오려서 밑에 있는 도형과 어떤지를 맞추어 보게 한다.	세모, 네모	〃
19 (PC-3)	형의 항상 성 지각	같은 모양 찾기 (정사각형)	위쪽에 제시된 모양(정사각형)과 같은 것을 아래에서 찾아 같은 색으로 테두리를 따라 그리게 한다. 같지 않는 도형은 다른 색으로 나타내게 한다.	세모, 네모	〃
20 (VM-15)	눈과 손의 협응	보조선 따라 선 긋기 (수평선)	과제 2번과 같은 내용이지만, 길을 두드러지게 표시해 두지 않았다(포장되지 않은 길 따라 달려가기, 두 개의 과제)	고무풍선, 연날리기	〃
21 (VM-16)	눈과 손의 협응	보조선 따라 선 긋기 (수평선)	과제 3번과 같은 내용이지만, 길의 뚜렷한 표시가 없다.(포장되지 않은 길 따라 달려가기, 세 개의 과제)	공, 장난감, 꽃	〃
22 (VM-17)	눈과 손의 협응	보조선 따라 선 긋기 (수평선)	과제 4번과 같은 내용이지만, 길의 뚜렷한 표시가 없다.(고갯길 너머 돛단배 구경가기)	돛단배, 고갯길	〃
23 (VM-18)	눈과 손의 협응	보조선 따라 선 긋기 (수평선)	과제 5번과 같은 내용이지만, 길의 폭이 좁아져 있다.(고갯길 너머 막대사탕 사러가기)	막대사탕	〃
24 (VM-19)	눈과 손의 협응	색칠하기 (사각형)	과제 14번과 비슷한 내용이지만, 테두리의 폭이 일정하지 않고 다양하게 되어있다. 테두리 밖으로 나오지 않게 창문 안쪽을 색칠하게 한다.(두 개의 과제)	창문의 여러 가지 형태	크레용
25 (VM-20)	눈과 손의 협응	색칠하기 (원)	연못 바깥 테두리를 청색으로 칠해두고 안쪽 빈 곳에 청색으로 칠하게 한다. 테두리 밖으로 나오지 않게 해야 한다.(주의집중력 훈련에도 도움이 되고, 성공감을 가진다)	연못의 이야기	〃

과제번호	훈련영역	과제의 내용	훈 련 요 령	종합지도요소	준비물 기타
26 (FG-3)	도형-소지 변별	엇갈린 길 찾아가기 (3개의 교차선)	교차되어 있는 3개의 길을 따라가서 같은 모양끼리 서로 찾아 만나게 한다. 청, 적, 황색으로 길을 구분하게 한다.	네모, 세로, 동그라미	색실, 유색연필
27 (FG-4)	도형-소지 변별	엇갈린 길 찾아가기 (3개의 교차선)	과제 26번과 같은 내용이나 길이 좀 더 굵어져 있다. 곤란을 느끼는 아동에게는 먼저 3가지 색실을 각 길 위에 놓아보게 한다.	네모, 세모, 동그라미	〃
28 (PC-4)	형의 항상 성 지각	같은 모양 찾기 (타원형)	제시된 모양과 같은 계란모양을 아래에서 찾아 같은 색으로 칠하게 한다.	계란, 타원, 원, 긴 네모, 바른 네모, 다이아몬 드형	크레용이나 유색연필
29 (PC-5)	형의 항상 성 지각	같은 모양 찾기 (원)	오리 3마리가 있는 그림 가운데서 동그라미만 찾아 적색으로 칠하게 한다. 테두리만을 그리게 해도 된다.	3, 6 등의 수 개념, 오리의 머리, 눈	〃
30 (PC-6)	형의 항상 성 지각	같은 모양 찾기 (타원)	과제 29번과 같은 내용이지만, 계란모양을 찾아 모두 청색으로 칠하게 한다.	4의 개념, 오리 의 동체	〃
31 (PC-7)	형의 항상 성 지각	같은 모양 찾기 (세모)	과제 29번과 같은 내용이지만, 세모모양을 찾아 모두 황색으로 칠하게 한다.	4, 8, 12의 수 개념, 오리의 부리, 꼬리, 발	〃
32 (VM-21)	눈과 손의 협응	보조선 따라 선 긋기 (둥근 선)	과제 9번과 같은 내용이지만, 길의 폭이 좁고 길의 회색표시가 없다. 위로 돌아가는 길, 아래로 돌아가는 길을 따라 선을 긋게 한다.	집, 장난감 차	〃
33 (VM-22)	눈과 손의 협응	보조선 따라 선 긋기 (곡선)	과제 10번과 같은 내용이지만, 길의 폭이 좁고 길의 회색표시가 없다. S자로 굽어진 길 한가운데를 따라가면서 선을 긋게 한다.	기차, 곡선	〃
34 (VM-23)	눈과 손의 협응	보조선 따라 선 긋기 (사선)	경사길을 따라 롤러 스케이트를 타고 달려가는 사선을 길 한가운데로 똑바로 긋게 한다. 길가에 닿거나 밖에 나오지 않게 해야 한다.	롤러 스케이트, 경사길, 내리막 길	〃
35 (VM-24)	눈과 손의 협응	색칠하기 (원, 삼각형, 사각형)	회색으로 되어 있는 테두리를 교사가 미리 색칠해 두고 안쪽의 빈 곳을 같은 색으로 칠하게 한다. 테두리 밖에 나오지 않게 한다. 원, 삼각형, 사각형을 각기 다른 색으로 한다.	원, 삼각형, 사 각형	크레용
36 (VM-25)	눈과 손의 협응	색칠하기 (타원)	도너츠의 가운데 빈 곳을 테두리와 같은 색으로 칠하게 한다. 웅덩이라고 해도 좋다.	도너츠, 웅덩이	〃
37 (FG-5)	도형-소지 변별	같은 모양 찾기 (파랑새)	제시해 둔 새에 교사가 미리 파랑색을 칠해 놓고 이와 같은 새를 이 그림 가운데서 모두 찾아 파랑색으로 칠하게 한다. 테두리만 그려도 된다.	4, 5의 수 개념, 굴렁쇠, 리본, 셔츠, 치마, 구 두	〃
38 (FG-6)	도형-소지 변별	숨은 그림 찾기 (하트형)	하트형에 빨간색을 칠해 놓고 이와 같은 모양을 이 그림에서 모두 찾아 빨간색으로 칠해 놓게 한다. 테두리만 그려도 된다.	개, 개목걸이, 뼈다귀, 5의 개념	〃

과제번호	훈련영역	과제의 내용	훈련 요령	종합지도요소	준비물 기타
39 (FG-7)	도형-소지 변별	같은 모양 찾기 (원)	눈덩이에 파랑색으로 이와 같은 모양을 이 그림에서 모두 찾아 파랑색으로 칠하게 한다. 테두리만 그려도 된다.	눈사람, 신체의 각 부위 명칭	크레용
40 (PC-8)	형의 항상성 지각	같은 동물 찾기 (코끼리)	여러 가지 모습으로 나타나 있는 코끼리를 찾아 색칠해 보게 한다. 다른 모양으로 그려 있어도 같은 코끼리임을 알게 한다.	동물원, 코끼리, 사자 등 각종 동물 이름, 서커스	크레용 유색연필
41 (PC-9)	형의 항상성 지각	같은 동물 찾기 (고양이)	훈련요령은 과제 40번과 같다. 다만 여러 가지 모습으로 나타나 있는 고양이를 찾아 색칠하게 한다.	고양이, 다람쥐, 곰, 물개, 동물의 종류	〃
42 (PC-10)	형의 항상성 지각	같은 동물 찾기 (오리)	훈련 요령은 과제 40번과 같다. 오리를 찾아 색칠하게 한다.	부엉이, 두루미, 오리, 기러기 등	〃
43 (VM-26)	눈과 손의 협응	색칠하기 (컵과 물잔)	훈련요령은 과제 36번과 같다. 컵과 물잔 테두리 밖으로 나오지 않게 안쪽을 색칠하게 한다.	유리컵, 물잔	크레용
44 (VM-27)	눈과 손의 협응	색칠하기 (나뭇잎)	훈련요령은 과제 43과 같다. 나뭇잎 테두리 안쪽에 색칠하게 한다.	나뭇잎의 종류	〃
45 (VM-28)	눈과 손의 협응	보조선 따라 선 긋기 (사선)	훈련요령은 과제 34번과 같다. 경사길(내리막길)로 공을 굴리는 사선을 긋게 한다.	공, 경사길	유색연필
46 (VM-29)	눈과 손의 협응	보조선 따라 선 긋기(사선)	언덕을 오르고 내리는 사선을 길 한가운데로 긋게 한다.	고양이, 언덕길	〃
47 (VM-30)	눈과 손의 협응	보조선 따라 선 긋기(사선)	언덕을 내려갔다가 다시 올라오는 사선을 길 한가운데로 긋게 한다.	자전거	〃
48 (VM-31)	눈과 손의 협응	보조선 따라 선 긋기 (직선과 곡선)	여러 가지로 변형되어 있는 길을 따라 선을 긋게 한다. 직선과 곡선 등을 연습시킨다.	고양이	〃
49 (VM-32)	눈과 손의 협응	보조선 따라 선 긋기 (직선의 변화)	직선이 여러 형태로 꺾어지는 길을 따라 선을 긋게 한다. 길의 폭도 일정하지 않게 되어 있다.	집, 아이스크림	〃
50 (VM-33)	눈과 손의 협응	색칠하기 (ㄷ자형)	ㄷ자형의 길을 따라 선 긋기를 한다.	ㄱ, ㄴ, ㄷ자 모양	〃
51 (FG-8)	도형-소지 변별	숨은 그림 찾기 (바나나)	제시된 바나나에 미리 노랑색으로 칠해 두고, 그릇에 담겨 있는 각종 과일 가운데 바나나를 찾아 노랑색으로 칠하게 한다.	사과, 포도, 바나나 등 과일이름	〃
52 (PC-11)	형의 항상성 지각	같은 동물 찾기(기린)	훈련요령은 과제 40번과 같다. 기린을 모두 찾아보게 한다.	각종 동물이름	〃
53 (PC-12)	형의 항상성 지각	같은 장난감 찾기 (기차)	장난감 기차에는 빨간색으로 칠하고 장난감 손수레에는 파랑색으로 칠하게 한다. 크기와 위치가 각기 다르다.	기차, 손수레	〃

과제번호	훈련영역	과제의 내용	훈 련 요 령	종합지도요소	준비물 기타
54 (PC-13)	형의 항상 성 지각	같은 모양 찾기 (교회와 집)	교회와 집이 어떻게 다른가를 비교시키고 집은 청색, 교회는 초록색으로 칠하게 한다. 크기가 달라도 같은 형태임을 알게 한다.	교회, 십자가, 집, 굴뚝	유색연필
55 (PC-14)	형의 항상 성 지각	같은 도형 찾기 (정사각형)	훈련요령은 과제 28번과 같다. 여러 가지 도형 가운데 작은 네모를 찾아내게 한다. 도형의 위치들이 다르게 되어 있다.	네모, 세모, 마름 모	〃
56 (PS-1)	공간위치 지각	도형 전체의 역전과 회전 (위, 아래)	서 있는 자세(위)에 먼저 ○표를 해두고 다음 두 사람 중에 누가 서 있는지를 알게 한다. 서 있는 자세는 ○표, 물구나무로(거꾸로)(아래) 서 있는 사람은 ×표 한다.	선 자세, 물구나무 자세, 머리와 다리의 위치	〃
57 (PS-2)	공간위치 지각	거꾸로 된 자세 (위, 아래)	거꾸로 매달려 있는 원숭이를 찾아 ×표 하고, 바로 매달려 있는 원숭이는 ○표 하게 한다.	원숭이, 3의 개념	〃
58 (VM-34)	눈과 손의 협응	출발점 훈련 (수직선)	솜사탕에 막대기를 그려 넣게 한다. 수직선을 그리되 출발점이 솜사탕 하단부에 정확하게 시작되도록 한다.(보조선 없는 연습)	솜사탕, 수직선, 막대기 시작, 4의 개념	〃
59 (VM-35)	눈과 손의 협응	출발점 훈련 (수직선)	훈련요령은 과제 58번과 같다. 고무풍선에 실을 바로 달게 한다.(보조선 없는 연습)	고무풍선, 수직 선, 실, 5의 수 개념	〃
60 (VM-36)	눈과 손의 협응	도착점 훈련 (수직선)	호박으로 만든 인형에 막대기를 꽂게 한다. 막대기를 호박 머리 위에까지 정확하게 꽂도록 한다.(보조선 없는 연습)	호박인형, 도착, 4의 개념	〃
61 (VM-37)	눈과 손의 협응	도착점 훈련 (수직선)	나무못을 못꽂기 판에 수직으로 정확하게 꽂도록 한다. 도착점이 정확하도록 수직선을 긋게 한다.(보조선 없는 연습)	못꽂기판, 나무 못, 9의 수 개념	유색연필
62 (VM-38)	눈과 손의 협응	색칠하기 (새)	훈련요령은 과제 44번과 같다. 테두리가 매우 좁아져 있다. 테두리 밖으로 나오지 않게 조심하여 색칠하도록 한다.	새의 부위 이름, 부리, 눈, 발, 날 개	크레용
63 (VM-39)	눈과 손의 협응	색칠하기 (물고기)	훈련요령은 과제 62번과 같다.	물고기 부위 이 름, 눈, 지느러미, 꼬리	〃
64 (PC-15)	형의 항상 성 지각	같은 모양 찾기 (원)	여러 가지 도형이 섞여 있는 가운데 크든 작든 동그라미를 모두 찾아 테두리를 따라 그리게 한다.	바른 네모, 긴 네 모, 세모, 마름모, 다이아몬드형, 10 의 수 개념	유색연필
65 (PC-16)	형의 항상 성 지각	같은 모양 찾기 (원)	여러 가지 사물이 섞여 있는 가운데 동그라미 모양이 있는 것을 모두 찾아 표시해 보게 한다.	각종 사물이름, 10 이상의 수 개 념	〃
66 (PC-17)	크기의 항 상성 지각	같은 크기 알 기 (크기 비교)	크기는 다르지만 모양이 같다는 것을 안다. 같은 모양끼리 선을 이어 보게 하고, 큰 것에 ○표 하게 한다.	집, 사람, 나무, 양초	

과제번호	훈련영역	과제의 내용	훈련 요령	종합지도요소	준비물 기타
67 (PC-18)	크기의 항상성 지각	같은 모양 알기(크기 비교)	훈련요령은 과제 66번과 같다. 큰 것에 적색, 작은 것에 청색으로 표하게 한다.	방석, 의자, 그림, 액자, 꽃병	유색연필
68 (PS-3)	공간위치 지각	위, 아래 위치 알기(전체의 역전과 회전)	고개를 들고 있는 기린과 고개를 밑으로 내리고 있는 기린을 구별하게 한다. 위로 고개를 든 것에 ○표, 아래로 된 것에 ×표 하게 한다.	기린의 부위 이름	"
69 (PS-4)	공간위치 지각	위, 아래 위치 알기(전체의 역전과 회전)	바로 놓은 컵과 엎어 놓은 컵을 각기 다른 색으로 칠해 보게 한다. 컵의 위쪽과 아래쪽을 알게 한다.	컵, 5의 수 개념	"
70 (VM-40)	눈과 손의 협응	출발점과 도착점 훈련(수직선)	꽃에서 시작하여 화분까지 정확하게 수직선(꽃줄기)으로 그리게 한다. 꽃마다 다른 색을 사용한다(보조선 없는 연습)	화분, 꽃의 종류	"
71 (VM-41)	눈과 손의 협응	점 잇기(수직선)	위, 아래의 두 점 사이를 바르게 잇도록 한다. 두 점간의 간격이 짧다.(16개의 과제)	점과 선	"
72 (VM-42)	눈과 손의 협응	점 잇기(수평선)	약간 떨어진 두 점 사이를 수평선으로 바르게 잇게 한다.(16개의 과제)	"	"
73 (VM-43)	눈과 손의 협응	점 잇기(사선)	두 점 사이를 우측 상단에서 좌측 하단으로 바르게 잇게 한다.(16개의 과제)	"	"
74 (VM-44)	눈과 손의 협응	같은 크기 알기(대소)	두 점 사이를 좌측상단에서 우측 하단으로 바르게 잇게 한다.(16개의 과제)	"	"
75 (PC-19)	크기의 항상성 지각	같은 크기 알기(대, 소)	큰 쪽은 적색으로 작은 쪽은 청색으로 표시해 보게 한다.(4개의 과제)	도형, 크다, 작다	"
76 (PC-20)	크기의 항상성 지각	같은 크기 알기(대, 소)	훈련요령은 과제 75번과 같다.(3개의 과제)	사물, 크다, 작다	"
77 (PC-21)	크기의 항상성 지각	같은 크기 알기(대, 소)	크기가 같지 않은 것을 찾아 표해 보게 한다. 異類(oddit) 학습과제이다.(2개의 과제)	연필, 공	"
78 (PC-22)	크기의 항상성 지각	같은 크기 알기(대, 중, 소)	제시되어 있는 도형과 크기가 같은 것을 찾아 표해 보게 한다.	매우 크다, 보통 크다, 작다, 아주 작다	"
79 (PS-5)	공간위치 지각	세부 위치의 변화(좌, 우)	담장 위에 앉아 있는 고양이의 꼬리를 자세히 보고 꼬리가 왼쪽에 있는 손에 깃발을 들고 있는 사람을 찾아 보게 한다.	담장, 고양이, 오른쪽, 왼쪽	"
80 (PS-6)	공간위치 지각	세부 위치의 변화(좌, 우)	세 사람 가운데 오른쪽 손에 깃발을 들고 있는 사람을 찾아보게 한다.	깃발, 오른쪽, 왼쪽	"

중급단계 훈련과제의 내용 일람표

과제번호	훈련영역	과제의 내용	훈련 요령	종합지도요소	준비물 기타
1 (PS-7)	공간 위치 지각	도형 전체의 역전과 회전 (좌, 우)	왼쪽에 제시된 모양과 같은 위치로 된것을 오른쪽에서 찾아 ○표 해 보게 한다. 왼쪽 모양을 아스테이지 위에 본떠서 그것을 오른쪽 각 모양에 맞추어보게 한다(3과제)	물병, 피라미드, 별, 오른쪽, 왼쪽	유색연필, 아스테지
2 (VM-45)	눈과 손의 협응	보조선 따라 선 긋기 (곡선)	매우 구부러진 길을 따라 길 한가운데로 선을 긋게 한다. 길에 닿거나 길 밖으로 나오지 않게 한다.	막대사랑, 꼬부랑길	유색연필
3 (PS-8)	공간 위치 지각	도형 전체의 역전과 회전 (좌, 우, 상, 하)	왼쪽에 있는 삼각형과 같은 것을 오른쪽에서 찾아 ○표 하게 한다.(4과제)	삼각자, 오른쪽, 왼쪽, 위, 아래	〃
4 (VM-46)	눈과 손의 협응	보조선 따라 선 긋기 (사선)	언덕길을 따라 길 한가운데로 선을 긋게 한다. 특히 길이 꺾어지는 곳에서 주의하게 한다.	연, 언덕길, 오르막길	
5 (PC-23)	형의 항상성 지각	같은 모양 찾기 (원)	꽃꽂이를 해 둔 수반 위의 꽃들 가운데 동그라미를 찾아 모두 표시해 보게 한다.(작은 원, 큰 원)	꽃의 종류, 10 이상의 수 개념	〃
6 (PC-24)	형의 항상성 지각	같은 모양 찾기 (육각형)	위쪽에 제시된 육각형과 같은 모양을 찾아 그 테두리를 표시해 보게 한다.	삼각형, 사각형, 마름모, 육각형	〃
7 (SR-1)	공간관계 지각	두 물체의 상호 위치 (앞, 뒤, 옆)	시계와 꽃병이 서로 어떻게 놓여 있는지를 보고 교사가 묻는 대로 짚어 보게 한다. "시계 앞에 있는 꽃병, 시계 뒤에 있는 꽃병, 시계 옆에 있는 꽃병"(2과제)	시계의 종류, 꽃병, 물잔	〃
8 (SR-2)	공간관계 지각	두 물체의 상호 위치 (앞, 뒤, 옆)	훈련내용은 과제 7번과 같다. 라디오와 전화기의 상호 위치, 라디오와 촛불과의 상호위치를 알아보게 한다.	라디오, 전화기, 촛불	〃
9 (FG-9)	도형-소지 변별	교차선 알기 (3개의 선)	나무(파랑)는 나무끼리, 집(노랑)은 집끼리, 자동차(빨강)는 자동차끼리 길을 찾아가 서로 만나게 한다. 먼저 색실을 놓아보게 하면 효과적이다.	교차선, 나무, 자동차, 집	색실, 유색연필
10 (SR-3)	공간관계 지각	같은 것과 다른 것 찾기 (오른쪽 위)	외양간에 들어가 있는 소들을 보고 특히 검정 소는 어느 위치에 들어 있는지 아래쪽의 외양간에 표시해 보게 한다.	소, 외양간, 송아지	유색연필
11 (SR-4)	공간관계 지각	지름길 찾기 (미로놀이)	미로를 따라 입구에서 출구까지 지름길을 선으로 그려 보게 한다.	미로	〃
12 (FG-10)	도형-소지 변별	교차선 알기 (2개의 선)	시내에서 자기 집을 거쳐 공원으로 가는 길은 빨강선으로 표하고 역(창고)에서 물건을 싣고 자기 집을 거쳐 부두의 배까지 가는 길은 파랑선으로 표해 보게 한다.(자기 집이 교차점)	시내, 공원, 부두, 배, 창고, 역	〃

과제번호	훈련영역	과제의 내용	훈련 요령	종합지도요소	준비물 기타
13 (FG-11)	도형-소지 변별	교차선 알기 (3개의 선)	자동차 1대는 호수로 가고, 1대는 시내로 가고, 또 1대는 가게로 가는 길을 각각 다른 색으로 나타내게 한다.	호수, 가게, 시내	유색연필
14 (PS-9)	공간위치 지각	도형 전체의 역전과 회전 (상, 하, 좌, 우)	왼쪽에 제시된 모양과 같은 위치로 된 것을 오른쪽에서 찾아 ○표 해 보게 한다.(4과제)	구두, 컵, 망치, 벌	〃
15 (PC-25)	형의 항상성 지각	같은 모양 찾기 (삼각형)	위쪽 상자 속에 제시된 정삼각형과 같은 모양을 모두 찾아 모두 표해 보게 한다.	삼각형, 사각형, 마름모, 9의 개념	〃
16 (PC-26)	형의 항상성 지각	같은 모양 찾기 (정사각형)	훈련요령은 과제 15번과 같다. 정사각형과 직사각형을 구별하게 한다.	바른 네모(정사각형), 긴 네모(직사각형)	〃
17 (PS-10)	공간위치 지각	도형 전체의 역전과 회전 (상, 하, 좌, 우)	훈련요령은 과제 14번과 같다. 같은 위치로 된 것을 찾아보게 한다. 다소 세부의 위치도 포함된다.	천막, 우산, 거북, 사과	〃
18 (VM-47)	눈과 손의 협응	보조선 따라 선 긋기 (곡선)	훈련요령은 과제 46번과 같다. 변화가 많은 내리막길을 따라 미끄럼대까지 선을 긋게 한다.	내리막길, 미끄럼대	〃
19 (SR-5)	공간관계 지각	지름길 찾기 (미로 찾기)	두 사람이 서로 만나는 길을 긋게 한다. 그리고 철수가 분수대까지 가는 길을 그려보게 한다.	분수대, 시가지	〃
20 (PC-27)	형의 항상성 지각	같은 모양 찾기 (직사각형)	상자 안에 들어 있는 직사각형과 같은 모양을 찾아 표하게 한다.	각종 기하도형 이름	〃
21 (PC-28)	형의 항상성 지각	같은 모양 찾기(타원)	쌍선 위에 제시된 타원과 같은 모양을 찾아 모두 표하게 한다.	타원과 원	〃
22 (F-12)	도형-소지 변별	교차선 알기 (방해자극)	계단 위에 있는 가방을 가지러 계단을 올라가는 길을 표해 보게 한다.	가방, 계단, 계단의 수(8)	〃
23 (PS-11)	공간위치 지각	도형 전체의 역전과 회전 (회전)	훈련요령은 과제 17번과 같다. 도형 전체의 위치 변화를 알도록 한다.	각종 도형	〃
24 (VM-48)	눈과 손의 협응	보조선 따라 선 긋기 (직선, 곡선)	여러 가지 형태로 변화되어 있는 길을 따라 선을 긋게 한다. 길 한가운데로 긋게 한다. 길이 변화되는 곳에서 주의하게 한다.	장난감 비행기	〃
25 (SR-6)	공간관계 지각	도형 완성 (모방놀이)	왼쪽 도형의 색칠한 부분과 같이 오른쪽 도형에도 같은 색으로 칠하게 한다.	원, 반원	〃
26 (PC-29)	형의 항상성 지각	같은 모양 찾기 (원과 타원)	공 모양만 찾아 표하게 한다. 크기에 관계없이 같은 원 모양을 찾게 한다.	원(공), 타원 (계란)	〃
27 (PS-12)	공간위치 지각	도형 전체의 위치(역전)	같은 위치로 된 것을 ○표 하고 거꾸로 된 하나를 찾아 ×표 하게 한다.(이류 학습과제)	나뭇잎, 연, 화분, 나무	〃

과제번호	훈련영역	과제의 내용	훈련 요령	종합지도요소	준비물 기타
28 (PS-13)	공간위치 지각	세부의 위치 (부분 위치의 변화)	왼쪽에 있는 도형의 세부위치와 같은 것을 오른쪽에서 찾아 표시하게 한다.	원, 세모, 네모, 반원 부분, 위치	유색연필
29 (VM-49)	눈과 손의 협응	보조선 따라 선 긋기(직선, 곡선)	훈련요령은 과제 24번과 같다.	꽃의 종류, 꼬부랑길	〃
30 (PS-14)	공간위치 지각	세부의 위치 (음표의 위치)	음표를 보고 좌측 상단은 적색, 우측상단은 녹색, 좌측 하단은 황색, 우측 하단은 청색으로 표하게 한다.	악보, 음표, 10~16 정도의 수 개념	〃
31 (PS-15)	공간위치 지각	세부의 위치 (부분 위치의 변화)	왼쪽 위의 상자 속에 있는 도형과 같은 모양을 찾아 모두 표시해 보게 한다.	도형의 종류	〃
32 (SR-7)	공간관계 지각	도형 완성(모 방놀이)	왼쪽 도형과 같도록 오른쪽 도형에서 빠진 곳을 찾아 그려 넣게 한다.	도형의 이름	〃
33 (FG-13)	도형-소지 변별	그림의 가려진 부분(시각 폐쇄)	고리돌리기 놀이를 하는 그림에서 고리를 모두 찾아 표시하게 한다. 팔이나 다리에 가리워져 있는 고리에 주의하게 한다.	고리, 신체부위의 이름	〃
34 (FG-14)	도형-소지 변별	겹쳐진 그림 (2중으로 겹친 것)	여러 개의 유리컵이 겹쳐 있는 것을 보고 각각 다른 색으로 나타내게 한다. 겹치는 곳에 주의하게 한다.	유리컵	〃
35 (FG-15)	도형-소지 변별	겹쳐진 그림 (3중으로 겹친 것)	여러 가지 형태의 꽃병들이 겹쳐 있는 그림에서 이들 꽃병 하나하나를 각기 다른 색으로 나타내게 한다.	꽃병과 수반의 종류	〃
36 (VM-50)	눈과 손의 협응	추적하기(점선 따라가기)	연을 날리기 위해 점선으로 된 연줄을 실선으로 그려보게 한다.	연, 연줄	〃
37 (FG-16)	도형-소지 변별	숨은 그림 찾기(사람그림)	왼쪽 상단의 상자 속에 제시해 둔 그림과 같은 것을 광대 그림 속에서 찾아 칠하게 한다.	신체부위의 이름, 광대, 모바, 발목, 팔목	〃
38 (PC-30)	형의 항상성 지각	같은 모양 찾기(정사각형)	왼쪽 상단의 상자 속에 있는 도형과 같은 모양을 크기에 관계없이 찾아 표시해 보게 한다.	정사각형, 직사각형	〃
39 (PC-31)	형의 항상성 지각	같은 모양 찾기(5각형)	훈련요령은 과제 38번과 같다. 크기에 관계없이 제시된 도형과 같은 모양을 찾게 한다.	각종 도형의 이름	〃
40 (FG-17)	도형-소지 변별	숨은 그림 찾기(나무 속의 다람쥐)	나무 속에 숨어 있는 다람쥐를 찾아 색칠해 보게 한다. 다람쥐 모습은 나무 옆에 별도로 제시되어 있다.	다람쥐	〃
41 (PS-16)	공간위치 지각	위, 아래, 왼쪽, 오른쪽	왼쪽 상단의 상자 속에 제시된 도형과 똑같은 도형으로 되어 있는 것을 찾아 표시하게 한다.	위, 아래, 왼쪽, 오른쪽	〃
42 (FG-18)	도형-소지 변별	숨은 도형 찾기 (직각삼각형)	왼쪽 상단의 상자 속에 있는 직각삼각형과 같은 모양을 철탑 그림 속에서 찾아 표시하게 한다.	철탑, 직각삼각형	〃

과제번호	훈련영역	과제의 내용	훈 련 요 령	종합지도요소	준비물 기타
43 (FG-19)	도형-소지 변별	숨은 도형 찾기(6각형)	왼쪽 상단의 상자 속에 있는 6각형과 똑같은 모양을 큰 연의 그림 속에서 모두 찾아 표시하게 한다.	연, 연꼬리, 6각형	유색연필
44 (PC-32)	형의 항상성 지각	같은 도형 알기(반대쪽 차이)	왼쪽에 있는 도형과는 반대되는 쪽에 색칠하게 한다. 부분이 변화되어도 전체 도형은 언제나 같다는 것을 알게 한다.	도형의 종류	〃
44 (PC-32)	형의 항상성 지각	같은 도형 알기(반대쪽차이)	왼쪽에 있는 도형과는 반대되는 쪽에 색칠하게 한다. 부분이 변화되어도 전체 도형은 언제나 같다는 것을 알게 한다.	도형의 종류	〃
46 (FG-21)	도형-소지 변별	숨은 그림 찾기(별, 고기, 해마)	파도 속에 들어 있는 별과 고기와 해마의 숨은 그림을 찾아 각기 다른 색으로 나타내게 한다.	고기, 해마, 불가사리, 바다, 파도	〃
47 (FG-22)	도형-소지 변별	숨은 그림 찾기(호랑이, 사다리)	수풀 속에 서 있는 호랑이와 비 속에 그려져 있는 사다리를 찾아 표시하게 한다.	호랑이, 사다리	〃
48 (VM-51)	눈과 손의 협응	추적하기(점선 따라가기)	점선을 따라 가는 선을 그리게 한다. 길이 갑자기 꺾이는 곳에 주의하게 한다. 길 위로 따라가게 한다.	아이스크림	〃
49 (PC-33)	형의 항상성 지각	같은 도형 찾기(도형과 소지 변별)	기차 장난감 상자, 자동차 장난감 상자, 배 장난감 상자의 모양이 모두 다르게 되어 있다. 이들 장난감을 넣기 위해 어느 상자를 사용해야 하는지 묻는다.	기차, 자동차, 배	〃
50 (PC-34)	형의 항상성 지각	도형과 소지 변별(정사각형)	여러 가지 모양들(방해자극)이 뒤섞여 있는 가운데 크기에 관계없이 정사각형을 모두 찾아 표하게 한다. 정사각형이 도형이 되고, 방해자극은 모두 소지가 되므로 정사각형에 주의를 기울이게 한다.	각종 도형	〃
51 (PC-35)	형의 항상성 지각	도형과 소지 변별(원)	훈련요령은 과제 50번과 같다. 원이 도형이 되고, 다른 자극들은 모두 소지가 되므로 크기에 관계없이 원에 주의 집중하게 한다.	각종 도형	〃
52 (SR-8)	공 간 관 계 지각	점 잇기(4개의 점)	쌍선 위에 있는 것과 같은 형태가 되도록 쌍선 밑에 있는 4개의 점을 이어보게 한다.	쌍선	〃
53 (SR-9)	공 간 관 계 지각	점 잇기(4개의 점)	훈련요령은 과제 52번과 같다.	쌍선	〃
54 (FG-23)	도형-소지 변별	겹친 도형(시각 폐쇄)	먼저 쌍선 밑에 있는 삼각형(적), 사각형(청), 원(녹)을 가위로 오려내어 쌍선 위에 있는 모양처럼 겹쳐 놓아 보게 한다. 이것이 가능하면 위에 있는 도형에 각기 색칠해 보도록 한다.	원, 정사각형, 정삼각형	가위, 크레용
55 (FG-24)	도형-소지 변별	겹친 도형(시각 폐쇄)	훈련요령은 과제 54번과 같다. 다만 여러 가지의 직사각형으로 구성되어진다.	직사각형	〃

과제번호	훈련영역	과제의 내용	훈　련　요　령	종합지도요소	준비물 기타
56 (PC-36)	형의 항상 성 지각	도형과　소지 변별 (정삼각형)	훈련요령은 과제 50번, 51번과 같다. 다만 정삼각형에 주의를 기울여 이를 모두 찾아내게 한다.(크기에 관계없이)	정삼각형	유색연필
57 (FG-25)	도형-소지 변별	겹친　도형(시 각 차폐)	훈련요령은 과제 54번, 55번과 같다. 다만 타원, 원, 정사각형, 삼각형이 서 로 겹치는 내용으로 되어 있다.	원, 타원, 사각 형, 삼각형	가위, 크레용
58 (FG-26)	도형-소지 변별	겹친　그림(시 각 차폐)	어떤 나뭇잎은 다른 나뭇잎에 가리워 져서 일부분이 보이지 않는다. 나뭇잎 하나하나에 다른 색으로 칠해 보게 한 다.	나무줄기, 잎	〃
59 (FG-27)	도형-소지 변별	겹친 그림(3중 으로 겹친 것)	여러 가지 투명종이가 겹쳐 있는 그림 가운데 각 종이(신문지 또는 파일철) 를 각기 다른 색으로 테두리를 칠해보 게 한다. 서로 겹치는 곳에 주의하게 한다.	신문, 파일철	유색연필
60 (VM-52)	눈과　손의 협응	추적하기(점선 따라가기)	토끼가 먹이바구니까지 가는 길(점선) 을 따라 선을 그리게 한다. 길이 꺾이 는 곳에 주의해야 한다. 반드시 선 위 로 가게 한다.	토끼, 바구니	〃
61 (VM-53)	눈과　손의 협응	추적하기(점선 따라가기)	훈련요령은 과제 60과 같다. 다만 점 선의 변화가 매우 심하다. 출발점과 도착점을 잘 지키게 한다.	약병	〃
62 (VM-54)	눈과　손의 협응	추적하기(점선 따라가기)	점선을 따라 선을 그으면서 사람 모습 을 그리게 한다. 점선 위로 정확히 따 라 그리게 한다.	신체부위의　이 름	〃
63 (FG-28)	도형-소지 변별	겹친　도형(시 각 차폐)	쌍선 위쪽에 있는 포개어진 4가지의 도형(타원, 직사각형, 삼각형, 원)을 아 래쪽에서 찾아내어 표하게 한다.	도형의 이름	〃
64 (FG-29)	도형-소지 변별	그림　완성(빠 진 곳 그리기)	왼쪽 상단의 상자 속에 제시된 모양과 같도록 빠진 곳을 찾아 그려 넣게 한 다.	연 모양, +자, 10이상의 수 개 님	〃
65 (FG-30)	도형-소지 변별	그림　완성(빠 진 곳 그리기)	훈련요령은 과제 64번과 같다. 왼쪽 모양과 같도록 빠진 곳을 그려 넣게 한다.	연, 연줄, 연꼬 리	〃
66 (PC-37)	크기의 항 상성 지각	실물크기　알 기(크기 비교)	어느 쪽 실물이 더 큰가를 물어보고 실물이 큰 쪽에 ○표 하게 한다.(쥐- 말, 의자-집, 전화기-성냥, 양복-양말, 구두-자동차)	일상용품	〃
67 (PC-38)	크기의 항 상성 지각	실물크기　알 기(크기 비교)	훈련요령은 과제 66번과 같다.(숟가락 -우유병, 싱크대-오븐, 배-강아지, 계 란-고양이, 나무-거북)	각종 어휘	〃
68 (VM-55)	눈과　손의 협응	보조선　없이 직선　긋기(빠 진 곳 그리기)	왼쪽 소년과 오른쪽 소년의 빠진 곳을 직선으로 그려 넣게 한다.	신체부위, 옷	〃
69 (VM-56)	눈과　손의 협응	보조선　없이 직선　긋기(빠 진 곳 그리기)	훈련요령은 과제 68번과 같다. 사다리 의 빠진 곳을 직선으로 그려 넣게 한 다.	사다리	〃

과제번호	훈련영역	과제의 내용	훈련 요령	종합지도요소	준비물 기타
70 (PC-39)	크기의 항상성 지각	기하 도형의 크기 비교(대, 중, 소)	쌍선 위쪽에 제시된 정사각형과 크기가 같은 것만 아래에서 찾아 표시하게 한다.(중간 크기)	정사각형	유색연필
71 (PC-40)	크기의 항상성 지각	기하 도형의 크기 비교(대, 중, 소)	훈련요령은 과제 70번과 같다. 제일 큰 것을 찾아 표시하게 한다.(가장 큰 것)	다이아몬드형	〃
72 (FG-31)	도형-소지변별	그림 완성(빠진 곳 그리기)	쌍선 위쪽에 제시된 인형과 똑같도록 아래의 인형들을 보고 빠진 곳을 그려 넣게 한다.	신체부위	〃
73 (SR-10)	공간관계 지각	순서대로 놓기(계열순서)	구슬꿰기에서 다음에 꿰어야 할 모양은 어떤 것인지 그려보게 한다. 순서에 맞게 꿰도록 한다.(4개 과제)	구슬꿰기	〃
74 (PC-41)	크기의 항상성 지각	기하 도형의 크기 비교(대, 중, 소)	훈련요령은 과제 71번과 같다. 다만 가장 작은 다이아몬드형을 모두 찾아 표하게 한다.	다이아몬드형	〃
75 (PC-42)	크기의 항상성 지각	기하 도형의 크기 비교(대, 중, 소)	가장 큰 원은 적색, 중간 크기는 청색, 가장 작은 원은 황색으로 칠하게 한다.	가장 크다, 보통 크다, 가장 작다	〃
76 (PC-43)	크기의 항상성 지각	기하 도형의 크기 비교(대, 중, 소)	훈련요령은 과제 71번과 같다. 가장 짧은 것은 1번 중간 것은 2번, 가장 긴 것은 3번으로 표시하게 한다.	가장 길다, 길다, 짧다	〃
77 (PS-17)	공간 위치 지각	세부의 위치 (상·하)	5개의 그림 가운데 위치가 다른 한 개를 찾아 표시하게 한다. 위와 아래의 위치를 주의해서 보게 한다.	새 둥지, 왕관	〃
78 (VM-57)	눈과 손의 협응	보조선 없이 직선 긋기(짧은 수직선)	담장의 널빤지를 그려보게 한다. 짧은 수직선을 긋는다. 출발점과 도착점을 꼭 지키게 한다. 자의 사용을 금한다.	담장, 널빤지	〃
79 (VM-58)	눈과 손의 협응	보조선 없이 직선 긋기(긴 수직선)	꽃잎에 비가 똑바로 떨어지는 빗방울을 수직선으로 그리게 한다. 자의 사용을 금한다.	꽃, 비, 구름	〃
80 (VM-59)	눈과 손의 협응	보조선 없이 직선 긋기(긴 수평선)	기차나 자동차가 달리는 길을 똑바로 옆으로 긋게 한다. 자의 사용을 금한다.	기차, 철길, 자동차	〃
81 (FG-32)	도형-소지변별	그림 완성(빠진 곳 그리기)	왼쪽 자물쇠와 똑같게 되도록 오른쪽 그림에 빠진 곳을 그려 넣게 한다.	자물쇠, 열쇠	〃
82 (FG-33)	도형-소지변별	그림 완성(빠진 곳 그리기)	약탕관을 보고 아래 그림들 가운데 빠진 곳을 찾아 그려 넣게 한다.	약탕관	〃
83 (PS-18)	공간 위치 지각	세부의 위치 (역전, 회전)	왼쪽에 제시된 모양과 다른 것 하나를 찾아 ×표 하게 한다.(4개의 과제)	각종 도형	〃
84 (FG-34)	도형-소지변별	그림 완성(빠진 곳 그리기)	제시된 전화기와 똑같게 되도록 빠진 곳을 찾아 그려 넣게 한다.	전화기	〃
85 (PC-44)	크기의 항상성 지각	기하 도형의 크기 비교(4종류의 크기)	가장 작은 것은 1번, 가장 큰 것은 4번으로 하여 크기 순서에 따라 해당 번호를 1, 2, 3, 4로 표시하게 한다.	정사각형 1, 2, 3, 4 쓰기	〃

과제번호	훈련영역	과제의 내용	훈 련 요 령	종합지도요소	준비물 기타
87 (PC-45)	크기의 항상성 지각	기하도형의 크기 비교(3종류의 크기)	가장 작은 원, 중간 크기의 원, 가장 큰 원을 각기 다른 색으로 테두리를 따라 표하게 한다.	10이상의 수개념	유색연필
88 (FG-36)	도형-소지 변별	그림 짜맞추기 (그림 조립)	훈련요령은 과제 86번과 같다. 가위로 쌍선 밑에 것을 오려서 쌍선 위에 있는 장난감 차를 만들게 한다.	장난감 차	가위, 풀, 크레용
89 (FG-37)	도형-소지 변별	그림 짜맞추기 (그림 조립)	훈련요령은 과제 88번과 같다. 먼저 각 부분을 지시된 색으로 칠한 후 상자 속에 있는 전기스탠드를 만든다.	전기스탠드	〃
90 (SR-11)	공간관계 지각	계열 짓기 (활동순서)	침대에서 일어나는 순서에 맞도록 차례로 말해 보게 한다. 순서대로 1, 2, 3, 4번호를 쓰게 한다.	침대, 순서, 차례	유색연필
91 (SR-12)	공간관계 지각	계열 기억 (보고 그리기)	왼쪽에 있는 도형을 보고 오른쪽 빈칸에 그려 넣게 한다. ○→□→○→△ 순서로 기억하게 한다.	도형 기억	〃
92 (SR-13)	공간관계 지각	계열 기억 (보고 그리기)	왼쪽에 있는 모양과 같게 오른쪽에 그리게 한다. 보고 그리는 순서에 주의하게 한다.	순서, 차례	〃
93 (SR-14)	공간관계 지각	계열 기억 (보고 그리기)	훈련요령은 과제 92번과 같다.	순서, 차례	〃
94 (PC-46)	크기의 항상성 지각	기하도형의 크기 비교(4종류의 크기)	훈련요령은 과제 85번과 같다.	정삼각형 1, 2, 3, 4 쓰기	〃
95 (VM-60)	눈과 손의 협응	보조선 없이 직선 긋기(긴 수평선)	훈련요령은 과제 80번과 같다. 자의 사용을 금한다.	비행기 활주로	〃
96 (SR-15)	공간관계 지각	부분의 조립 (집그림)	쌍선 위의 부분들을 오려내어 밑에 있는 집과 똑같이 만들게 한다.	집의 구조	가위, 풀
97 (VM 61)	눈과 손의 협응	보조선 없이 직선 긋기(수평선)	여러 가지 길이의 역기에 수평선을 긋게 한다. 자의 사용을 금한다. 출발점과 도착점을 꼭 지키게 한다.	역기	유색연필
98 (FG-38)	도형-소지 변별	세부의 유사성과 차이성 (이류학습)	5개의 그림 가운데 같지 않은 것(다른 것) 1개를 찾아 ×표 하게 한다. 그 이유를 이야기하게 한다.	줄넘기, 고양이, 땅콩	
99 (FG-39)	도형-소지 변별	세부의 유사성과 차이성 (동류학습)	네모상자 속에 있는 여자 얼굴과 똑같은 것을 모두 찾아 ○표 하게 한다.	머리, 얼굴, 눈, 코, 입	〃
100 (FG-40)	도형-소지 변별	도형과 소지의 역전(눈송이)	크리스마스 트리에 붙인 솜뭉치(눈송이)에 주의를 기울이게 하여 회색으로 칠하게 한다. 이때 나무는 소지가 된다.	크리스마스 트리, 눈송이	크레용

과제번호	훈련영역	과제의 내용	훈 련 요 령	종합지도요소	준비물 기타
101 (FG-41)	도형-소지 변별	도형과 소지 의 역전(크리 스마스 트리)	이번에는 크리스마스 트리(나무)에 주의를 기울이게 하여 초록색으로 나무만 칠하게 한다. 눈송이(원)는 그냥두고 나무만 나타내게 한다. 이 때 원은 소지가 된다.	크리스마스 트리, 눈송이	크레용
102 (SR-16)	공간관계 지각	부분의 조립 (좌우대칭)	훈련요령은 과제 96번과 같다. 좌우를 포개면 똑같다는 것을 알게 한다.	크리스마스트리, 대칭	가위, 풀, 크레용
103 (PC-47)	크기의 항 상성 지각	기하도형의 크기 비교(4 종류의 크기)	훈련요령은 과제 94번과 같다.	타원	유색연필
104 (FG-42)	도형-소지 변별	도형과 소지 의 역전(빗자 루)	훈련요령은 과제 100번과 101번과 같다. 모자, 눈, 코, 입, 빗자루가 도형이 되고, 눈사람 등은 소지가 된다.	눈사람, 빗자루, 나무, 모자	크레용 유색연필
105 (FG-43)	도형-소지 변별	도형과 소지 의 역전(눈사 람)	훈련요령은 과제 100번과 101번과 같다. 눈사람이 도형이 되고, 빗자루 등이 소지가 된다.	눈사람, 빗자루, 나무, 모자	크레용, 유색연필
106 (SR-17)	공간관계 지각	부분의 조립 (좌우대칭)	훈련요령은 과제 102번과 같다.	전기스탠드	가위, 풀, 크레용
107 (VM-17)	눈과 손의 협응	보조선 없이 직선 긋기(긴 수평선)	훈련요령은 과제 95, 97번과 같다.	볼링	유색연필
108 (VM-63)	눈과 손의 협응	보조선 없이 사선 긋기(빗 금)	빗방울이 우측 상단에서 좌측 하단에 있는 오리의 입까지 비스듬히 떨어지는 빗금을 긋게 한다. 다음은 반대방향으로 꽃에 떨어지는 빗방울을 긋게 한다.	꽃, 오리, 빗방울	〃
109 (VM-64)	눈과 손의 협응	둥근 선 그리기 (큰 포물선)	배구공이 배구네트를 넘어가는 모양을 포물선으로 그리게 한다.	배구공놀이	〃
110 (PC-48)	크기의 항 상성 지각	형의 크기 비 교(대, 중, 소)	가장 큰 새, 보통 크기의 새, 가장 작은 새를 각각 다른 색으로 칠하게 한다.	대, 중, 소	크레용
111 (VM-65)	눈과 손의 협응	둥근 선 그리기(작은 포물 선)	줄넘기를 할 때 머리 위로 넘어가는 줄을 포물선으로 여러 번 그리게 한다. 그림에서 빠진 줄을 그려 넣게 한다.	줄넘기 놀이	유색연필
112 (VM-66)	눈과 손의 협응	둥근 선 그리기(작은 포물 선)	줄넘기를 할 때 발 밑으로 지나가는 줄을 포물선으로 여러 번 그리게 한다. 그림에서 빠진 줄을 그려 넣게 한다.	줄넘기 놀이	〃

상급단계 훈련과제의 내용 일람표

과제번호	훈련영역	과제의 내용	훈련 요령	종합지도요소	준비물 기타
1 (SR-18)	공간관계 지각	유사성과 차이성(짝짓기 과제)	왼쪽에 제시된 블럭모양과 같은 것을 오른쪽에서 찾아 ○표 하게 한다. 블럭과 블럭과의 구성관계를 주의해서 보게 한다.	안락의자, 기구, 탁자, 책상, 기타	유색연필
2 (SR-19)	공간관계 지각	유사성과 차이성(같은 위치 찾기)	네모는 집을 표시하고, 타원은 집 앞에 세워둔 자동차를 표시한다. 교사가 괘도나 칠판 혹은 오버헤드 프로젝트로 이와 똑같은 길거리를 그려 놓고 거기에 지적하여 색칠하는 것과 똑같은 위치에 있는 차나 집을 찾아서 같은 색으로 칠하게 한다.	자동차놀이, 시가지	괘도, 칠판, 오버헤드 프로젝트
3 (FG-44)	도형-소지 변별	교차선(2중으로 겹친 것)	두 개의 선이 복잡하게 얽혀 있는 것을 보고 하나는 적색, 하나는 청색으로 나타내게 한다.	지그재그 길	유색연필
4 (PC-49)	형의 항상성지각	같은 모양 찾기(직사각형)	크기에 관계없이 직사각형(긴 네모)를 모두 찾아 ○표 해 보게 한다.	직사각형	〃
5 (VM-67)	눈과 손의 협응	보조선 따라 선 긋기(이동 계획)	보트를 타고 매우 꼬불꼬불한 길을 따라 부두에까지 가는 선을 긋게 한다. 길 한가운데로 선을 긋게 한다.	보트, 카누, 부두	〃
6 (SR-20)	공간관계 지각	유사성과 차이성(짝짓기 과제)	제시된 모양과 같은 것을 찾아 세 가지 형태를 각기 다른 색으로 나타내게 한다.	각종 도형	〃
7 (SR-21)	공간관계 지각	유사성과 차이성(짝짓기 과제)	왼쪽에 있는 도형과 같은 것을 오른쪽 3개 가운데서 찾아 짝지어 보게 한다.	각종 도형	〃
8 (PC-50)	형의 항상성 지각	같은 모양 찾기(3종류의 삼각형)	위치나 크기나 색칠에 관계없이 모양이 서로 다른 3가지 종류의 삼각형(지붕 형태)을 찾아 각기 다른 색으로 칠하게 한다.	지붕	〃
9 (PS-19)	공간위치 지각	도형 전체의 위치(역전과 회전)	왼쪽 그림과 같은 것을 오른쪽 4개 그림에서 찾아 번호를 써넣게 한다.	삼각형, 마름모	〃
10 (FG-45)	도형-소지 변별	교차선(2중으로 겹친 것)	직선과 곡선이 뒤섞여 있는 두 가지 교차선을 각기 다른 색으로 나타내게 한다.	곡선, 직선	〃
11 (VM-68)	눈과 손의 협응	추적하기(점선 따라가기)	재미나는 이야기와 함께 점선을 따라 자기 집까지 달려가는 선을 긋게 한다.	자연환경	〃
12 (SR-22)	공간관계 지각	유사성과 차이성(두 물체의 관계)	두 개의 의자가 서로 마주보고 있는지, 등을 지고 있는지, 나란히 하고 있는지를 찾아 각기 다른 색으로 칠하게 한다.	의자	〃

과제번호	훈련영역	과제의 내용	훈 련 요 령	종합지도요소	준비물 기타
13 (SR-23)	공간관계 지각	유사성과 차 이성(두 물체 간의 관계)	훈련요령은 과제 12번과 같다. 의자 와 책상과의 상호 관계를 주의하여 보게 한다.	책상	유색연필
14 (PS-20)	공간위치 지각	도형 전체의 위치(역전과 회전)	왼쪽에 있는 도형과 같은 위치로 되어 있는 것을 5개 그림 가운데 찾아 표하게 한다.	각종 도형이름	〃
15 (VM-69)	눈과 손의 협응	보조선 없이 직선 긋기(빠 진 곳 그리기)	교회의 집을 보고 나머지 그림에서 빠진 것(굴뚝, 십자가)를 그려 넣게 한다.	교회, 십자가, 굴뚝	〃
16 (PC-51)	형의 항상 성 지각	같은 모양 찾 기(정삼각형)	여러 가지 삼각형 가운데 정삼각형 만 찾아 표하게 한다.	삼각형의 종류	〃
17 (FG-46)	도형-소지 변별	교차선(5중으 로 겹친 것)	5중으로 겹쳐진 교차선을 각기 다 른 색으로 나타내게 한다.	각종 동물이름	〃
18 (SR-24)	공간관계 지각	유사성과 차 이성(두 물체 간의 관계)	쌍선 위쪽에 제시된 모양과 같은 것을 찾아 지시된 색으로 칠하게 한다.	같은 것, 다른 것	〃
19 (SR-25)	공간관계 지각	유사성과 차 이성(두 물체 의 관계)	훈련요령은 과제 18번과 같다.	같은 것, 다른 것	〃
20 (PS-21)	공간위치 지각	그림 전체의 위치(역전과 회전)	왼쪽 것과 같은 위치로 되어 있는 것을 오른쪽에서 찾아 표하게 한다.	같은 것, 다른 것	〃
21 (PC-52)	형의 항상 성 지각	같은 모양 찾 기(도형과 소 지 변별)	여러 가지 물건 가운데 정사각형만 을 모두 찾아 그 테두리를 적색으 로 표시하게 한다.	각종 사물명칭	〃
22 (VM-70)	눈과 손의 협응	보조선 없이 직선 긋기(짧 은 수직선)	사다리의 빠진 곳을 수평선으로 그 려 넣게 한다.	사다리, 계단	〃
23 (VM-71)	눈과 손의 협응	보조선 없이 직선 긋기(긴 수평선)	오리 표적판에 총을 쏘았을 때 총 알이 가는 선을 똑바로 긋게 한다.	오리, 표적판, 새총	〃
24 (FG-47)	도형-소지 변별	교차선(8중으 로 겹친 것)	같은 번호끼리 찾아 각기 다른 색 으로 나타내게 한다.	1~8번까지 쓰 기	〃
25 (SR-26)	공간관계 지각	유사성과 차 이성(두 물체 의 관계)	위쪽에 제시된 4가지 모양과 같은 것을 아래에서 찾아 지시된 색으로 모두 나타내게 한다.	철망	〃
26 (VM-72)	눈과 손의 협응	보조선 없이 직선 긋기(3개 의 점 잇기)	3개의 점을 이어서 삼각형이 되도 록 한다.	삼각형	〃
27 (PS-22)	공간위치 지각	세부의 위치 (짝짓기 과제)	왼쪽 도형 가운데 세부의 위치를 잘 보고 이와 같은 도형을 오른쪽 에서 찾아 표하게 한다.	각종 도형	〃

과제번호	훈련영역	과제의 내용	훈 련 요 령	종합지도요소	준비물 기타
28 (VM-73)	눈과 손의 협응	보조선 없이 직선 긋기(긴 수평선)	줄다리기 놀이에서 빠져 있는 줄을 똑바로 긋게 한다.	줄다리기	유색연필
29 (PC-53)	형의 항상성 지각	같은 모양 찾기(도형과 소지 변별)	여러 가지 형태 가운데 들어 있는 삼각형은 크기나 모양에 관계없이 모두 찾아 표하게 한다.	사물의 명칭	〃
30 (FG-48)	도형-소지 변별	겹친 그림(5중 으로 된 것)	5가지의 물건이 겹쳐 있는 그림에서 각기 다른 색으로 각 물건을 나타내게 한다.	모자의 종류	〃
31 (SR-27)	공간 관계 지각	유사성과 차이성(짝짓기 과제)	훈련요령은 과제 13번과 같다. 침대와 책상과 전기스탠드의 3품체간이 상호관계를 수의해서 보게 한다.	침실의 가구	〃
32 (SR-28)	공간 관계 지각	유사성과 차이성(짝짓기 과제)	훈련요령은 과제 31번과 같다. 같은 것끼리 모두 짝지어 보게 한다. 각기 다른 색으로 표시하게 한다.	침실의 가구	〃
33 (PS-23)	공간 위치 지각	세부의 위치 (짝짓기 과제)	훈련요령은 과제 27번과 같다.	편지봉투와 우표	〃
34 (VM-74)	눈과 손의 협응	보조선 없이 직선긋기 (모방)	표적판에 맞은 화살을 제시된 그림과 같이 되도록 빈 표적판에 그려 넣게 한다.	화살, 표적판	〃
35 (PC-54)	형의 항상성 지각	같은 모양 찾기(도형과 소지 변별)	상자 밖에 그려 놓은 벌레 그림에는 관계없이 그들이 들어갈 상자의 크기와 형태가 같은 것을 찾아 짝지어 보게 한다.	각종 벌레이름	〃
36 (FG-49)	도형-소지 변별	겹친 그림(3중 으로 겹친 것)	철탑이 복잡하게 겹쳐 그려 있는 그림에서 각기 색깔을 달리하여 나타내게 한다.	철탑	〃
37 (SR-29)	공간 관계 지각	지름길 찾기 (정거장 찾기)	기차가 지나가는 동네를 교사가 지적하면 그곳을 찾아 나타내게 한다.(과세 2번 참조)	정거장, 기차, 철길, 동네	칠판, 쾌도 오버헤드 프로젝트
38 (PS-24)	공간 위치 지각	세부의 위치 (짝짓기 과제)	훈련요령은 과제 33번과 같다.	각종 도형	유색연필
39 (PC-55)	형의 항상성 지각	같은 모양 찾기(도형과 소지 변별)	왼쪽에 있는 도형과 똑같은 것을 오른쪽 그림 속에서 찾아 테두리를 표시하게 한다.	입방체	〃
40 (FG-50)	도형-소지 변별	겹친 그림(2중 으로 겹친 것)	두 사람이 서로 겹쳐 있는 그림에서 각 사람을 다른 색으로 나타내게 한다.	사람의 부위 이름	〃
41 (SR-30)	공간 관계 지각	지름길 찾기 (이동계획)	미로놀이를 하게 한다. 입구와 출구를 잘 보고 시작과 마침을 정확하게 하게 한다.	미로	〃
42 (SR-31)	공간 관계 지각	지름길 찾기 (이동계획)	훈련요령은 과제 42번과 같다. 다만 입구가 두 곳으로 되어 있다.	미로	〃
43 (PS-25)	공간 위치 지각	세부의 위치 (짝짓기 과제)	훈련요령은 과제 6번과 같다.	위치에 대한 용어	〃

과제번호	훈련영역	과제의 내용	훈 련 요 령	종합지도요소	준비물 기타
44 (VM-75)	눈과 손의 협응	보조선 없이 직선 긋기(직선)	보기 그림과 같이 원 둘레에서 직선을 그어서 태양을 만들어 보게 한다. 자의 사용을 금한다.	태양	유색연필
45 (PC-56)	형의 항상성 지각	같은 모양 찾기(도형과 소지 변별)	훈련요령은 과제 39번과 같다.	입방체	〃
46 (FG-51)	도형-소지 변별	겹친 그림(3중으로 겹친 것)	훈련요령은 과제 40번과 같다. 3사람이 서로 겹처 있는 그림이다.	춤	〃
47 (SR-32)	공간관계 지각	지름길 찾기(미로 찾기)	출발점에서 도착점까지의 미로길을 찾아가는 선을 긋게 한다.	미로, 개미구멍, 쥐구멍	〃
48 (SR-33)	공간관계 지각	색칠로 그림 완성 (모방하기)	왼쪽 그림에 색칠된 것과 똑같이 오른쪽 그림에도 색칠하게 한다. 어느 부분에 색칠되어 있는지를 알게 한다.	과일, 꽃, 무당벌레	크레용, 유색연필
49 (PS-26)	공간위치 지각	세부의 위치 (짝짓기 과제)	훈련요령은 과제 43번과 같다.	같다, 다르다	유색연필
50 (VM-76)	눈과 손의 협응	보조선 없이 직선 긋기(직선)	보기 그림과 같이 원에서 점까지 직선으로 이어서 태양을 만들어 보게 한다.	태양	〃
51 (PS-57)	크기의 항상성 지각	실물 크기 알기(크기 비교)	어느 물체가 실제로 더 큰가를 물어보고 가장 큰 실물에 ○표 하게 하고, 가장 작은 것은 ×표 하게 한다.	각종 사물명칭	〃
52 (FG-52)	도형-소지 변별	겹친 그림(4중으로 겹친 것)	훈련요령은 과제 46번과 같다.	가족 구성, 우리집 식구	〃
53 (SR-34)	공간관계 지각	색칠로 그림 완성(모방하기)	훈련요령은 과제 48번과 같다.	각종 사물명칭	〃
54 (PC-58)	크기의 항상성 지각	실물 크기 알기(크기 비교)	훈련요령은 과제 51번과 같다.	각종 사물명칭	각종 사물명칭
55 (SR-35)	공간관계 지각	색칠로 그림 완성(모방하기)	훈련요령은 과제 53번과 같다.	보석반지의 무늬	〃
56 (FG-53)	도형-소지 변별	겹친 그림(5중으로 겹친 것)	훈련요령은 과제 52번과 같다.	물고기, 고양이, 부엉이, 개, 오리	〃
57 (VM-77)	눈과 손의 협응	보조선 없이 직선 긋기(사선)	고무풍선에서 손까지 직선을 긋도록 한다.	고무풍선	〃
58 (PS-27)	공간위치 지각	세부의 위치 (상, 하, 좌, 우)	보기와 같은 모양이 있는 도형에는 ○표,그렇지 못한 도형에는 ×표를 하게 한다.	각종 도형	〃
59 (SR-36)	공간관계 지각	그림 완성(빠진 곳 그리기)	왼쪽 도형과 같도록 오른쪽 도형의 빠진 곳을 그려 넣게 한다.	사물명칭	〃
60 (SF-37)	공간관계 지각	그림 완성(빠진 곳 그리기)	훈련요령은 과제 59번과 같다.	사물명칭	유색연필

과제번호	훈련영역	과제의 내용	훈 련 요 령	종합지도요소	준비물 기타
61 (PC-59)	크기의 항상성 지각	기하도형의 크기 비교(3종류의 크기)	보기와 같은 크기를 쌍선 밑에서 모두 찾아 표시하게 한다.(중간 크기의 도형)	마름모	〃
62 (FG-54)	도형-소지 변별	중첩된 그림 (시각차폐)	여러 개의 인형이 모여 있는 그림에서 각 인형마다 다른 색으로 칠해 보게 한다. 눈에 안보이는 가려진 부분에 대하여 주의하도록 한다.(5개의 인형)	인형의 종류	크레용
63 (SR-38)	공간관계 지각	그림 완성(빠진 곳 그리기)	훈련요령은 과제 60번과 같다.	각종 사물명칭	유색연필
64 (SR-39)	공간관계 지각	그림 완성(빠진 곳 그리기)	훈련요령은 과제 63번과 같다.	〃	〃
65 (PS-28)	공간위치 지각	세부의 위치 (좌, 우)	5개의 그림 가운데 한 개의 그림이 같지 않고 다르다. 다른 한 개의 그림을 찾아 ×표 하게 한다.(異類과제)	〃	〃
66 (SR-40)	공간관계 지각	그림 완성(빠진 곳 그리기)	훈련요령은 과제 64번과 같다.	각종 도형	〃
67 (VM-78)	눈과 손의 협응	보조선 없이 직선 긋기(수직선 및 사선)	훈련요령은 과제 57번과 같다.	꽃의 종류, 화분	〃
68 (SR-41)	공간관계 지각	그림완성(빠진 곳 그리기)	훈련요령은 과제 66번과 같다.	각종 도형	
69 (FG-55)	도형-소지 변별	그림 완성(빠진 곳 그리기)	보기에 있는 전기스탠드와 같도록 빠진 곳을 그려 넣게 한다.	전기제품	〃
70 (SR-42)	공간관계 지각	점 잇기(6개의 점)	보기 DHK 같은 모양이 되도록 6개의 점을 잇도록 한다.	수 개념	〃
71 (SR-43)	공간관계 지각	점 잇기(9개의 점)	보기와 같은 모양이 되도록 9개의 점을 잇도록 한다.	수 개념	〃
72 (PS-29)	공간위치 지각	세부의 위치 (이류 과제)	5개의 그림 가운데 4개는 같고 1개는 다르다. 다른 한 개를 찾아 ×표 하게 한다. 그 이유를 말해 보게 한다.	동작의 표현	〃
73 (VM-79)	눈과 손의 협응	보조선 없이 직선 긋기(사선)	연에서 사람이 손에까지 연줄을 빗금으로 이어보게 한다. 자를 사용하지 않게 하고 각기 다른 색으로 표하게 한다.	연, 연줄	〃
74 (SR-44)	공간관계 지각	점 잇기(9개의 점)	훈련요령은 과제 71번과 같다.	수 개념	〃
75 (SR-45)	공간관계 지각	점 잇기(16개의 점)	훈련요령은 과제 74번과 같다.	수 개념	〃
76 (FG-56)	도형-소지 변별	그림 완성(빠진 곳 그리기)	보기와 같은 기린이 되도록 나머지 기린의 그림에서 빠진 곳을 그려 넣게 한다.	기린	
77 (SR-46)	공간관계 지각	점 잇기(5개의 점)	훈련요령은 과제 75번과 같다.	수 개념	〃
78 (SR-47)	공간관계 지각	점 잇기(25개의 점)	훈련요령은 과제 75번과 같다.	수 개념	〃

과제번호	훈련영역	과제의 내용	훈 련 요 령	종합지도요소	준비물 기타
79 (PC-60)	크기의 항상성 지각	기하도형의 크기 비교(4종류의 크기)	가장 작은 것은 1번, 그 다음 큰 것은 2번, 그 다음 큰 것은 3번, 제일 큰 것은 4번으로 각 도형에 표시하게 한다.	기하도형의 크기 비교(4종류의 크기)	유색연필
80 (PC-61)	크기의 항상성 지각	기하도형의 크기 비교(4종류의 크기)	훈련요령은 과제 79번과 같다.	타원	"
81 (SR-48)	공간관계 지각	순서 배열(공간계열)	구슬꿰기에서 다음에 꿰어야 할 구슬형태를 그려보게 한다.	구슬꿰기 놀이	구슬, 실, 각종형태
82 (PC-62)	크기의 항상성 지각	기하도형의 크기 비교(4종류의 크기)	훈련요령은 과제 80번과 같다.	짧다, 길다	유색연필
83 (SR-49)	공간관계 지각	순서 배열(활동순서)	시소 타기를 할 때 활동순서에 맞도록 번호를 쓰도록 한다.	시소놀이	"
84 (SR-50)	공간관계 지각	순서 배열(활동순서)	훈련요령은 과제 83번과 같다.(계단 오르는 순서)	계단 오르기	"
85 (SR-51)	공간관계 지각	순서 배열(활동순서)	훈련요령은 과제 84번과 같다.(식탁에 앉아 식사하는 순서)	식탁과 음식	"
86 (PC-63)	크기의 항상성 지각	기하도형의 크기 비교(4종류의 크기)	훈련요령은 과제 82번과 같다.(대, 중, 소)	각종 도형	"
87 (PC-64)	크기의 항상성 지각	기하도형의 크기 비교(4종류의 크기)	훈련요령은 과제 86번과 같다.	각종 도형	"
88 (PC-30)	공간위치 지각	거울에 비친 상(좌우대칭)	먼저 투명용지 위에 이와 같은 패턴을 본뜬 후 가운데를 접어서 반대쪽이 어떻게 되는가를 알게 한 후에 이 과제의 빈칸에 색칠하게 한다.(좌우가 대칭이 되도록 한다)	거울놀이	투명용지, 크레용
89 (PS-31)	공간위치 지각	거울에 비친 상(좌우대칭)	훈련요령은 과제 88번과 같다.	거울놀이	"
90 (PS-32)	공간위치 지각	거울에 비친 상(좌우대칭)	훈련요령은 과제 88번과 같다.	거울놀이	"
91 (SR- 52)	공간관계 지각	순서 배열(활동순서)	훈련요령은 과제 85번과 같다.(자동차에 타는 순서)	자동차 구조	유색연필
92 (SR-53)	공간관계 지각	순서 배열(활동순서)	훈련요령은 과제 91번과 같다.(낚시 하는 순서)	낚시놀이	"
93 (SR-54)	공간관계 지각	순서 배열(활동순서)	훈련요령은 과제 92번과 같다.(야구 공 치는 순서)	야구놀이	"
94 (SR-55)	공간관계 지각	계열 기억(순서대로 그리기)	왼쪽 상단에 있는 원에서부터 다음 단계로 내려오면서 점점 더 복잡한 형태로 그리게 한다. 앞 단계를 기억하여 순서에 맞게 그리도록 한다.	기억놀이	"
95 (SR-56)	공간관계 지각	계열 기억(순서대로 그리기)	훈련요령은 과제 94번과 같다. 순서에 맞게 그리도록 한다.	기억놀이	"

과제번호	훈련영역	과제의 내용	훈 련 요 령	종합지도요소	준비물기타
96 (SR-57)	공간관계 지각	계열 기억(순서 대로 그리기)	훈련요령은 과제 95번과 같다.	기억놀이	유색연필
97 (PC-65)	크기의 항 상성 지각	기하도형의 크 기 비교(3종류 의 크기)	훈련요령은 과제 86번과 같다.	기하도형의 명 칭	˝
98 (FG-57)	도형-소지 변별	그림 완성(빠진 곳 그리기)	왼쪽 그림과 같게 되도록 오른쪽 그림에 빠진 곳을 그려 넣게 한다.	사물, 동물이름	˝
99 (FG-58)	도형-소지 변별	그림 조립(부분 의 결합)	오른쪽 인형이 부분들을 가위로 오 려서 왼쪽 인형처럼 짜맞추게 한다.	신체부위 이름	가위, 풀, 크 레용
100 (SR-58)	공간관계 지각	계열 기어(순서 대로 그리기)	훈련요령은 과제 96번과 같다.	기억놀이	유색연필
101 (PC-66)	크기의 항 상성 지각	기하도형의 크 기 비교(5종류 의 크기)	훈련요령은 과제 87번과 같다. 크기 에 따라 각각 다른 색을 칠해보도 록 한다.	천체 이야기	˝
102 (SR-59)	공간관계 지각	부분의 조합(그 림 짜맞추기)	가위로 쌍선 위의 도형을 오려내어 쌍선 밑에 있는 돛단배가 되도록 놓아보게 한다.	돛단배의 구조	가위, 풀, 크 레용
103 (VM-80)	눈과 손의 협응	둥근 선 그리기 (포물선)	탁구공이 네트를 넘어가는 포물선 모양을 그리게 한다. 출발점과 도착 점을 확인시킨다.	탁구놀이	유색연필
104 (SR-60)	공간관계 지각	부분의 조합 (그림 짜맞추기)	훈련요령은 과제 102과 같다.	기차의 구조	가위, 풀, 크 레용
105 (FG-59)	도형-소지 변별	세부의 유사성 과 차이성(같은 것, 다른 것)	같은 것을 모두 찾아보게 하여 ○ 표 하고, 다른 것을 찾아 ×표 하게 한다. 왜 다른지를 말하게 한다.	실, 빗자루	유색연필
106 (SR-61)	공간관계 지각	부분의 조합(그 림짜맞추기)	훈련요령은 과제 104번과 같다.	싱크대의 구조	가위, 풀, 크 레용
107 (FG-60)	도형-소지 변별	세부의 유사성 과 차이성(같은 것, 다른 것)	얼룩소의 얼룩무늬가 같은 소를 찾 아보게 한다.	목장, 얼룩소	유색연필
108 (SR-62)	공간관계 지각	부분의 조합(그 림 짜맞추기)	훈련요령은 과제 106번과 같다.	부엌의 구조	가위, 풀
109 (PC-67)	크기의 항 상성 지각	기하도형의 크 기 비교(4종류 의 크기)	원의 크기에 따라 각기 다른 색으 로 테두리를 표시하게 한다.	비누방울, 별자리	유색연필
110 (FG-61)	도형-소지 변별	도형과 소지의 역전	회색표시가 있는 곳만 몇 가지 색 으로 색칠하게 한다. 나머지는 그냥 비워두게 한다.	집, 길, 나무	크레용
111 (FG-62)	도형-소지 변별	도형과 소지의 역전	회색표시가 없었던 곳만 몇 가지 색으로 색칠하게 한다. 나머지는 그 냥 비워두게 한다.	집, 길, 나무	˝

과제번호	훈련영역	과제의 내용	훈련 요령	종합지도요소	준비물 기타
112 (FG-63)	도형-소지 변별	도형과 소지의 역전	앞에서 색칠한 대로 모두 색칠한다. 비워둔 곳이 없도록 색칠하게 한다.	집, 길, 나무	크레용
113 (SR-63)	공간관계 지각	기하도형의 조립(부분의 결합)	왼쪽 모양이 되도록 하기 위해서 오른쪽의 어떤 조각들을 짜맞추어야 하는지를 묻는다.	각종 도형	유색연필
114 (SR-64)	공간관계 지각	기하도형의 조립(부분의 결합)	훈련요령은 과제 113번과 같다.	각종 도형	〃
115 (PC-68)	크기의 항상성과 지각	기하도형의 크기 비교(4종류의 크기)	훈련요령은 과제 109번과 같다.	각종 사물이름	〃
116 (SR-65)	공간관계 지각	기하도형의 조립(부분의 결합)	훈련요령은 과제 114번과 같다.	각종 도형	〃
117 (SR-66)	공간관계 지각	기하도형의 조립(부분의 결합)	훈련요령은 과제 116번과 같다.	각종 도형	〃
118 (VM-81)	눈과 손의 협응	둥근 선 그리기(포물선)	고기가 담긴 어항을 나타내는 아래쪽 포물선을 그리게 한다.	어항 만들기	〃
119 (SR-67)	공간관계 지각	기하도형의 조립(부분의 결합)	훈련요령은 과제 117번과 같다.	각종 도형	〃
120 (VM-82)	눈과 손의 협응	둥근 선 그리기(큰 곡선)	배가 섬 사이를 지나가는 큰 곡선을 보기와 같이 그려보게 한다.	바다 이야기	유색연필
121 (SR-68)	공간관계 지각	부분 조립으로 그림 만들기(2개의 조각)	먼저 투명용지 위에 오른쪽 부분을 그려서 가위로 오려낸 후 왼쪽 모양이 되도록 맞추어 본다. 부분에 해당하는 번호를 적어보게 한다.	각종 사물, 동물	가위, 풀, 크레용
122 (SR-69)	공간관계 지각	부분 조립으로 그림 만들기(3개의 조각)	훈련요령은 과제 121번과 같다.	〃	〃
123 (SR-70)	공간관계 지각	부분 조립으로 그림 만들기(3개의 조각)	훈련요령은 과제 122번과 같다.	〃	〃
124 (PS-33)	공간위치 지각	거울에 비친 상(좌우대칭)	훈련요령은 과제 88~90번과 같다.	〃	투명용지, 크레용
125 (PS-34)	공간위치 지각	거울에 비친 상(좌우대칭)	훈련요령은 과제 88~90번과 같다.	거울놀이	〃
126 (PS-35)	공간위치 지각	거울에 비친 상(좌우대칭)	훈련요령은 과제 88~90번과 같다.	〃	〃
127 (PS-36)	공간위치 지각	거울에 비친 상(좌우대칭)	훈련요령은 과제 88~90번과 같다.	〃	〃
128 (PS-37)	공간위치 지각	거울에 비친 상(좌우대칭)	훈련요령은 과제 88~90번과 같다.	〃	〃

[부록 2] 시지각발달검사(DTVP) 채점 기록표

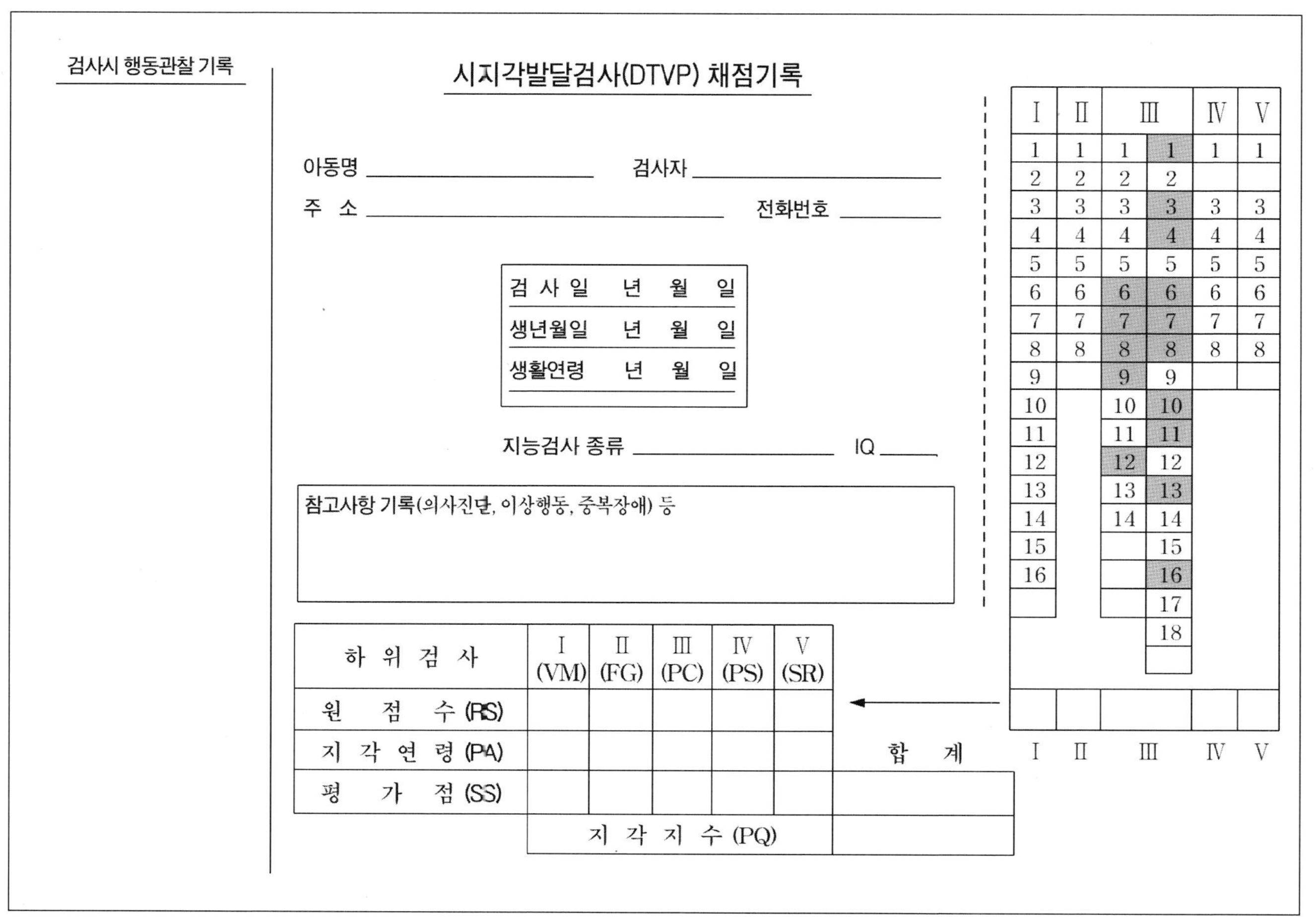

[부록 3] 개인별 훈련과제 성취기록(초급, 중급, 상급)

초급단계 훈련과제 성취평가 기록표

성명: ________________ 성별(남·여) 생년월일: 20 년 월 일 IQ: __________
학교: (   ) 유치원 (   ) 초등학교 (   ) 학년 (   ) 특수학교 (   ) 특수학급
과제착수일: 20 년 월 일 과제완성일: 20 년 월 일 교 사 명: ____________

1 VM-1	2 VM-2	3 VM-3	4 VM-4	5 VM-5	6 VM-6	7 VM-7	8 VM-8	9 VM-9	10 VM-10
11 VM-11	12 VM-12	13 VM-13	14 VM-14	15 FG-1	16 FG-2	17 PC-1	18 PC-2	19 PC-3	20 VM-15
21 VM-16	22 VM-17	23 VM-18	24 VM-19	25 VM-20	26 FG-3	27 FG-4	28 PC-4	29 PC-5	30 PC-6
31 PC-7	32 VM-21	33 VM-22	34 VM-23	35 VM-24	36 VM-25	37 FG-5	38 FG-6	39 FG-7	40 PC-8
41 PC-9	42 PC-10	43 VM-26	44 VM-27	45 VM-28	46 VM-29	47 VM-30	48 VM-31	49 VM-32	50 VM-33
51 FG-8	52 PC-11	53 PC-12	54 PC-13	55 PC-14	56 PS-1	57 PS-2	58 VM-34	59 VM-35	60 VM-36
61 VM-37	62 VM-38	63 VM-39	64 PC-15	65 PC-16	66 PC-17	67 PC-18	68 PS-3	69 PS-4	70 VM-40
71 VM-41	72 VM-42	73 VM-43	74 VM-44	75 PC-19	76 PC-20	77 PC-21	78 PC-22	79 PS-5	80 PS-6

※ 이 개인별 성취 기록표는 교사의 창의적인 방법으로 활용할 수 있다. 예를 든다면, 성취된 과제는 그 공란에 ×표나 적색으로 표시하고, 어느 정도 성취되고 있는 과제는 /표나 황색으로 나타내고 전혀 불가능한 과제는 그대로 두되, 성취 예정일(단기목표)을 연필로 표시해 두면 아동의 학습진도를 확인할 수 있는 좋은 자료가 된다. 또한 개별화 지도 계획을 짜면서 각종 색연필로 실선이나 점선을 이용하여 훈련과제의 학습계획과 성취 수준을 날짜와 함께 누가 기록해 갈 수도 있다.

중급단계 훈련과제 성취평가 기록표

성명: _______________ 성별(남·여) 생년월일: 20   년   월   일 IQ: __________

학교: (   ) 유치원 (   ) 초등학교 (   ) 학년 (   ) 특수학교(   ) 특수학급

과제착수일: 20   년   월   일 과제완성일: 20   년   월   일 교 사 명: _______________

1 PS-7	2 VM-45	3 PS-8	4 VM-46	5 PC-23	6 PC-24	7 SR-1	8 SR-2	9 FG-9	10 SR-3
11 SR-4	12 FG-10	13 FG-11	14 SP-9	15 PC-25	16 PC-26	17 PS-10	18 VM-47	19 SR-5	20 PC-27
21 PC-28	22 FG-12	23 PS-11	24 VM-48	25 SR-6	26 PC-29	27 PS-12	28 PS-13	29 VM-49	30 PS-14
31 PS-15	32 SR-7	33 FG-13	34 FG-14	35 FG-15	36 VM-50	37 FG-16	38 PC-30	39 PC-31	40 FG-17
41 PS-16	42 FG-18	43 FG-19	44 PC-32	45 FG-20	46 FG-21	47 FG-22	48 VM-51	49 PC-33	50 PC-34
51 PC-35	52 SR-8	53 SR-9	54 FG-23	55 FG-24	56 FG-36	57 FG-25	58 FG-26	59 FG-27	60 VM-52
61 VM-53	62 VM-54	63 FG-28	64 FG-29	65 FG-30	66 PC-37	67 PC-38	68 VM-55	69 VM-56	70 PC-39
71 PC-40	72 FG-31	73 SR-10	74 PC-41	75 PC-42	76 PC-43	77 PS-17	78 VM-57	79 VM-58	80 VM-59
81 FG-32	82 FG-33	83 PS-18	84 FG-34	85 PC-44	86 FG-35	87 PC-45	88 FG-36	89 FG-37	90 SR-11
91 SR-12	92 SR-13	93 SR-14	94 PC-46	95 VM-60	96 SR-15	97 VM-61	98 FG-38	99 FG-39	100 FG-40
101 FG-41	102 SR-16	103 PC-47	104 FG-42	105 FG-43	106 SR-17	107 VM-17	108 VM-63	109 VM-64	110 PC-48
111 VM-65	112 VM-66								

※ 이 개인별 성취 기록표는 교사의 창의적인 방법으로 활용할 수 있다. 예를 든다면, 성취된 과제는 그 공란에 ×표나 적색으로 표시하고, 어느 정도 성취되고 있는 과제는 /표나 황색으로 나타내고 전혀 불가능한 과제는 그대로 두되, 성취 예정일(단기목표)을 연필로 표시해 두면 아동의 학습진도를 확인할 수 있는 좋은 자료가 된다. 또한 개별화 지도 계획을 짜면서 각종 색연필로 실선이나 점선을 이용하여 훈련과제의 학습계획과 성취 수준을 날짜와 함께 누가 기록해 갈 수도 있다.

상급단계 훈련과제 성취평가 기록표

성명: ________________ 성별(남·여) 생년월일: 20   년   월   일 IQ: __________

학교: (   ) 유치원 (   ) 초등학교 (   ) 학년 (   ) 특수학교(   ) 특수학급

과제착수일: 20   년   월   일 과제완성일: 20   년   월   일 교 사 명: ______________

1 SR-18	2 SR-19	3 FG-44	4 PC-49	5 VW-67	6 SR-20	7 SR-21	8 PC-50	9 PS-19	10 FG-45
11 VM-68	12 SR-22	13 SR-23	14 PS-20	15 VM-69	16 PC-51	17 FG-46	18 SR-24	19 SR-25	20 PS-21
21 PC-52	22 VM-70	23 VM-71	24 FG-47	25 SR-26	26 VM-72	27 PS-22	28 VM-73	29 PC-53	30 FG-48
31 SR-27	32 SR-28	33 PS-23	34 VM-74	35 PC-54	36 FG-49	37 SR-29	38 PS-24	39 PC-55	40 FG-50
41 SR-30	42 SR-31	43 PS-25	44 VM-75	45 PC-56	46 FG-51	47 SR-32	48 SR-33	49 PS-26	50 VM-76
51 PC-57	52 FG-52	53 SR-34	54 PC-58	55 SR-35	56 FG-53	57 VM-77	58 PS-27	59 SR-36	60 FR-37
61 PC-59	62 FG-54	63 SR-38	64 SR-39	65 PS-28	66 SR-40	67 VM-78	68 SR-41	69 FG-55	70 SR-42
71 SR-43	72 PS-29	73 VM-79	74 SR-44	75 SR-45	76 FG-56	77 SR-57	78 SR-58	79 PC-60	80 PC-61
81 SR-48	82 PC-62	83 SR-49	84 SR-50	85 SR-51	86 PC-63	87 PC-64	88 PC-30	89 PS-31	90 PS-32
91 SR-52	92 SR-53	93 SR-54	94 SR-55	95 SR-56	96 SR-57	97 PC-65	98 FG-57	99 FG-58	100 SR-58
101 PC-66	102 SR-59	103 VM-80	104 SR-60	105 FG-59	106 SR-61	107 FG-60	108 SR-62	109 PC-67	110 FG-61
111 FG-62	112 FG-63	113 SR-63	114 SR-64	115 PC-68	116 SR-65	117 SR-66	118 VM-81	119 SR-67	120 VM-82
121 SR-68	122 SR-69	123 SR-70	124 PS-33	125 PS-34	126 PS-35	127 PS-36	128 PS-37		

※ 이 개인별 성취 기록표는 교사의 창의적인 방법으로 활용할 수 있다. 예를 든다면, 성취된 과제는 그 공란에 ×표나 적색으로 표시하고, 어느 정도 성취되고 있는 과제는 /표나 황색으로 나타내고, 전혀 불가능한 과제는 그대로 두되, 성취 예정일(단기목표)을 연필로 표시해 두면 아동의 학습진도를 확인할 수 있는 좋은 자료가 된다. 또한 개별화 지도 계획을 짜면서 각종 색연필로 실선이나 점선을 이용하여 훈련과제의 학습계획과 성취 수준을 날짜와 함께 누가 기록해 갈 수도 있다.

●편저자●

여광응   경북대학교 교육학석사
         대구대학교 문학박사
    미국 Ohio주 Ashland대학,
    캐나다 Western Ontario대학 교환교수 역임
    현재 한국발달장애연구소장, 한국발달장애학회장
    한국정신지체아교육학회장
    대구대학교 특수교육과 교수

    주요 저서
    『정신지체아의 심리학적 이해』
    『경도 장애아동의 인지학습전략』
    『정신지체아동의 학습과 인지』 등 다수

시지각 훈련 프로그램 - 이론과 실제

●초판 발행	2001년 12월 31일
●2 쇄	2003년 6월 30일
●엮 은 이	여광응
●펴 낸 이	채종준
●펴 낸 곳	한국학술정보㈜
	경기도 파주시 교하읍 문발리
	파주출판문화정보산업단지 538-2
	전화 031) 908-3181(대표) · 팩스 031) 908-3189
	홈페이지 http://www.kstudy.com
	e-mail(e-Book사업부) ebook@kstudy.com
●등 록	제일산-115호(2000. 6. 19)
●가 격	24,000원

ISBN   89-534-0566-1 93370 (Paper Book)
        89-534-0567-X 98370 (e-Book)